Tobina Brinker, Peter Tremp (Hg.)

Einführung in die Studiengangentwicklung

Deutsche Gesellschaft
für Hochschuldidaktik

122

wbv

© W. Bertelsmann Verlag GmbH & Co. KG
Bielefeld 2012

Gesamtherstellung:
W. Bertelsmann Verlag, Bielefeld
wbv.de

Umschlagabbildung:
Shutterstock

Bestellnummer: 6004278
ISBN (Print): 978-3-7639-5052-2
ISBN (E-Book): 978-3-7639-5053-9

Printed in Germany

Bibliografische Information der Deutschen Nationalbibliothek
Die Deutsche Nationalbibliothek verzeichnet diese Publikation in der Deutschen Nationalbibliografie;
detaillierte bibliografische Daten sind im Internet über http://dnb.d-nb.de abrufbar.

Inhalt

III Strukturierung und Chronologie: Studienstufen – Studienphasen – Module

IV Besondere Elemente im Studium

Vorwort zum Band 122

Studiengangentwicklung ist immer wieder ein aktuelles Thema. Schon vor der Einführung der Bachelor- und Master-Studiengänge hat sich die Hochschuldidaktik u. a. mit der Gestaltung und Entwicklung von Studiengängen und Studienprogrammen beschäftigt und sich immer wieder durch Beratungen von Hochschulen und Fachbereichen, Begleitungen der Lehrenden und Moderation von Klausurtagungen an den Prozessen zur Studiengangentwicklung aktiv beteiligt. Mit dem Bolognaprozess und der zweiten Welle der Bolognareform gewann das Thema Studienganggestaltung in der Hochschullandschaft und somit auch in der Hochschuldidaktik noch mehr an Bedeutung.

Studiengangentwicklung war das Schwerpunktthema auf der Jahrestagung der Deutschen Gesellschaft für Hochschuldidaktik im Jahr 2009. Zu dieser Zeit war die Weiterführung der Blickpunkt-Reihe nach dem Jubiläumsband zum 40jährigen Bestehen der dghd noch fraglich, inzwischen hat die Entwicklung der Blickpunkt-Reihe eine positive Wende genommen. Jeweils ein Band pro Jahr, der sich dem Thema der jeweiligen dghd-Jahrestagung widmen wird, ist in den Mitgliedsbeiträgen der dghd enthalten. Seit 2011 gibt es vermehrt Anfragen nach einem weiteren Band pro Jahr. Dazu wird auf Beschluss des Vorstands der dghd ein „editorial board" eingerichtet, dass über die Aufnahme von Manuskripten und damit auch über die Finanzierung weiterer Blickpunkt-Bände pro Jahr entscheiden wird.

Der vorliegende Blickpunkt-Band enthält ein paar Beiträge der Jahrestagung in Freiburg, ist aber zum überwiegenden Teil aus aktuellen Artikeln zusammengestellt worden. Er greift die Fragen zu Modulen, Leistungsnachweisen, Kontaktstunden und Workload, zur Profilierung und Strukturierung von Studiengängen und -programmen, zur Integration von Berufsorientierung und Schlüsselkompetenzen und vieles andere mehr auf und versucht durch Beispiele und Beiträge aus verschiedenen Perspektiven Anregungen und Antworten zu bieten.

Für die positive Entwicklung der Blickpunkt-Reihe danke ich im Namen des dghd-Vorstands allen dghd-Mitgliedern sowie allen Autorinnen und Autoren, den Herausgeberinnen und Herausgebern der in Planung befindlichen Blickpunkt-Bände. Anregungen, Fragen und Rückmeldungen sind jederzeit willkommen.

Bielefeld, im Januar 2012

Tobina Brinker, Reihenherausgeberin

Einführung in die Studiengangentwicklung

Tobina Brinker & Peter Tremp

Das Lehren und Lernen in Hörsälen und Seminarräumen kennt sein „diskursives Doppel" (Künzli 1986, S. 9): Das Gespräch über Zielsetzungen und Inhalte eines Studiums, über Strukturierung und Reihung des Studienangebots. Zentrale Vereinbarungen dieser Auseinandersetzungen werden in Studienprogrammen festgehalten.

Studienprogramme sind normative Setzungen: Sie beschreiben, was gelehrt und gelernt werden soll, gegliedert in Studienstufen, strukturiert in Modulen und mit der Beschreibung der eingeforderten Leistungsnachweise. Sie bieten damit Orientierung für die beteiligten Akteure, insbesondere für Dozierende und Studierende.

Diese Studienprogramme sind zentraler Reformbereich von „Bologna", in der Absicht, einen europäischen Hochschulraum zu schaffen. Die europäische Harmonisierung zeigt sich dabei weniger als enge Vorschriften, sondern vielmehr als Harmonisierung von Gesprächsthemen, als anregende Fragen an die Studienprogramme resp. Studiengänge: Zum Beispiel nach dem Bezug der Studienprogramme zum Arbeitsmarkt (Employability) oder nach dem (inhaltlichen oder strukturellen) Einbezug einer „Europäischen Dimension". Diese Harmonisierung von Fragen schärft damit gerade den Blick für die unterschiedlichen Möglichkeiten der Studienganggestaltung und macht so auf den Gestaltungsraum sowie die Verantwortung der einzelnen Bildungseinrichtungen und Studiengangverantwortlichen aufmerksam.

Gute Studienprogramme garantieren nicht bereits gute Lernergebnisse und nachhaltige Lernprozesse, strukturieren diese aber vor und geben gleichzeitig unterstützende Hinweise zur Gestaltung der konkreten Lehr- und Lernsituationen. Sie geben also versierte Antworten auf die (explizit und implizit) gestellten Fragen.

Die Erörterung dieser Fragen und die beabsichtigten Vereinbarungen sind ein gemeinsames Unterfangen der beteiligten Akteure. Eine wichtige Aufgabe der Hochschuldidaktik liegt gerade darin, diesem Unterfangen eine orientierende Struktur zu bieten und auf unterschiedliche Modelle hinzuweisen, um dieses Gespräch zu unterstützen. Selbstverständlich: Solche Modelle sind kaum kopierbar, denn Studiengänge sind immer auch eingebettet in den lokalen und vor allem disziplinären Kontext. Gleichwohl können diese Modelle als anregende Ermunterungen genutzt werden.

Dazu gehören beispielsweise Überlegungen zu Veranstaltungsformaten und Lernorten: Wie wird Lernen sinnvollerweise unterstützt, was kann wo am besten gelernt werden? So ist etwa die Integration eines Praktikums in einen Studiengang – in einzelnen Disziplinen traditioneller Bestandteil eines Studiums, in anderen Disziplinen stark umstritten – dann sinnvoll, wenn durch diesen „Lernort ausserhalb der Hochschule" die Studienziele besser erreicht und unterstützt werden können als in den üblichen Seminarräumen und Hörsälen.

Gesprächsthema ist auch das beabsichtigte Profil der universitären Studiengänge: Was charakterisiert das Lehren und Lernen auf dieser Stufe des Bildungssystems, welche Besonderheiten sollen betont werden? Was bisweilen als „Forschungsorientierung" bezeichnet wird und als traditioneller – und im Wesentlichen unbestrittener – Anspruch an Hochschulstudiengänge gelten kann, bleibt gleichzeitig oft unklar und verschwommen. Hier sind Präzisierungen und Erfahrungsberichte notwendig.

Was die Bologna-Reform betrifft, so lässt sich insgesamt feststellen, dass die Antworten in den Studienprogrammen noch wenig versiert ausfallen. Zwar werden die gestellten Fragen als Verpflichtung zur Antwort verstanden, doch die Chancen des Neuen werden erst selten genutzt (vgl. Hildbrand, Tremp et.al. 2008). Damit scheint sich zu bestätigen, dass Curricula-Reformen, die zentral angestoßen werden, kaum Innovationen hervorbringen, dass sich aber bereits unternommene innovative Entwicklungen nun in den Studienplänen und -reglementen nachschreiben lassen.

Die insgesamt geringe inhaltliche Innovation dürfte auch damit zusammenhängen, dass die Studiengänge hauptsächlich durch eine Struktur entwickelt werden, welche sich aus der Forschungslogik gebildet hat. Die Einteilung in Institute und Fakultäten leistet eher einer Input-orientierten und traditionellen Studiengangkonzeption Vorschub.

Studiengänge zu entwickeln bedeutet eine ganze Palette von Herausforderungen, die unterschiedliche Referenzüberlegungen zu berücksichtigen haben und eine große praktische Klugheit erfordern. Hochschuldidaktische Referenzüberlegungen sind also nicht die einzigen, aber dennoch zentral. Denn beabsichtigt ist ein Plan, der nachhaltige Lernprozesse unterstützt – ein zentrales Thema der Hochschuldidaktik.

Der vorliegende Blickpunkt-Band 122 greift aktuelle Fragen zur Gestaltung der Studiengänge auf und beleuchtet unter vier verschiedenen Aspekten die Chancen und Möglichkeiten, aber auch die Problematik der Studienganggestaltung. Im ersten Kapitel steht der Zusammenhang zwischen Hochschuldidaktik, Studiengangentwicklung und Hochschulforschung im Vordergrund. Aber auch die Stellung und der kritisch-konstruktive Umgang mit Leistungsnachweisen bei der Studienganggestaltung werden im ersten Kapitel diskutiert. An einer Fallstudie vor dem Hintergrund eines empirisch fundierten Modells wird der Prozess der Studiengangentwicklung dargestellt.

Schwerpunkt des zweiten Kapitels ist die didaktische Profilierung von Studiengängen. Zwei Beiträge befassen sich mit der Forschungsorientierung von Studiengängen. Vorgestellt wird hier eine Umfrage unter den Studierenden der Universität Zürich zu deren Wahrnehmung und Erfahrung von Forschungsorientierung in ihrem Studium. Präsentiert wird zudem ein Konzept für die Verknüpfung von Lehre und Forschung, welches verschiedene Ebenen von Lehre berücksichtigt und damit auch orientierende Referenzpunkte für die Studienganggestaltung bietet. Ein weiterer Beitrag zeigt am Beispiel des Faches Germanistik, wie veränderte Voraussetzungen und Rahmenbedingungen gewohnte Handlungsroutinen in Frage stellen, welche Antworten eine neue Gestaltung von Studiengängen geben kann.

Das dritte Kapitel widmet sich der Chronologie von Studiengängen. An konkreten Beispielen werden verschiedene Möglichkeiten zur Strukturierung von Studiengängen vorgestellt und diskutiert. Der erste Beitrag erläutert die Bedeutung und Gestaltung des Selbststudiums, seine Verzahnungsmöglichkeiten mit den Kontaktphasen sowie die Implikationen für die Studienganggestaltung. Der zweite Beitrag präsentiert und erläutert einen Studiengang für Ingenieurinnen und Ingenieure. Der dritte Beitrag schliesslich stellt das Konzept eines Studieneinstiegs vor, der hier als gemeinsame hochschulweite Einführung in das Studium realisiert wird.

Das letzte Kapitel umfasst besondere Elemente im Studium: die Förderung von Schlüsselkompetenzen, die Integration von Praktika usw. Wo kann und soll die Berufsfähigkeit schon im Studium gefördert werden und wie kann die Persönlichkeitsentfaltung im Studium angeregt werden? Zwei Beiträge zeigen den didaktisch angemessenen Einsatz von Praktika in den Studiengängen auf und diskutieren die

Frage, ob, wo und wie informelles Lernen und die im Praktikum erworbenen Kompetenzen sichtbar bzw. sogar messbar gemacht werden können. Die drei weiteren Beiträge zeigen die Integration von Schlüsselkompetenzen in die Studiengänge auf: erstens die kontinuierliche Förderung der Schlüsselkompetenzen durch den ganzen Studiengang hindurch, zweitens Tutorienangebote, die bereits bei der Studienganggestaltung mit eingeplant werden, und drittens der Aufbau und die Förderung von wissenschaftlichem Schreiben durch die Schreibwerkstatt.

Literatur

Künzli, Rudolf (1986). Topik des Lehrplandenkens I: Architektonik des Lehrplans: Ordnung und Wandel. Kiel: Bärbel Mende. Verlag Wissenschaft und Bildung.
Hildbrand, Thomas, Tremp, Peter, Jäger, Désirée & Tückmantel, Sandra (2008). Die Curricula-Reform an Schweizer Hochschulen. Stand und Perspektiven der Umsetzung der Bologna-Reform anhand ausgewählter Aspekte. Bern: CRUS.

I Studiengangentwicklung als hochschuldidaktische Aufgabe

Einleitung

Tobina Brinker

Nicht erst seit der Einführung der Bachelor- und Master-Studiengänge, sondern weitaus vorher hat die Hochschuldidaktik immer wieder wichtige Hinweise gegeben und Einfluß genommen auf die Gestaltung und Entwicklung von Studiengängen. Schon in den siebziger Jahren berieten hochschuldidaktische Einrichtungen bei der Studiengangentwicklung (Teichler, Enders & Daniel 1998, S. 222).

Allerdings brachte die Bologna-Reform mit ihren zahlreichen Fragen – von den zu erwerbenden Kompetenzen bis zur Auswahl der Inhalte, von den Lerneinheiten und ihrer Reihung bis zum notwendigen Informationsangebot für Studierende – einen deutlichen Aufschwung für die Bedeutung der Hochschuldidaktik bei der Entwicklung und Gestaltung von Studiengängen, was sich u. a. an den zahlreichen Veröffentlichungen aus dieser Zeit erkennen lässt (z. B. Berendt, Voss & Wildt, NHHL Bereich G und J, 2002, Welbers 2001, Wex 2005). Solche Fragen sind zentrale didaktische Fragen, denn damit werden wichtige Vorstrukturierungen vorgenommen für die konkrete Realisierung von Lehre in Lehrveranstaltungen und für Zugänge zu studentischen Lernprozessen.

Bei der Studiengangentwicklung handelt es sich, aus Sicht der Deutschen Gesellschaft für Hochschuldidaktik (dghd), um eine im Kern hochschuldidaktische Aufgabe, die jedoch noch nicht in ausreichendem Maße als solche gesehen und betrieben wird. Die dghd-Jahrestagung 2009 in Freiburg griff diese Themen auf, fragte nach gelungenen Konzepten und Entwicklungen und diskutierte den Beitrag und die Bedeutung von Hochschuldidaktik für die Gestaltung von Studiengängen.

Einige Beiträge der Freiburger Tagung sind hier aufgegriffen und aktualisiert wiedergegeben, viele Beiträge sind aber auch aus der aktuellen Diskussion entstanden und betrachten Aspekte der Studiengangentwicklung aus verschiedenen Perspektiven – und durchaus auch kritisch.

Literatur

Berendt, Brigitte, Voss, Hans-Peter & Wildt, Johannes (2002). Neues Handbuch Hochschullehre. Berlin: Raabe.

Teichler, Ulrich, Enders, Jürgen & Daniel, Hans-Dieter (1998). Brennpunkt Hochschule. Frankfurt/Main, New York: Campus.

Welbers, Ulrich (2001). Die Studienreform mit Bachelor und Master. Neuwied: Luchterhand.

Wex, Peter (2005). Bachelor und Master. Berlin: Dunker & Humblot.

Studiengangentwicklung als Brennpunkt der Hochschulforschung

GABI REINMANN

Zusammenfassung

Studiengangentwicklung ist nicht nur ein legitimer Gegenstand der Hochschulforschung mit ihren verschiedenen Zugängen, von denen die wichtigsten auch für die Entwicklung von Studiengängen bedeutsam sind. Vielmehr erscheint sie heute geradezu als ein Brennpunkt der Hochschulforschung, weil in Studiengängen inhaltliche, methodische und logistische Probleme gleichermaßen zusammenkommen und didaktische Fragen auf der Mikroebene ebenso beantwortet werden müssen wie politische Fragen auf der Makroebene. Neben diesen allgemeinen Überlegungen, die der Text in seiner Kürze nur anreißen kann, soll anhand eines konkreten Beispiels gezeigt werden, dass die Studiengangentwicklung der Hochschulforschung auch Impulse geben kann – sowohl hinsichtlich der Themen als auch hinsichtlich wissenschaftlicher Vorgehensweisen. Abschließend wird die Frage gestellt, unter welchen Bedingungen aus Arbeiten der Hochschulforschung auch für die Praxis der Studiengangentwicklung ein unmittelbarer Nutzen entstehen kann.

Gliederung

1   Verschiedene Zugänge der Hochschulforschung

An den Hochschulen ist in den vergangenen Jahren vieles in Bewegung geraten, was mit Stichworten wie Internationalisierung, Virtualisierung oder Ökonomisierung versehen wird (vgl. Simonis & Walter 2006). Makrotrends dieser Art stoßen unter anderem verschiedene Formen der Entgrenzung an und bringen für die Hochschulen auf diesem Wege neue Anforderungen mit sich (Müller-Böling & Buch 2006). Hochschulforschung muss sich diesen Trends annehmen und untersuchen, welchen Anpassungsdruck sie auf die Hochschulen ausüben kann und welche Gestaltungsspielräume dabei offen bleiben oder neu entstehen.

Einen nachvollziehbaren Vorschlag dafür, wie man diese abstrakten Anforderungen an Hochschulen im Hinblick auf die Forschung strukturieren kann, macht Teichler (2005), indem er vier Zugänge unterscheidet:

1. Hochschulen sind eine soziokulturelle Errungenschaft und spielen eine große Rolle für die Kultur und Wirtschaft eines Landes. Es ist daher nicht unerheblich, wie viele junge Menschen eines Jahrgangs studieren, was sie studieren, wie lange sie dafür brauchen, welchen Abschluss sie erlangen und anderes. Hochschulforschung braucht daher einen quantitativ-strukturellen Zugang mit entsprechend soziologischen und ökonomischen Methoden.

2. Hochschulen sind darüber hinaus eine besondere Form von Organisation mit einem speziellen Aufbau und Auftrag, einer eigenen (Ablauf-)Logik und zahlreichen Subkulturen. Sie sind Organisationen, die man im Hinblick auf finanzielle und personelle Ressourcen koordinieren und steuern muss. Hochschulforschung muss daher auch einen organisational-managementbezogenen Zugang mit organisationstheoretischen und betriebswirtschaftlichen Akzenten haben.

3. Hochschulen betreiben allerdings allem voran Forschung und Lehre, sie gliedern sich in Disziplinen auf, arbeiten inter- und multidisziplinär, suchen nach Wegen der Strukturierung von Forschungsfeldern und konstruieren Curricula, die darauf aufbauen. Ein wissens- und fachbezogener Zugang mit wissenschaftssoziologischen und erziehungswissenschaftlichen Verfahren gehört daher ebenfalls zur Hochschulforschung.

4. Schließlich wird an Hochschulen täglich gelernt und gelehrt – in Veranstaltungen, durch Betreuung und Beratung. Hier gilt es, über einen personen- und lernbezogenen Zugang didaktische und psychologische Fragen etwa zur Qualität der Lehre, zu Lernstrategien oder zum Verhältnis zwischen Lehren, Lernen und Assessment und vieles mehr zu beantworten.

Hält man sich diese vier notwendigen Zugänge vor Augen, wird verständlich, warum die institutionelle Basis der Hochschulforschung ausgesprochen heterogen ist (Teichler 2009). Sie ist eher ein interdisziplinäres Forschungsfeld als eine Disziplin, und in dieses Feld lässt sich auch die Studiengangentwicklung als Forschungsgegenstand einbinden.

2 Studiengangentwicklung in der Hochschulforschung

2.1 Studiengangentwicklung zwischen Mikro- und Makroebene

Die Entwicklung von Studiengängen hat an der Hochschule eine Art Sandwichposition: Auf der einen Seite bilden Studiengänge den Rahmen für das Lernen und Lehren. Je nachdem wie sie konzipiert sind, können Studiengänge bestimmte Lehr-Lernformen besonders fördern und andere zurückdrängen oder verhindern. Sind sie relativ offen konzipiert, bieten sie der Lehr-Lerngestaltung einen Spielraum. Sind sie dagegen relativ stark reguliert, wie dies im Zuge des Bologna-Prozesses häufig der Fall ist, wirken sie vor allem begrenzend. In beiden Fällen ist die Mikroebene des Lehrens und Lernens betroffen. Auf der anderen Seite sind Studiengänge und deren Entwicklung in hohem Maße abhängig von verfügbaren Ressourcen, Profilbildungen, Kapazitätsverordnungen und anderen rechtlichen Regelwerken. Studiengänge können nur innerhalb dieses Rahmens entwickelt werden, stehen also zur hochschulpolitischen Makroebene ebenfalls in einer engen Beziehung.

Diese Position der Studiengangentwicklung zwischen Mikro- und Makroebene wird vor allem beim Thema Prüfungen besonders deutlich, mit denen Leistungen und Kompetenzen des Einzelnen auf der Mikroebene erfasst sowie Zweck und Erfolg des Studiengangs auf der Makroebene legitimiert werden. Es ist allgemein bekannt, dass die Art des Prüfens einen wesentlichen Einfluss darauf hat, wie, aber auch was überhaupt gelernt wird (Reeves 2006). Das Assessment – so die wachsende Erkenntnis in der Hochschuldidaktik – muss daher integraler Bestandteil von Lehr-Lernkonzepten werden (z. B. Dany, Szczyrba & Wildt 2008) und folglich auf der Mikroebene der Studiengangentwicklung mitgedacht werden. Das ist die eine Seite des Assessments. Die andere Seite hat damit zu tun, dass unter anderem Rankings und der Bologna-Prozess ein hohes Interesse am Output (an zählbaren Ergebnissen wie Publikationen, verteilten Zertifikaten etc.) sowie am Outcome (Kompetenzen seitens der Studierenden) der Hochschule hervorgerufen haben (vgl. Kromrey 2003). Letzteres lässt sich nur über verschiedene Formen des Assessments feststellen, die entsprechend nicht nur als Rückmeldung an die Studierenden wichtig sind, sondern auch als Legitimation nach außen. Prüfungen spielen also als wesentliche Bestandteile von Studiengängen auch auf der Makroebene der öffentlichen Wahrnehmung und Wertschätzung, Ressourcenzuteilung etc. eine große Rolle.

Fazit: Studiengangentwicklung inklusive der Gestaltung von Prüfungen tangiert in ihrer Sandwichfunktion auf der Mikroebene wissens- und fachbezogene sowie personen-und lernbezogene Aspekte und auf der Makroebene sowohl quantitativ-strukturelle als auch organisational-managementbezogene Aspekte. Vor diesem Hintergrund ist Studiengangentwicklung theoretisch betrachtet ein zentraler Gegenstand der Hochschulforschung.

2.2 Studiengangentwicklung zwischen Inhalt, Methodik und Logistik

Studiengangentwicklung ist zunächst einmal eine inhaltliche Aufgabe, denn ohne die Frage, was Gegenstand eines Studiengangs sein soll, lässt sich kein Studiengang aufbauen. Allerdings ist es heute politischer Wille, die „inputorientierte Sicht" auf die Inhalte durch den Blick auf die angestrebten Kompetenzen mindestens zu ergänzen (z. B. Eckardt 2005). Dazu muss man fragen, welchen Niederschlag Studieninhalte bei den Studierenden in Form von Wissen und Können finden sollen. Dies ist keineswegs nur eine normative Frage. Infolge der berufsvorbereitenden Funktion des Bachelors werden z. B. Bedarfsanalysen in der Wirtschaft interessant. Auch Delphi-Studien mit verschiedenen Experten können die inhaltliche Aufgabe bei der Studiengangentwicklung unterstützen. Weitere Erkenntnisse lassen sich gewinnen, wenn man untersucht, wie die Auswahl von Inhalten geschieht und sich über die Zeit verändert. Die inhaltlichen Aufgaben der Studiengangentwicklung lassen sich also unter quantitativ-strukturellen, aber auch wissens- und fachbezogenen Aspekten durchaus empirisch untersuchen.

Studiengangentwicklung ist des Weiteren eine methodische Aufgabe: Wie sollen wissenschaftliche Inhalte vermittelt werden? Welche Veranstaltungsformen eignen sich für welche Inhalte und Ziele? Wie werden Inhalte sinnvoll aufbereitet und mit welchen Methoden kann man kognitive und soziale Prozesse aktivieren? Welchen Mehrwert bieten dabei die digitalen Medien? Hier sind pädagogisch-didaktische und psychologische Grundlagen- und Anwendungsforschung ebenso wie Evaluationsforschung gefragt, die vor allem personen- und lernbezogene Aspekte der Hochschulforschung aufgreift. Der Streit darüber, ob man hier nicht besser spezifischer von hochschuldidaktischer Forschung als einem eigenen Forschungsbereich sprechen sollte, erscheint mir eher müßig (vgl. Kehm 2009).

Gabi Reinmann

Woran man zunächst einmal nicht denkt, ist, dass Studiengangentwicklung auch eine logistische Aufgabe ist: Zwischen dem, was in Modulhandbüchern an Inhalten und Zielen verzeichnet ist, und dem, was Studierende letztlich vorfinden und erreichen, liegt eine mitunter gewaltige Kluft. Die Gründe hierfür sind unterschiedlich: Es kann schlicht an falschen oder nicht zu Ende gedachten Kapazitätsberechnungen liegen, quasi an einem Versagen der – um im Bild zu bleiben – „Beschaffungslogistik". Ein Studiengang kann auch Konstruktionsmängel haben, die sich erst im Laufe der Zeit manifestieren – als hätte quasi die „Produktionslogistik" nicht funktioniert. Schwierig sind Akzeptanzprobleme bei Lehrenden wie Studierenden, die sich im schlimmsten Fall darin äußern, dass sich selbst gute Konzepte schlecht implementieren oder „distribuieren" lassen. Und schließlich darf man das Beharrungsvermögen von Strukturen, Prozessen, Gewohnheiten und lange gewachsenen Lehr-Lernkulturen nicht vergessen. Diese kann man nicht so einfach „entsorgen". Was wir hier brauchen, sind Forschungen zu Organisationsentwicklung und organisationalem Wandel. Empirische Forschungen zu diesen (hier metaphorisch umschriebenen) Problemen tangieren allem voran organisational-managementbezogene Aspekte.

Fazit: Auch die inhaltlichen, methodischen und logistischen Aufgaben bei der Studiengangentwicklung machen deutlich, dass diese prinzipiell einen Gegenstand der Hochschulforschung mit allen Zugängen darstellt.

3 Beispiel: Begleitstudium Problemlösekompetenz

3.1 Die Kernidee des Begleitstudiums

An dieser Stelle möchte ich ein Beispiel für die These anführen, dass Studiengangentwicklung nicht nur ein legitimer, sondern auch ein fruchtbarer Gegenstand der Hochschulforschung sein kann. Es handelt sich um das Begleitstudium Problemlösekompetenz, das ich 2004 an der Universität Augsburg initiiert und bis 2010 begleitet habe (vgl. Reinmann, Sporer & Vohle 2007, Sporer, Reinmann, Jenert & Hofhues 2007). Dieses co-curriculare Studienangebot soll Studierende dazu motivieren, sich neben dem Fachstudium in Praxisgemeinschaften zu engagieren und informelles Lernen mit dem Studium zu verbinden. Auslöser für die Entwicklung des Begleitstudiums war die Beobachtung, dass sich mit der Einführung von Bachelor- und Master-Studiengängen infolge von mangelnden Anreizen und Zeitproblemen immer weniger Studierende freiwillig an verschiedenen universitären Projekten beteiligt haben. Angesichts der Tatsache, dass gerade selbstorganisierte Projektarbeit eine große Chance ist, berufsrelevante überfachliche Kompetenzen einzuüben, wurde ein Konzept erarbeitet, das erlaubt, das Engagement in Projektgruppen im Studium offiziell anzurechnen.

Der Kern des Begleitstudiums Problemlösekompetenz besteht darin, dass sich Studierende über mehrere Semester hinweg in bestehende Projektgruppen (z. B. Studentenradio, Campus-Fernsehen, studentische Unternehmensberatung etc.) einklinken oder selbst neue Praxisgemeinschaften initiieren. Dabei stellen sich die Studierenden im Laufe der Zeit nicht nur praktischen Anforderungen, sondern übernehmen auch soziale Rollen, indem sie (neue) Gruppenmitglieder z. B. tutoriell betreuen oder anleiten. Dazu kommen wissenschaftliche Aktivitäten, etwa wenn sie Ergebnisse evaluieren oder theoretische Grundlagen ihrer Arbeit recherchieren. Diese Aufgaben werden strukturell festgelegt, indem das Begleitstudium drei Bausteine mit praktischem, sozialem und wissenschaftlichem Problemlösen umfasst. In einem E-Portfolio dokumentieren die Studierenden diese Prozesse und die dabei anfallenden Ergebnisse, sodass diese bewertet, einem passenden Modul des Studiengangs zugeordnet und in Form von Credit Points angerechnet werden können.

3.2   Das Begleitstudium aus Sicht der Studiengangentwicklung

Die zuletzt genannte Anrechnung ist zentral, wenn man das Begleitstudium aus der Sicht der Studiengangentwicklung betrachtet, denn: es geht bei dieser Initiative nicht darum, die besonderen Lernchancen in Praxisgemeinschaften künstlich im Curriculum des Fachstudiums abzubilden. Informelles Lernen in ein formales Setting komplett einzubinden, wäre ein Widerspruch in sich. Vielmehr wird das informelle Lernen in den Praxisgemeinschaften belassen und über eine besondere Form des Assessments mittels E-Portfolios an das Fachstudium gekoppelt. Dies ist eine andere, vielleicht neue Form der Studiengangentwicklung – nämlich der Versuch, das schlecht Integrierbare nicht bis zur Unkenntlichkeit so lange zu verändern, bis es endlich integrierbar ist.

Als eine Form der Studiengangentwicklung liefert das Begleitstudium mehrere Anker für empirische Hochschulforschung: Zum einen erfolgte die Entwicklung des Studiengangangebots keineswegs ohne theoretische Grundlagen. Deweys Pragmatismus stand bei der Konzeption und zunehmenden Weiterentwicklung ebenso Pate wie die Problemlöseforschung, Erkenntnisse zur Entstehung von Praxisgemeinschaften sowie die in den letzten Jahren wachsende Forschung zum Thema E-Portfolio. Das Begleitstudium war und ist an eine Form von Entwicklungsforschung gekoppelt, die allerdings in den Bildungswissenschaften noch wenig etabliert ist (Reinmann 2010). Zum anderen erfährt das Studienangebot eine

Gabi Reinmann

laufende wissenschaftliche Begleitung mit verschiedenen Fragestellungen und Methoden, deren Ergebnisse beständig in die Weiterentwicklung einfließen. Beispielhaft nennen lassen sich organisatorische Fragen (Wie können Praxisgemeinschaften in das Begleitstudium integriert werden?), ökonomische Fragen (Wie hoch ist der Zeitaufwand für Lernende und Lehrende?), technische Fragen (Wie müssen E-Portfolios beschaffen sein, um die didaktischen Anforderungen an das Assessment zu erfüllen?) oder psychologische Fragen (Was motiviert Studierende zur Teilnahme am Begleitstudium?). Methodisch ist im Kontext des Beispiels Begleitstudium zunächst eine Einzelfallforschung naheliegend. Im Falle der Übernahme des Modells in anderen Studiengängen aber werden auch vergleichende Implementationsstudien möglich. Zur Anwendung können sowohl quantitative Methoden (z. B. Teilnahme-Statistiken, Logfile-Analysen, Studiengangserhebungen mit geschlossenen Fragen) als auch qualitative Methoden (Interviews, Gruppendiskussionen, Dokumentenanalysen) kommen. Die bisherige empirische Arbeit innerhalb des Projekts lässt sich im weitesten Sinne in den Ansatz der Design-Based Research einordnen: Entwicklung, Implementierung, Analyse bzw. Evaluation und Re-Design wechseln sich zyklisch ab, wobei sowohl Entwicklungs- als auch Evaluationsarbeiten nicht nur praxisgetrieben, sondern auch theoriegeleitet erfolgen (vgl. Kelly, Lesh & Baek 2008).

4 Nutzen der Hochschulforschung für die Studiengangentwicklung

Wenn man Studiengangentwicklung als Gegenstand der Hochschulforschung identifiziert und postuliert, stellt sich abschließend die Frage, wie die Ergebnisse dieser Forschung der Entwicklung von Studiengängen im Hochschulalltag auch tatsächlich zu Gute kommen können. Ohne detaillierter darauf eingehen zu können, möchte ich als Diskussionsgrundlage hierfür drei mögliche Strategien (formuliert als Forderungen) vorschlagen: Erstens sollte Hochschulforschung zur Studiengangentwicklung neben den inhaltlichen und methodischen Fragen die enorme logistische Herausforderung nicht übersehen, welche die Entwicklung und dann vor allem die Umsetzung der neuen Bachelor- und Masterstudiengänge mit sich bringen. Es erscheint mir wenig sinnvoll, diese Aufgabe als nachrangig zu betrachten, denn Kapazitätsfragen stehen zu Fragen der (didaktischen) Qualität in einem komplizierten Verhältnis, das einer dringenden Erforschung bedarf. Zweitens halte ich neben grundlagenorientierten Forschungsarbeiten zusätzlich eine konsequent anwendungsorientierte Hochschulforschung für essenziell, welche auch die Kontextbedingungen von Studiengängen einbezieht. Dazu sollte auch ein Ausbau der Entwicklungsforschung kommen: Die Entwicklung von Lehr-/Lernmaterialien, -medien, -methoden und -umgebungen lässt sich nicht nur als Anwendung von Forschungsergebnissen oder als Evaluation von praktischen Produktionen in die Hochschulforschung einführen, sondern unter bestimmten Bedingungen auch als einen eigenständigen wissenschaftlichen Akt gestalten. Drittens gilt es, die explizite, vor allem aber die implizite Verflechtung von Politik und Wissenschaft im Blick zu haben, wenn Hochschulforschung betrieben wird – gerade auch wenn es um hochschuldidaktische Gegenstände wie die Studiengangentwicklung geht, die nur auf den ersten Blick vorrangig auf der Mikroebene angesiedelt ist, auf den zweiten aber enorme Einflüsse von der Makroebene erfährt (Münch 2009).

Literatur

Dany, Sigrid, Szczyrba, Birgit & Wildt, Johannes (Hrsg., 2008). Prüfungen auf die Agenda. Hochschuldidaktische Perspektiven auf Reformen im Prüfungswesen. Bielefeld: W.-Bertelsmann.

Eckardt, Philipp (2005). Der Bologna-Prozess. Entstehung, Strukturen und Ziele der europäischen Hochschulreformpolitik. Norderstedt: books on demand.

Kehm, Barbara (2009). Hochschuldidaktik als Teil der Hochschulforschung. In Journal Hochschuldidaktik, 1, S. 8–11.

Kelly, Anthony E., Lesh, Richard A. & Baek, John Y. (2008). Handbook of design research methods in education. Innovations in science, technology, engineering, and mathematics learning and teaching. New York: Routledge.

Kromrey, Helmut (2003). Qualität und Evaluation im System Hochschule. In Stockmann, Reinhard (Hrsg.). Evaluationsforschung. Opladen: Leske & Budrich. S. 233–258.

Müller-Böling, Detlef & Buch, Florian (2006). Hochschulentwicklung in Zeiten der Entgrenzung – Implikationen aktueller Makrotrends für die Hochschule als Lernort. In Zeitschrift für Hochschulentwicklung, 1, S. 47–61.

Münch, Richard (2009). Globale Eliten, lokale Autoritäten. Bildung und Wissenschaft unter dem Regime von PISA, McKinsey & Co. Frankfurt am Main: Suhrkamp.

Reeves, Thomas C. (2006). How do we know they are learning? The importance of alignment in higher education. In International Journal of Learning Technology, 2, 4, S. 294–309.

Reinmann, Gabi (2010). Mögliche Wege der Erkenntnis in den Bildungswissenschaften. In Jüttemann, Gerd & Mack, Wolfgang (Hrsg.). Konkrete Psychologie. Die Gestaltungsanalyse der Handlungswelt. Lengerich: Pabst Science. S. 237–252.

Reinmann, Gabi, Sporer, Thomas & Vohle, Frank (2007). Bologna und Web 2.0: Wie zusammenbringen, was nicht zusammenpasst? In Keil, Reinhard, Kerres, Michael & Schulmeister, Rolf (Hrsg.). eUniversity – Update Bologna. Münster: Waxmann. S. 263–278.

Simonis, Georg & Walter, Thomas (2006). LernOrt Universität. Umbruch durch Internationalisierung und Multimedia. Wiesbaden: VS Verlag für Sozialwissenschaften.

Sporer, Thomas, Reinmann, Gabi, Jenert, Tobias & Hofhues, Sandra (2007). Begleitstudium Problemlösekompetenz (Version 2.0). Infrastruktur für studentische Projekte an Hochschulen. In Merkt, Marianne, Mayrberger, Kerstin, Schulmeister, Rolf, Sommer, Angela & van den Berk, Ivo (Hrsg.). Studieren neu erfinden – Hochschule neu denken. Münster: Waxmann. S. 85–94.

Teichler, Ulrich (2005). Hochschulforschung, Hochschulpraxis und der Stellenwert von Information über Forschungsergebnisse. In Erhardt, Klaudia (Hrsg.). Ids Hochschule. Fachinformation für Hochschulforschung und Hochschulpraxis , 4, S. 7–16.

Teichler, Ulrich (2009). Hochschulbildung. In Tippelt, Rudolf & Schmidt, Bernhard (Hrsg.). Handbuch Bildungsforschung. Wiesbaden: Waxmann. S. 421–444.

Programmgestaltung als professionelle Aufgabe der Hochschulentwicklung: Gestaltungsmodell und Fallstudie

Tobias Jenert

Zusammenfassung

Die Gestaltung von Studienprogrammen hat in der Folge des Bologna-Prozesses eine verstärkte Aufmerksamkeit erfahren. Verglichen mit einer recht elaborierten Programmatik für die innovative Gestaltung des Hochschulstudiums, fällt die Zahl systematischer Strategien und Modelle zur Planung und Implementierung von Programmentwicklungsinitiativen eher gering aus. Ausgehend von dieser Feststellung stellt der Beitrag ein Modell zur Gestaltung von Studienprogrammen vor, das (1) empirisch fundiert ist, (2) explizit mittel- und langfristige Studienprozesse in den Blick nimmt und (3) nicht nur die Planung, sondern auch die Implementierung von Entwicklungsinitiativen adressiert. Der Beitrag beschreibt zunächst kurz das Modell, um sich dann einer Fallstudie zu widmen, welche die Anwendung des Modells im Rahmen einer Programmentwicklungsinitiative illustriert.

Gliederung

1 Studienprogrammentwicklung: Stand der Diskussion und Entwicklungsbedarf

Die Gestaltung von Studienprogrammen hat in den vergangenen Jahren verstärkte Aufmerksamkeit erfahren – sicherlich eine Folge der Umsetzung des Bologna-Prozesses (z. B. Webler 2005). Standen zunächst vor allem administrativ-strukturelle Fragen zur Ausgestaltung von Modul- und Credit-Systemen im Mittelpunkt, weitete sich die Diskussion schnell auf pädagogisch-didaktische Grundfragen aus: Studienprogramme sollten im weitesten Sinne „innovativ" gestaltet werden, wobei verschiedene Innovationsrichtungen mit Schlagworten wie „Shift from Teaching to Learning" (Barr & Tagg 1995 bzw. Welbers 2007), „Kompetenz-, Outcome-, oder Studierendenorientierung" (Knauf 2003, Gaus & Welbers 2005, Schneider, Szczyrba, Welbers & Wildt 2009) eine wichtige Rolle spielen. Verglichen mit dieser recht elaborierten Programmatik für die Gestaltung des Hochschulstudiums fällt die Zahl systematischer Strategien und Modelle zur Planung und Implementierung von Programmentwicklungsinitiativen eher gering aus. Die wenigen diskutierten Konzepte stammen vorwiegend aus dem englischsprachigen Raum, wobei mit Blick auf das Ziel einer „innovativen" Programmgestaltung im oben angesprochenen Sinne folgendes auffällt:

1. Viele Konzepte beschränken sich auf die Curriculumentwicklung, also die inhaltliche und didaktisch-methodische Gestaltung von Lehrveranstaltungen sowie deren Sequenzierung (z. B. Diamond 2008, Lattuca & Stark 2009). Demgegenüber impliziert der Begriff des Studienprogramms ein erweitertes Verständnis von Studiengestaltung: Programmentwicklung sollte nicht nur Studienstrukturen, sondern auch Prozesse (etwa der Veranstaltungswahl, des sozialen Klimas unter Studierenden und Lehrenden etc.) in den Blick nehmen. Zudem sollten neben dem formalen Lernen auch non-formale und informelle Lerngelegenheiten außerhalb des Curriculums berücksichtigt werden.

2. Empirische Erkenntnisse über die Studiengestaltung, „über den Vorlesungssaal hinaus", sind immer noch ausgesprochen spärlich vorhanden. Dementsprechend lassen viele Konzepte zur Programmgestaltung eine unmittelbare empirische Fundierung vermissen bzw. übertragen Konstrukte, die in mikrodidaktischen Kontexten gewonnen wurden, auf die Studiengestaltung. Beispielsweise verwendet Biggs' (1999, 2003) Konzept des „constructive alignment" Konstrukte (approaches to learning), die sich ursprünglich auf Lernstrategien in kurzfristigen und eng umgrenzten Aufgabenstellungen bezogen. Demgegenüber sollte verstärkt auf Erkenntnisse zurückgegriffen werden, wie Studierende ein ganzes Studium planen und bewältigen.

3. Bis auf wenige Ausnahmen (z. B. Hubbal, Gold, Nighty et al. 2007) konzentrieren sich die Modelle zur Programmgestaltung auf die (idealtypische) Planung von Programmen und blenden die Umsetzung im Sinne von Implementierungsstrategien aus. Letztendlich ist die (Weiter-) Entwicklung von Studienprogrammen als Change-Projekt zu betrachten, bei dem es verschiedene Anspruchsgruppen (Studierende, Lehrende, Administration etc.) zu involvieren gilt. Modelle zur Programmgestaltung sollten daher die Frage der Implementierung im Kontext von Hochschulkulturen stärker in den Blick nehmen.

Ausgehend von diesen drei Feststellungen wurde ein Modell zur Gestaltung von Studienprogrammen entwickelt, das (1) empirisch fundiert ist, (2) explizit mittel- und langfristige Studienprozesse in den Blick nimmt und (3) die Implementierung von Entwicklungsinitiativen adressiert. Der Beitrag stellt das Modell kurz vor, um sich dann einer Fallstudie zu widmen, welche die Anwendung des Modells im Rahmen einer Programmentwicklungsinitiative illustriert.

2 Ein Design-Modell zur Programmentwicklung

Grundlage für das Programmentwicklungsmodell bilden umfangreiche Fallstudien in vier Studienprogrammen. Die Programme wurden dabei so ausgewählt, dass sowohl disziplinäre bzw. fachbezogene wie auch organisationale Aspekte (z. B. Struktur der Hochschule) systematisch berücksichtigt werden konnten. Untersucht wurden (a) die Intentionen der Programmgestalter bzw. -verantwortlichen, (b) die Programmstrukturen sowie (c) die handlungsleitenden Vorstellungen und Handlungsstrategien der Studierenden (eine detaillierte Darstellung der Untersuchung findet sich in Jenert 2011a und b.). Das Modell bemisst erfolgreiche Programmgestaltung zunächst nicht an didaktisch-methodischen Normen, weil diese fachabhängig, organisatorisch determiniert und über die Zeit hinweg veränderlich sein können. Gelungenes Programmdesign zeichnet sich vielmehr durch eine Kongruenz zwischen den Zielsetzungen der Programmgestalter/-verantwortlichen, den Programmstrukturen und den Vorstellungen bzw. dem Handeln der Studierenden aus. Dementsprechend muss das Modell mit didaktischen Normvorstellungen, etwa einem Leitbild für Studium und Lehre, hinterlegt werden.

Das Modell umfasst zwei grundlegende Gestaltungsdimensionen: Zunächst eine Planungsdimension, auf der offiziell angestrebte Bildungsziele ausgehandelt und entsprechende Studienstrukturen und -prozesse festgelegt werden. In Anlehnung an den im Bereich der Schulentwicklung etablierten Begriff der „Curriculum Leadership" (z. B. Glatthorn, Boschee & Whitehead 2008) wird diese im Folgenden als

Programme Leadership-Dimension bezeichnet. Zahlreiche bestehende Modelle zur Curriculumentwicklung konzentrieren sich vorwiegend auf diese Dimension (z. B. Diamond 2008, Lattuca & Stark 2009). Darüber hinaus umfasst das Modell eine zweite Gestaltungsdimension. Diese – im Folgenden als Programme Ownership-Dimension bezeichnet – adressiert die Frage, unter welchen Bedingungen die pädagogisch-didaktischen Zielstellungen der Leadership-Dimension im Alltagshandeln der Studierenden wirksam werden. Die zentrale Frage ist, wie Studienkontexte zu gestalten sind, damit pädagogisch-didaktische Zielstellungen zu einer Sache der Studierenden gemacht werden können – also, dass sich die Ansprüche der Leadership-Dimension letztlich in der gelebten Studienkultur niederschlagen (in Anlehnung an Prinzipien des Change Managements, vgl. z. B. Kotter 1996, insbes. S. 145–158).

Abbildung 1 zeigt das Modell mit den beiden Dimensionen sowie den involvierten Anspruchsgruppen. Im Rahmen von Programmentwicklungs-Prozessen stehen Leadership- und Ownership-Dimension in einem zirkulären Verhältnis: Ausgehend von den bestehenden Vorstellungen und Praktiken, d. h. der gelebten Studien- und Lehrkultur auf der Ownership-Dimension, werden neue Zielvorstellungen und Visionen auf der Leadership-Dimension entwickelt. Diese umzusetzen erfordert wiederum Maßnahmen, die auf die Programme Ownership wirken.

Das Gestaltungsmodell wurde im Zuge einer Programmentwicklungsinitiative für die Zusatzausbildung Wirtschaftspädagogik an der Universität St. Gallen erprobt. Die gewonnenen Erkenntnisse werden im folgenden Abschnitt dargestellt. Aus Platzgründen werden nur die wichtigsten Herausforderungen näher erläutert und die einzelnen Gestaltungsmaßnahmen nur in tabellarischer Form aufgeführt.

3 Fallstudie: Programmentwicklung in der Zusatzausbildung Wirtschaftspädagogik

Im Rahmen des Programms Wirtschaftspädagogik können Studierende „die notwendigen Erkenntnisse, Einstellungen und Fertigkeiten entwickeln, um als Experten/innen in den Handlungsfeldern didaktische Gestaltung, Bildungsmanagement und Personalentwicklung professionell agieren zu können" (Homepage des Instituts für Wirtschaftspädagogik).[1] Absolvierende der Zusatzausbildung werden zudem auf eine Tätigkeit als Lehrer für Wirtschaft und Recht an Gymnasien und Berufsfachschulen (Sekundarstufe II) vorbereitet.

---

1 http://www.iwp.unisg.ch/org/iwp/web.nsf/wwwPubInhalteGer/Studierende?opendocument

TOBIAS JENERT

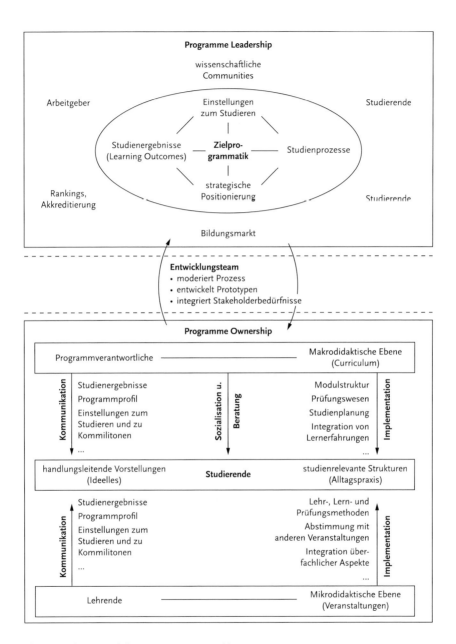

Abb. 1: Gestaltungsmodell zur Programmentwicklung

3.1   Ausgangspunkt und Planung der Entwicklungsprozesse

Ausgangspunkt für die Programmentwicklungsinitiative ist die angestrebte Anerkennung des Studiums durch die Schweizerische Konferenz der Erziehungsdirektoren (EDK) sowie das Schweizerische Bundesamt für Berufsbildung und Technologie (BBT). Die Entscheidung für eine Akkreditierung wurde wegen der strategischen Positionierung des Programms am Bildungsmarkt getroffen: Da mittlerweile auch andere Institutionen in der Schweiz einen akkreditierten Abschluss für Wirtschaftslehrende vergeben, sollte den St. Galler Studierenden eine solche Ausbildung angeboten werden. Die Einhaltung der Akkreditierungselemente von BBT und EDK stellt also den Ausgangspunkt der Entwicklungsinitiative dar. Diese Reglemente haben einen direkten Einfluss auf die inhaltliche wie auch auf die strukturelle Ausgestaltung des Curriculums. Allerdings sollte die Entwicklungsinitiative mit Blick auf das Gestaltungsmodell nicht eindimensional geplant werden, sondern alle Zieldimensionen der Programmentwicklung (Abb. 1) adressieren. Die operative Leitung der Entwicklungsinitiative übernahm das Team für Hochschulentwicklung und Selbststudium der Universität St. Gallen.[2] Seine Aufgaben sieht das Team vor allem in der Moderation von Entscheidungs- und Entwicklungsprozessen bei der Programmgestaltung. Ferner werden Hilfestellungen angeboten, beispielsweise in Form von Analysen des bestehenden Programms, Befragungen von Studierenden, Moderation von Lehrenden-Workshops etc.

3.2   Leadership-Dimension: Spannungsfelder und Involvierung verschiedener Anspruchsgruppen

Für die Programmgestaltung auf der Leadership-Dimension (Abb. 2) stellten sich zwei wesentliche Herausforderungen dar: (a) Das Erkennen, Darstellen und Auflösen von Spannungsfeldern zwischen den Vorstellungen verschiedener Anspruchsgruppen und (b) die aktive Einbindung der relevanten Anspruchsgruppen bei der inhaltlichen und strukturellen Planung des künftigen Programms.

Spannungsfelder zwischen Anspruchsgruppen

Bei der Ausrichtung der Entwicklungsinitiative stellen die Akkreditierungsinstitutionen, Studierende, Schulen (als künftige Arbeitgeber und Partner bei der Ausbildung) sowie die Hochschule (bzw. die relevanten Leitungsgremien) relevante Anspruchsgruppen dar. Deren Erwartungen stehen teils im Widerspruch zueinander: Die größten Veränderungen des bisherigen Studiums gibt das Reglement der EDK im Bereich der fachwissenschaftlichen Ausbildung vor. So müssen Stu-

---

2   http://www.selbststudium.unisg.ch

dierende in den Fächern BWL, VWL und Recht eine bestimmte Anzahl von Credits belegen (90–60–30 in beliebiger Kombination). Den Studierenden entsteht dadurch ein Mehraufwand, da die entsprechende Credit-Kombination im Rahmen eines Bachelor-Master-Studiums normalerweise nicht zu erbringen ist und Zusatzleistungen fällig werden. Die Studierenden haben ein Interesse daran, den Aufwand der Zusatzausbildung neben dem regulären Fachstudium möglichst gering zu halten. Es kann davon ausgegangen werden, dass notwendige Zusatzleistungen für ein akkreditiertes Lehrdiplom und, damit verbunden, eine Verlängerung der Studiendauer, viele interessierte Studierende abschrecken werden. Schulen sind nicht nur als potenzielle Abnehmer der Studierenden eine wichtige Anspruchsgruppe, sie sind auch Partner während des Studiums, da sie Gelegenheiten für praktische Lernerfahrungen bieten (Übungsstunden, Praktika). Ein qualitativ hochwertiges Studium zu garantieren und dies über die Akkreditierung nachzuweisen ist entscheidend, damit die St. Galler Absolvierenden weiterhin als fähig und gut ausgebildet wahrgenommen werden. Aus Sicht der Hochschule ist ein Studienangebot nur dann auf Dauer tragbar, wenn es eine ausreichende Zahl an Studierenden anzusprechen vermag. Der dauerhafte Bestand eines Programms hängt dadurch letztlich auch von seiner Attraktivität für die Studierenden ab. Diese Gegenüberstellung zeigt deutliche Spannungsfelder zwischen den Anforderungen der verschiedenen Anspruchsgruppen. Für die Neugestaltung des Programms sind angesichts dieser Spannungen folgende strategische Ziele zu formulieren:

1. Im Sinne einer nachhaltigen Sicherstellung der Marktposition des Wirtschaftspädagogik-Studiums in St. Gallen ist die Akkreditierung nach BBT und EDK anzustreben.

2. Um die Position des Programms an der Hochschule zu gewährleisten, ist die Anpassung auf die Akkreditierungsvorgaben so zu gestalten, dass einem Einbruch der Studierendenzahlen vorgebeugt wird.

Inhaltlich-strukturelle Ausgestaltung des Programms

Die größte Herausforderung bei der Planung der verschiedenen inhaltlichen und strukturellen Programmelemente bestand in der Einbeziehung, der Priorisierung und der Vereinbarung unterschiedlicher Anspruchsgruppen. Die Lehrenden im Programm können als fachliche Experten die wichtigsten inhaltlichen und methodischen Inputs liefern. Zudem ist es für eine erfolgreiche Implementation von Entwicklungsmaßnahmen auf der Ownership-Dimension unabdingbar, dass sie die angestrebten Veränderungen mittragen. Die Einbindung der Lehrenden erfolgte iterativ im Rahmen mehrerer Klausursitzungen des Instituts für Wirtschaftspädagogik, an dem ein Großteil der Lehrenden beschäftigt ist. Beispielsweise wurde der Entwurf eines Kompetenzprofils mit den angestrebten Studienergebnissen des neuen Programms präsentiert, der auf Basis vom Team Hochschulentwicklung erarbeitet worden war. Dieser Vorschlag wurde dann in thematischen Arbeitsgruppen diskutiert. Die Feedbacks wurden in die nächste Fassung eingearbeitet, die dann wieder vorgestellt und diskutiert wurde. Insgesamt wurden drei solcher Zyklen durchgeführt. Die Lehrenden sollten durch dieses Vorgehen ihre eigenen Lehraktivitäten innerhalb des Programms besser verorten können. Zudem wurde durch das bereits vorgefertigte Kompetenzprofil verhindert, dass sich die angestrebten Studienergebnisse additiv aus den Lehrinhalten jedes einzelnen Lehrenden bzw. der bereits existierenden Lehrveranstaltungen zusammensetzen. Die Vorgaben der Akkreditierungsinstitutionen wurden mit dem gemeinsam ausgehandelten Programmprofil abgeglichen. Hierbei zeigte sich eine weitgehende Übereinstimmung, nur vereinzelt musste das Profil ergänzt werden. Ansprüche potenzieller Arbeitgeber wurden durch die Lehrenden sowie durch die Studiengangsverantwortlichen der Zusatzausbildung Wirtschaftspädagogik vertreten. Im Zuge des Entwicklungsprozesses wurde bewusst gegen die direkte Einbindung von Arbeitgeber- bzw. Schulvertretern entschieden. Grund dafür war die gute Anbindung an die Berufspraxis durch einen ständigen Kontakt mit Schul- wie auch Unternehmensvertretern (durch das Swiss Centre for Innovations in Learning, scil)[3]. Zudem stand bei der Festlegung der Lernergebnisse auch eine bewusst normative Position im Mittelpunkt, geprägt durch die Forschungs- und Bildungsphilosophie des Instituts für Wirtschaftspädagogik. Das Programm vertritt damit den Anspruch, nicht (nur) auf externe Ansprüche zu reagieren, sondern auch eine Ausbildung anzubieten, die auf die proaktive Weiterentwicklung der Bildungspraxis gerichtet ist. Die Perspektive der Studierenden wurde mithilfe von Interviews aufgenommen. Es wurde besonders darauf geachtet, Studierende in unterschiedlichen Lebenssituationen und Zielsetzungen zu befragen (Studierende in der Mitte und am Ende der Zusatzausbildung, Vollzeitstudierende und Studierende mit Berufserfahrung). In Bezug auf anzustrebende Studienergebnisse waren diese Interviews wenig ergiebig: Aus Sicht der Studierenden erschien das Curriculum inhaltlich plausibel. Wertvolle Beiträge der Studierenden ergaben sich in Bezug auf die Gestaltung des Studienverlaufs sowie der Kommunikation verschiedener studienbezogener Aspekte (Programmziele, mögliche Studienpfade etc.).

Zusammenfassung

Abb. 5 gibt einen tabellarischen Überblick über die konkrete Zielsetzung für die Programmentwicklung, die im Rahmen des dargestellten Vorgehens ausgehandelt wurde. Diese Zielsetzungen dienen als Vorgaben für die operative Neugestaltung des Programms.

---

3   http://www.scil.ch

No	Gestaltungsprinzip (Programme Leadership-Dimension)
1	Mehrdimensionale Zielprogrammatik entwickeln Strategische Positionierung als Ausgangspunkt ➔ Akkreditierung; Position an der Hochschule Lernergebnisse überdenken ➔ Kompetenzziele ausgehend von beruflichen Handlungsfeldern Studienpfade planen ➔ Stärkere Kohärenz sicherstellen; individuelle Studienpfade abhängig von Vorkenntnissen und Interessen berücksichtigen Einstellungen festlegen ➔ Eigenverantwortung bei der Studienplanung durch Selbststeuerung und interessengeleitet; Studierenden-Community stärken
2	Learning Outcomes handlungsleitend formulieren Ableitung anzustrebender Studienergebnisse aus (beruflichen) Handlungssituationen Formulierung in Form von Handlungskompetenzen als Grundlage für die didaktische Ausgestaltung des Programms
3	Idealtypische Studienpfade definieren Unterschiedliche Studienziele und Vorkenntnisse der Studierenden als Ausgangspunkt Stärkere Kohärenz der Studiengestaltung durch didaktisch sinnvolle Sequenzierung von Lehrveranstaltungen und bessere Verbindung verschiedener Curriculum-Bestandteile
4	Wünschenswerte Einstellungen zum Studieren und zu Mitstudierenden festlegen Eigenverantwortlichkeit durch Selbststeuerung der Studiengestaltung sicherstellen ➔ Mögliches Spannungsverhältnis zum Ziel einer kohärenteren Studienabfolge Interessengeleitetes Studieren als Zielsetzungen ➔ Mögliches Spannungsverhältnis mit dem strategischen Ziel, das Programm für eine große Zahl Studierender attraktiv zu halten Community-Gefühl der Wirtschaftspädagogik-Studierenden stärken
5	Strategische Positionierung des Studienprogramms ausweisen Akkreditierung zur langfristigen Positionierung am Bildungsmarkt ➔ Höherer Zusatzaufwand für Studierende (Studiendauer) Stabile Studierendenzahlen als Legitimation des Programms an der Hochschule ➔ Attraktivität der Zusatzausbildung sicherstellen ➔ Spannungsfeld innerhalb der Zieldimension sowie in Bezug auf die Zieldimensionen „Einstellungen" und „Studienpfade"
6	Verantwortlichkeit für professionelle Programm-Leadership festlegen Moderation und Unterstützung des Entwicklungsprozesses durch das Team Hochschulentwicklung Iterative Abstimmungs- und Kommunikationszyklen mit den Lehrenden
7	Multiple Zieldimensionen bei der Programmentwicklung berücksichtigen Aufnahme verschiedener Spannungsfelder als Herausforderung für die Implementierung von Maßnahmen (Ownership-Dimension)
8	Spannungsfeld verschiedener Anspruchsgruppen bewusst managen Einbeziehung relevanter Anspruchsgruppen (Akkreditierungsinstitutionen, Lehrende, Studierende, Hochschule bzw. Hochschulleitung) in jeder Zieldimension Bewusste Entscheidung für den Stellenwert einzelner Anspruchsgruppen bei der Festlegung von Zielen

Abb. 2: Gestaltungsmaßnahmen auf der Leadership-Dimension

3.3 Programme Ownership-Dimension: Spannungsfelder und Involvierung verschiedener Anspruchsgruppen

Die festgelegten Zielsetzungen auf der Leadership-Dimension bilden den Ausgangspunkt für die Planung von Gestaltungsmaßnahmen auf der Programme Ownership-Dimension. In Bezug auf die Implementation entsprechender Maßnahmen lassen sich drei wesentliche Herausforderungen ausmachen: (a) Eine konsistente und kohärente Programmgestaltung macht ein umfangreiches Mapping des bestehenden Programms notwendig. (b) Die Lehrenden im Programm müssen die Entwicklungsaktivitäten aktiv mittragen und z. B. die eigene(n) Lehrveranstaltung mit Blick auf das Gesamtprogramm anpassen. (c) Die angestrebten Entwicklungsziele (insbesondere in Bezug auf Studienziele und -prozesse, siehe Abb. 2) erfordern eine umfangreiche Kommunikation an die Studierenden.

Mapping des bestehenden Programms

Zur genauen Analyse des inhaltlichen wie auch didaktisch-methodischen Profils des Programms wurden verschiedene Visualisierungs-Tools entwickelt. Abbildung 3 zeigt beispielhaft die Visualisierung der im Programm eingesetzten Prüfungsformen – Schwerpunkte und Lücken werden hier auf einen Blick erkennbar. Vergleichbare Visualisierungen wurden für die Lehr- und Lernmethoden sowie für die behandelten Inhalte erstellt.

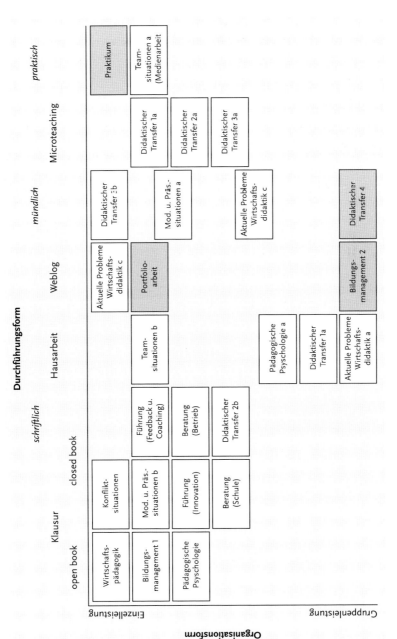

Abb. 3: Profil der Prüfungsmethoden

Einbindung der Lehrenden in Entwicklungsaktivitäten

Ein erster Schritt, um die Lehrenden auf die Ziele der Entwicklungsinitiative zu verpflichten, ist bereits durch deren iterative Einbindung bei der Entwicklung des Zielportfolios getan (siehe oben). Um die Position jedes einzelnen Lehrenden im Programm zu verdeutlichen, wurden zudem Profile aller bestehenden Lehrveranstaltungen erstellt und jeder Veranstaltung Programmziele zugewiesen. Diese Veranstaltungsprofile wurden dann an die jeweiligen Lehrenden gesandt, die ihrerseits Stellung dazu nehmen konnten, inwieweit (a) die Zielansprüche an die Veranstaltung bereits erfüllt werden, (b) die Zielansprüche als realistisch und/oder erstrebenswert betrachtet werden und (c) die Zielansprüche bei einer Weiterentwicklung der Veranstaltung erfüllt werden können. Abbildung 4 zeigt ein solches Veranstaltungsprofil, das vom Lehrenden bereits mit zusätzlichen Informationen ergänzt wurde. Über die Verortung der einzelnen Veranstaltungen im Kompetenzprofil des Gesamtprogramms soll sichergestellt werden, dass die Lehrenden den Platz der einzelnen Lehr-/ Lernaktivität im Programm bewusster wahrnehmen und auch gegenüber den Studierenden kommunizieren.

Veranstaltung: Teamsituationen gestalten: Kooperieren in Gruppen und Teams		
Vorgegebene Kompetenzbereiche gemäß Kompetenzpofil	Kompetenzbereich	Status
	Handlungsfeldübergreifend	
	Lehr-/Lernverständnis reflektieren und weiterentwickeln	OK
	Interaktionssituationen mit Lernenden gestalten (z. B. moderieren, Teamarbeit anleiten, Coaching und Beratung durchführen)	OK
	didaktische Methoden kennen und situationsangemessen anwenden	OK
	Handlungsfeld 1 (Schule)	
	Mit Schulleitung, Kollegen und externen Gremien kooperativ zusammen arbeiten	+ (künftig stärken)
	Handlungsfeld 2 (Sonstige Bildungsorganisation)	
	mit Vertretern der Linienorganisation und anderen Bereichen kooperativ zusammenarbeiten	+
derzeit angestrebte Lernziele	Die Studierenden sollen Teamsituationen im schulischen und unternehmensbezogenen Kontext gestalten können; pädagogisch-didaktische Grundlagen des kooperativen Lernens verstehen; ...	

Veranstaltung: Teamsituationen gestalten: Kooperieren in Gruppen und Teams	
Didaktisches Design	Gesamt-Design/Ablauf: Phase 1: Kennenlernen (Vorstellungsrunde im Diskussionsforum) und Teambildung Phase 2: Lesen von Original-Literatur (kooperatives Lernen, Forschung zu Teamarbeit) mit Hilfe eines Leitfadens; Bearbeitung einer Teamaufgabe (siehe Prüfungsaufgabe 1) ... Arbeitsformen: Teamarbeit, Team-Übungen, Rollenspiele, Simulation Prüfungsformen: 1. Prüfungsteil (=Teamaufgabe in Phase 2) besteht in der Erstellung eines Medienprodukts (Film oder Podcast) in Teams von 4 Personen, mit dem die Teams eine bereits erlebte Teamsituation darstellen und im Hinblick auf „Erfolgsfaktoren" der Teamarbeit kritisch reflektieren sollen ...
Besonderheiten	Verkürzung der Präsenzphase auf 2 Tage, da der Workload der Studierenden durch die Bearbeitung der Teamaufgabe im Vorfeld sehr arbeitsintensiv ist

Abb. 4: Veranstaltungsprofil mit Bezug zum Kompetenzprofil des Programms

Kommunikation an die Studierenden

Mit der Neugestaltung des Programms wird sich die Komplexität der Studienplanung für diejenigen Studierenden, die einen akkreditierten Abschluss erwerben wollen, deutlich erhöhen. Denn neben den Leistungen im Zusatzprogramm muss auch das Fachstudium so gestaltet werden, dass die geforderten Kreditpunkte in den drei Fächern Betriebswirtschaftslehre, Volkswirtschaftslehre und Recht erworben werden. Um die Studierenden bei den entsprechenden Planungen zu unterstützen, wurde beschlossen, Empfehlungen zur Studiengestaltung für unterschiedliche Fachstudiengänge zu erarbeiten und online zur Verfügung zu stellen. Da sich die erforderliche Studientaktik jedoch individuell stark unterscheiden kann, ist darüber hinaus auch ein persönliches Beratungsangebot notwendig. Die administrative Leitung des Programms wird hier verstärkt Beratungs- und Unterstützungsarbeit leisten.

Zusammenfassung

Abb. 5 gibt einen tabellarischen Überblick über die Anwendung der Gestaltungsprinzipien auf der Leadership-Dimension des vorgestellten Modells. Ergebnis ist eine Zusammenstellung von Zielsetzungen für die operative Neugestaltung des Programms.

No	Design-Prinzip (Programme Ownership-Dimension)
9	Programmziele konsequent und nachvollziehbar kommunizieren Portfolio angestrebter Studienergebnisse komprimieren und an verschiedenen Punkten vor und während des Studiums kommunizieren Lehrveranstaltungen und Lernaktivitäten des Programms in das Zielportfolio einordnen und Dozierende für eigene Position im Programm sensibilisieren Studierende vorhandene Vorkenntnisse anhand des Zielportfolios beurteilen lassen
10	Zielportfolio explizieren Die beiden Handlungsbereiche „Schule" und „Beruf" als Ausgangspunkt für die Planung neuer Lehrveranstaltungen schärfen
11	Studierende bei der Gestaltung des Studienpfads aktiv unterstützen Portfolio-Arbeit mit Beurteilung von Vorkenntnissen, Setzen individueller Entwicklungsziele sowie Dokumentation und Reflexion der eigenen Kompetenzentwicklung einführen Umfangreiches Einführungs- und Beratungsangebot durch administrative Programmleitung anbieten
12	Angestrebte Einstellungen mit Sozialisationsmaßnahmen und Prüfungssystem fördern Portfolio-Arbeit als Prüfungsform etablieren, die Eigenaktivität fördert und individuelle Interessen in den Mittelpunkt stellt Veranstaltung zur Portfolio-Einführung als Sozialisationsgefäß nutzen, in dem Erwartungen kommuniziert werden Prüfungssystem auf anzustrebende Einstellungen abstimmen
13	Lehrende auf Programmziele verpflichten Akzeptanz der Programmziele durch iterativen Kommunikationsprozess bei der Bestimmung der Programmziele sicherstellen Lehrende gegenüber den von ihnen erwarteten Beiträgen zum Programm Stellung nehmen lassen
14	Zersplitterte Modul- und Prüfungsstrukturen vermeiden Portfolio-Arbeit als integrierendes Modul mit großem Kredit-Umfang einführen Didaktisch-methodisches Programmprofils konsistent gestalten
15	Interdisziplinarität didaktisch aufnehmen Unterschiedliche fachliche Domänen (Pädagogik, Psychologie, Ökonomie) thematisch verknüpfen
16	Fachliche und überfachliche Programmziele konsistent abbilden Austausch zwischen den Lehrenden zur besseren inhaltlichen und didaktisch-methodischen Abstimmung etablieren Inhaltliche Verbindungen zwischen fachlichen und überfachlichen Lernaktivitäten verstärken (Bezug zu den Handlungsfeldern der Programmziele)
17	Komplexität der Studienplanung reduzieren Informationen zur Studienplanung frühzeitig und transparent kommunizieren Beratung bei der Studienplanung durch administrative Programmleitung anbieten
18	Administrative Rahmenbedingungen berücksichtigen Lehrnahe Verwaltung frühzeitig in den Entwicklungsprozess einbinden Didaktische Innovationen kompatibel zur Verwaltungsstruktur entwerfen

Abb. 5: Gestaltungsmaßnahmen auf der Ownership-Dimension

Tobias Jenert

4   Fazit zu einer systematischen Programmentwicklungsinitiative

Die Reflexion der dargestellten Programmentwicklungsinitiative ermöglicht verschiedene Einsichten: Ein Blick auf die Entwicklungsmaßnahmen zeigt, dass bei der Neugestaltung nur wenige strukturell-curriculare Veränderungen geplant sind. So werden lediglich ein elektronisches Studienportfolio sowie zwei neue Lehrveranstaltungen das bisherige Curriculum ergänzen. Ein wesentlicher Teil der Neukonzeption besteht also in Zielsetzungen und Maßnahmen, die nicht Inhalte und didaktische Methoden betreffen, sondern vielmehr prozessuale und ideelle Aspekte des Lehrens und Studierens (Vorstellungen und Einstellungen in Bezug auf das Studium). Insbesondere das Studienportfolio zielt bei allen Beteiligten – den Studierenden, den Lehrenden und der administrativen Programmleitung – auf eine gewisse Veränderung der Lehr- bzw. Studienkultur: Die Studierenden sollen ihren eigenen Kompetenzstand bestimmen, sich selbst Studienziele setzen und diese eigenverantwortlich verfolgen. Die Lehrenden sind aufgefordert, ihre eigene Lehre in den Programmkontext einzuordnen und Beiträge zum Portfolio aktiv zu unterstützen. Zusätzlich erfüllt die Programmleitung vermehrt didaktische Beratungs- und Unterstützungsfunktionen anstatt sich vorwiegend auf administrative Aufgaben zu beschränken. Zudem konnten durch die systematische Anwendung des entwickelten Gestaltungsmodells die kulturellen Besonderheiten des Studienprogramms detailliert aufgenommen und im Prozess der Neugestaltung berücksichtigt werden. Als besonders relevant haben sich dabei folgende Aspekte erwiesen: (a) Die heterogene Zusammensetzung der Studierendenschaft, durch die sich individuell unterschiedliche Zielsetzungen und Studienperspektiven ergeben; (b) die Art und Weise, wie die Dozierenden in den Programmentwicklungsprozess eingebunden wurden und (c) die strategischen Ziele, die den Rahmen für die Neugestaltung vorgaben. Kennzeichen einer kulturorientierten Programmgestaltung ist, diese Aspekte und vor allem Lösungen zu entwickeln, mit denen die entstehenden Spannungsfelder zwischen den Gestaltungszielen möglichst aufgefangen werden können. Abschließend lässt sich feststellen, dass das entwickelte Gestaltungsmodell einen systematischen und umfassenden Entwicklungsprozess unterstützen konnte. Gleichwohl zeigen sich an der Fallstudie Wirtschaftspädagogik auch Herausforderungen und Grenzen einer systematischen Programmgestaltung.

Literatur

Barr, Robert B. & Tagg, John (1995). From teaching to learning – a new paradigm for under-graduate education. In Change, 27, 6, S. 12–25.

Biggs, John (1999). What the Student Does: teaching for enhanced learning. In Higher Education Research & Development, 18, 1, S: 57–75.

Biggs, John (2003). Teaching for Quality Learning at University. Maidenhead (2nd Edition): SRHE and Open University Press.

Diamond, Robert M. (2008): Designing and assessing courses and curricula: A practical guide. San Francisco: Jossey-Bass.

Gaus, Olaf & Welbers, Ulrich (Hrsg, 2003). The Shift from Teaching to Learning: Konstruktionsbedingungen eines Ideals. Bielefeld: W.-Bertelsmann.

Hubbal, Harry, Gold Neil, Mighty, Joy & Britnell, Judy (2003). Supporting the Implementation of Externally Generated Learning Outcomes and Learning-Centered Curriculum Development: An Integrated Framework. In New Directions for Teaching and Learning, 112, 93–105.

Jenert, Tobias (2011a). Die Studierenden? – ein sozio-kultureller Blick auf das Studieren in Bologna-Strukturen. In Zeitschrift für Hochschulentwicklung 6, 2, S. 61–77.

Jenert, Tobias (2011). Studienprogramme als didaktische Gestaltungs- und Untersuchungseinheit: Theoretische Grundlegung und empirische Analyse. St. Gallen.

Knauf, Helen (2003). Das Konzept der Schlüsselqualifikationen und seine Bedeutung für die Hochschule: Einführung in das Thema. In Knauf, Helen & Knauf, Markus (Hrsg.). Schlüsselqualifikationen praktisch. Bielefeld: W.-Bertelsmann. S. 11–30.

Kotter, John (1996). Leading Change. Cambridge: Harvard Business School Press.

Lattuca, Lisa R. & Stark, Joan S. (2009). Shaping the college curriculum: academic plans in context. San Francisco: Jossey-Bass.

Schneider, Ralf, Szczyrba, Birgit, Welbers, Ulrich & Wildt, Johannes (Hrsg., 2009). Wandel der Lehr- und Lernkulturen. Bielefeld: W.-Bertelsmann.

Welbers, Ulrich (2007). Modularisierung als Instrument der Curriculumentwicklung. In Hochschulrektorenkonferenz (Hrsg.): Bologna-Reader II: Neue Texte und Hilfestellungen zur Umsetzung der Ziele des Bologna-Prozesses an deutschen Hochschulen. Bonn: HRK.

Webler, Wolff-Dietrich (2005). Modellhafter Aufbau moderner Studiengänge: Chancen von Bachelor- und Masterstudiengängen. In von Holdt, Ulrike & Stange, Christiane (Hrsg.). Qualitative Aspekte von Leistungspunkten: Chancen von Bachelor- und Masterstudiengängen. Bielefeld: UVW. S. 17–39.

Leistungsnachweise und ihr Ort in der Studiengangentwicklung. Überlegungen zu einer Kritik des curricularen Alignments

Balthasar Eugster

Zusammenfassung

Oft werden Leistungsnachweise in der Praxis der Hochschullehre nicht als Teil des didaktischen Kerngeschäfts wahrgenommen. Und in der Ausgestaltung von Studiengängen unterliegen sie trotz didaktischer Bemühungen einer gewissen Marginalisierung. Vor diesem Hintergrund nimmt der Beitrag eine hochschuldidaktisch eher ungewohnte Perspektive ein und versucht, den Ort von Leistungsnachweisen in der Studiengangentwicklung zu klären, indem er die epistemologische Bedeutung von *Fähigkeitszuschreibungen* bei der Konstitution von Erkenntnis als Ausgangspunkt der Analyse wählt. Dies führt zu einer kritischen Prüfung des allenthalben eingeforderten „Constructive Alignments" der Curriculumselemente – und damit zur These, dass die Hochschuldidaktik vielmehr des Konzepts eines *Deconstructive Misalignments* bedarf, das in den unvermeidbaren Dissonanzen des curricularen Abgleichs das angemessene Konzept von Hochschullehre vermutet und im Merkmal der *Ereignishaftigkeit* einen Wesenszug von akademischer Bildung ausmacht. Leistungsnachweisen kommt dabei eine zentrale Stellung zu. Sie sind von ihrer Randstellung ins Zentrum der Studiengangentwicklung zu rücken und zusammen mit den Lernzielen schon zu Beginn der Curriculumkonstruktion auszugestalten und zu planen. Didaktische Basis für eine solche Gewichtung von Leistungsnachweisen in der Studiengangentwicklung sind die präzise Analyse und Planung des konkreten *Prüfungshandelns*.

Leistungsnachweise und ihr Ort in der Studiengangentwicklung. Überlegungen zu einer Kritik des curricularen Alignments

45

1 Einleitung

Ohne sie ist Hochschullehre nicht zu denken – und doch bleiben sie ihr eigentümlich fremd. Leistungsnachweise sind allgegenwärtig, aber sie sind meist nicht da, wo der Wesenskern von Bildungsprozessen gemeinhin vermutet wird. Nicht selten werden sie wie notwendige Übel so gut es geht gemieden und dem hinten angehängt, was Lehren und Lernen ganz eigentlich ausmacht. Ihre morphologische Metapher ist die Appendix, das Anhängsel, das wenig überschwänglich geduldet und immer mal wieder verdächtigt wird, grundlos sich zu entzünden.

Dieses Misstrauen sitzt tief und ist Ausdruck eines pädagogischen Grundzweifels: Prüfungen verzerren die Empathie des Lehrens, sie stören das labile Gleichgewicht der Bildung, indem sie die Frage aufwerfen, ob – in Anlehnung an Luhmann gesprochen – taktvoll sein kann, wer mit Zensuren den Takt vorgibt (vgl. Luhmann 1996). So kann es nicht erstaunen, dass auch in der Hochschullehre die Praxis der Leistungsnachweise von einer gewissen Skepsis begleitet ist. Die aufwändige Ritualisierung von Prüfungen als Graduierungsprozedere und damit als Initiationen in die Wissenschaftsgemeinschaft kann nicht gänzlich kompensieren, was Prüfungen als Irritationen des akademischen Ideals genossenschaftlichen Lehrens und Lernens offenbaren. Erst recht unter Bedingungen eines studienbegleitenden Prüfens bricht die Grundverfasstheit von Leistungsnachweisen durch. Auch wenn es in der Rahmung nach Bologna nicht so sein müsste, die Prüfungsdichte scheint zugenommen zu haben und manches Missverständnis hinsichtlich der Funktion von Leistungsnachweisen zu provozieren (vgl. dazu auch Winter 2009, S. 5iff.). Das ist der Nährboden für vielerlei Kritik seitens Dozierender und Studiengangverantwortlicher. Gerade weil sich diese kritischen Stimmen zuweilen in der neuen Nach-Bologna-Unübersichtlichkeit verlieren, könnte man sie vorschnell mit der Insistenz auf ein vermeintlich richtiges Bologna-Verständnis überblenden. Damit aber – so darf man vermuten – würde man der Kritik und der mit ihr verbundenen Sache nicht gerecht. Allerdings könnte es angemessen sein, dem Wesen von Leistungsnachweisen und ihrer Stellung in Bildungsprozessen in einer womöglich leicht ungewohnten Weise nachzugehen, um daraus die Basis für einen neuen, zu gängigen Perspektivierungen leicht verschobenen, Blick auf die Studiengangentwicklung zu gewinnen. Das sei in der Folge versucht, indem zunächst den erkenntnistheoretischen Grundlegungen von Leistungsnachweisen nachgegangen wird (Abschnitt 2). Dadurch ist ein wissenstheoretisches Fundament für eine kritische Diskussion bzw. Dekonstruktion des pädagogisch allenthalben propagierten Alignments curricularer Prozesselemente gelegt (Abschnitt 3). Darauf soll abschließend eine Neuverortung von Leistungsnachweisen in der Studiengangentwicklung gewagt werden, die einen epistemologisch abgeleiteten Handlungsbegriff didaktisch zu nutzen beabsichtigt (Abschnitt 4).[1]

2 Leistungsnachweise in einer erkenntniskritischen Betrachtung: Zuschreibung von Fähigkeiten

Die Kritik mag oberflächlich und zuweilen gar platt erscheinen. An der nackten Zahl oder der mangelnden Formenvielfalt der Leistungsnachweise wird es kaum liegen, dass diese in ihrem Status kritisch beargwöhnt werden. Vielleicht überlagert der hochschulpolitisch geprägte Diskurs rund um die Bologna-Strukturreform eine fest verwurzelte Sorge von vielen Hochschuldozierenden, die qua Sorge der bloßen Kritik manches voraus hat. Denn mit jeder Sorge wird eine Grundhaltung, ein grundlegendes Bekenntnis, sichtbar, das von Kritik oft schnell und nachhaltig überdeckt wird. So ist die Sorge um die angemessene Stellung von Leistungsnachweisen in einem Studiengang als das umsichtige Bestreben zu verstehen, wissenschaftliche Ausbildungsgänge nicht einem Diktat von Leistungserbringungen und die Freiheit akademischer Lehr-Lern-Arrangements nicht einer simplen Fixierung auf den Prüfungsstoff unterzuordnen. Akademische Bildung wird sich ohne Prüfungszeremonien nicht ausweisen können. An Prüfungen sich auszurichten, das muss ihr jedoch abträglich und im Wesen gar schädlich sein (siehe auch bei Tremp & Eugster 2006). Darüber hinaus ist zu vermuten, dass solches Bedenken in die Besorgnis einmündet, die der Hochschule, insbesondere der Universität, als ganzer gilt. Auch wenn dies weit über den Horizont einer Diskussion von Leistungsnachweisen hinausführt – die damit verbundene Abstraktion ist für eine vertiefte Analyse der Bedeutung von Leistungsnachweisen wesentlich. So deutet sich aus etwas größerem Abstand an, wie in der Zurückhaltung vieler Dozierender angesichts einer gewachsenen Bedeutung von Leistungsnachweisen die ganz grundsätzliche

---

1   Dieser Beitrag greift Überlegungen auf, die anlässlich eines Referats im Rahmen der Veranstaltungsreihe «Hochschuldidaktik über Mittag» am 7. Dezember 2011 an der Universität Zürich erstmals vorgetragen wurden.

Skepsis gegenüber einer (erneuten) Didaktisierung der akademischen Bildung aufscheint. Es sind längst und zornig vorgetragene Einwürfe, die als historische Prototypen solche Befürchtungen bahnten und ihr eine Art überzeitlichen Geleitschutz gaben. Wenn etwa Hermann Giesecke (1991) die „pädagogische Vernichtung des Studierens" und Jürgen Mittelstraß (1996, S. 71) die „Heimsuchung" der Universität durch die Didaktik beklagen, dann kann sich die heutige Streitlust gegen die pädagogisch verbrämte Verwaltung des Lernens daran bemessen und zugleich darauf insistieren, dass die wahren Argumente für die universitäre Bildung älter seien als die Abwehrhaltung gegenüber den Folgen der Bologna-Reform.

In den Zeiten nach den ersten Bologna-Wellen ist ein Erkenntnisgewinn aus solchen Diskussionslagen wohl nicht mit einer Selbstbehauptung der Didaktik als vielmehr mit einer wissen(schaft)stheoretischen Überbietung der didaktikkritischen Argumente zu erlangen.

Das heißt, für einen Moment die Didaktik zu verlassen, um den Umweg über die philosophischen Grundlegungen der akademischen Sorge um die Universität und ihr Lehren und Lernen zu begehen. Maximal zugespitzt hat die Forderung nach einer Universität, die nichts, auch sich selbst nicht, der Befragung entzieht, der Philosoph Jacques Derrida in seiner Rede „Die unbedingte Universität" (2001). Seine radikale Durchdringung dessen, was die Universität und in ihr vor allem die Humanities auszeichnen könnte, setzt am etymologischen Kern der Profession, der Professur, ein. Die öffentliche Bekundung, die Verpflichtung, das Versprechen sind die Grundlage, auf der sich akademisches Tun entwickeln kann. Und im Innersten wird diese akademische Arbeit vom Selbstbekenntnis zusammengehalten, dass das letzte Wissen einer Entgrenzung der Formen der Universität selber bedarf. Auf dieses kaum Denkbare bezieht sich – auch ohne direkte Referenz auf Derridas philosophische Strenge – die Sorge um die Universität und die darin zu ermöglichende wissenschaftliche Bildung. Auch jene um das richtige Gewicht und Maß von Leistungskontrollen.

Vor diesem Hintergrund drängt sich eine erneute Klärung der Funktion von Leistungsnachweisen in Hochschulstudiengängen auf, nun jedoch unter veränderten Vorzeichen. Nachdem pädagogische und wissenssoziologische Studien vielschichtige Charakterisierungen ermöglichten, kann nach den erkenntniskritischen Grundlegungen von Lehren und Lernen und damit auch von Leistungsnachweisen selbst gefragt werden. Genau dies fordert die Unbedingtheit der Universität im Nachklang Derridas ein.

Wenn es der Wissenschaft um das Wissen als Wissen geht, dann ist die Grundverfassung dieses Wissens der Eckstein jeder Reflexion. Nur tut sich die Theorie des Wissens schwer, das Wissen (also sich selber) zu fassen. Die Begründung des Satzes „Hans weiß p" verschlauft sich in einem unendlichen Regress von Rechtfertigungen, der mit mehr oder weniger guten Argumenten unterbrochen werden muss oder aber in eine der vielen Spielformen des Skeptizismus mündet. Einen für den Kontext unserer Diskussion interessanten epistemologischen Ansatz hat Andrea Kern ausgearbeitet. Sie wendet sich explizit gegen erkenntnistheoretische Positionen, die wie etwa der Kontextualismus John Austins oder die Lebensformtheorie Stanley Cavells daran festhalten, den Wissensbegriff an einzelne Akte zu binden, die ohne Bezugnahme auf andere Akte nicht schlüssig zu rechtfertigen sind (Kern 2007). Dagegen konzipiert Kern Wissen als eine vernünftige Erkenntnisfähigkeit (vor allem in Kern 2006). Wissen beschreibt eine Fähigkeit, die sich ähnlich einer Disposition in konkreten Handlungen aktualisiert. Wenn zum Beispiel Helen die Fähigkeit besitzt, bestimmte Rechenoperationen ausführen zu können, dann könnte das einzelne korrekte Lösen einer entsprechenden Rechenaufgabe zufällig sein. Ob Helen die Fähigkeit wirklich besitzt, kann nur durch mehrere Handlungen festgestellt werden. Wissen als Fähigkeit ist also etwas Allgemeines und unterwirft die Elemente, die unter das Allgemeine fallen einer Norm, „mit Bezug auf die sie richtig oder falsch, gut oder schlecht, gelungen oder misslungen sind" (ebd., S. 248). Das Subjekt einer Fähigkeit hat ein Bewusstsein von dieser Fähigkeit, „welches sich in unterschiedlichen Formen des Verstehens, Überlegens und Erklärens manifestiert" (ebd.).[2] So wie man etwas weiß, also eine Fähigkeit besitzt, so kann man sich auch irren: „Jemand, der etwas weiß, vollzieht einen Akt, in dem er genau jene Norm verwirklicht, die konstitutiv für diesen Akt ist. Jemand, der sich irrt, ist (…) daran gescheitert, jene Norm zu verwirklichen, die konstitutiv für diesen Akt ist." (ebd, S. 280) Wissen als Fähigkeit wird im Verweisungszusammenhang von Aktualisierungen dieser Fähigkeiten konstituiert, die zu dieser Konstitution einer Norm bedürfen. Denn als Allgemeines verweist die Fähigkeit immer auf gewesene und zukünftige Akte, die im Moment ihrer Aktualisierung wiederum auf die allgemeine Fähigkeit zurückverweisen, die aber als Allgemeine nicht re-präsentiert werden kann. Solcherart charakterisieren sich Fähigkeiten auch durch die Tatsache, dass sie erworben werden müssen und dem Subjekt nicht von Natur aus gegeben sind. Damit wird im erkenntnistheoretischen Ansatz von Andrea Kern das Lernen selbst zur Konstitutionsbedingung von Wissen. Eine Fähigkeit muss eingeübt werden und dies meint, „dass dieses Subjekt Akte vollzieht, für deren Verständlichkeit wir über dieses ‚übende' Subjekt hinaus

---

2   Womit sich auch die Nähe des erkenntnistheoretischen Diskurses zur aktuellen pädagogischen Diskussion rund um Kompetenzen zeigt. Aus dem Konzept der vernünftigen Erkenntnisfähigkeiten ließen sich auch wertvolle Einsichten für eine handlungstheoretisch intendierte Kompetenzorientierung in der Hochschuldidaktik – ebenso wie für ihre Kritik – gewinnen.

auf ein anderes Subjekt blicken müssen, das in einer entscheidenden Hinsicht *anders* ist als das übende Subjekt: Wir müssen auf ein Subjekt blicken, das diese Fähigkeit schon hat" (ebd., S. 351, Hervorhebung im Original). Zwischen diesen beiden Subjekten besteht die Beziehung des Lehrens und Lernens. Und in Fortführung der Argumentation von Andrea Kern kann man schließen, dass die jeweilige Andersheit der beiden Subjekte und damit ihre Beziehung zueinander bereits erkenntnistheoretisch nur über die Norm der Zuschreibung eines einzelnen Aktes zur Allgemeinheit der ihn konstituierenden Fähigkeit verstanden und beschrieben werden kann. Wissen ist allein in der Normativität der Erkenntnis zu denken und *diese Normativität ist eben zunächst* als logische Bedingung und erst sekundär als soziale, durch Machtstrukturen begründete Faktizität zu begreifen, auch wenn die damit verbundene konkrete Zuschreibung der Fähigkeit immer schon ein soziales Geschehen ist und in ihrer Realisierung Machtgefügen unterliegt.

Damit zeigt sich, was die Erkenntnistheorie für unsere Diskussion der curricularen Einbettung von Leistungsnachweisen leistet: Die pädagogische und wissenssoziologische Ergründung der Funktionalität von Leistungsnachweisen ist in keiner Weise falsch. Ihr gleichsam unzeitlich, das heisst: logisch, vorgeschaltet ist aber die epistemologische Normativität des Wissens. Was eine einzelne Handlung als Aktualisierung einer Fähigkeit auszeichnet, ist der Verweisungszusammenhang der Zuschreibungen. Und dieser ist nichts anderes als die Praxis des Lehrens und Lernens, die keinen Anfang hat, weil ein erstes, dem Verweisungszusammenhang vorausgesetztes, also enthobenes Wissen nicht vorstellbar ist. Welt-Wissen ist also nicht das, was in den Lehrbüchern steht, sondern das Zusammenspiel aller Fähigkeitszuschreibungen, die vom eingeübten Subjekt zum übenden übergeht, um so das jeweilige Allgemeine (die Fähigkeit) im Fluss zu halten, denn zugeschrieben werden kann sie nur, wenn es Subjekte gibt, die unzweifelhaft über die Fähigkeit verfügen und diese auch aktualisieren.

Lehren und Lernen sind also für Erkenntnis notwendige Bedingungen. Und Lehren und Lernen sind erkenntnistheoretisch nur zu verstehen als die Zuschreibung einer Fähigkeit gemäß einer Norm. Diese Selektion in der Zuschreibung der Fähigkeit ist logisch notwendig, weil das Subjekt in der Aktualisierung einer Fähigkeit grundsätzlich scheitern kann und ihr erfolgreicher Vollzug eine eigentliche Leistung ist (vgl. dazu auch ebd., S. 276). Lehr-Lern-Situationen sind daher ein grundsätzliches Moment der Selektion und der Leistungsbeurteilung eigen. Die erkenntnistheoretische Analyse zeigt so, dass diese Selektion gleichsam eine logische Urform des Leistungsnachweises darstellt, die noch nicht sozial oder gesellschaftlich kontaminiert ist. Leistungsnachweise finden ihre theoretische Verankerung also ganz zu innerst im Gefüge von Lehren und Lernen. Mehr noch: Ohne diese

Grundform des (Nicht-)Zuschreibens einer Fähigkeit können sich Lehren und Lernen weder logisch noch als Praxis entfalten.

3 Kritik des Alignments: Deconstructive Misalignment und die Ereignishaftigkeit von Bildung

In der Sorge der Dozierenden um die angemessene, also nicht zu dominante Rolle von Leistungsnachweisen in (universitären) Studiengängen ist der Spur jener Urform des Beurteilens nachzugehen, die sich in der erkenntniskritischen Diskussion des Wissens eröffnet. Die Normativität des Verweisungszusammenhangs von Wissen (als Fähigkeit) macht deutlich, wie der Prozess wissenschaftlicher Erkenntnisgewinnung dieser epistemologischen Grundlegung verhaftet ist. Das permanente und zugleich immer labile Verweisen der allgemeinen Fähigkeit auf ihre konkreten, aber nicht sich selbst genügenden Aktualisierungen und von dort wieder zurück auf das Allgemeine unterstreicht die Dynamik der Wissenschaft. Wichtiger als die Inhalte, die stets der Falsifikation ausgesetzt sind, ja auf sie hin ausgerichtet sein müssen, ist die Methode zu ihrer Gewinnung (siehe dazu auch bei Stichweh 1994, S. 231f.). Auf das Lehren und Lernen als Fundamentalprozess der Wissenskonstitution bezogen, ermöglicht dieses wissenschaftstheoretische (bzw. -historische) Argument eine Präzisierung des Vorwurfs unangemessener Didaktisierung wissenschaftlichen Lehrens: die primäre, Erkenntnis fundierende Beziehung zwischen Lehren und Lernen dürfe sich gerade nicht durch didaktische Reglementierungen bevormunden lassen, wenn die freie Erkenntnisgewinnung gewährleistet bleiben soll. Weil Didaktik der Erkenntnistheorie immer nachgeordnet bleiben müsse, würde sie das primäre erkenntnistheoretische Lehren und Lernen stören und verunreinigen. In der Strenge wissenschaftlicher Methodik ist dieser Vorwurf nicht ganz von der Hand zu weisen, so wie sich das Argumentationsmuster auch mit einer Lesart des neuhumanistischen Diktums vereinbaren lässt, dass universitäres Lehren und Lernen prinzipiell von jenem auf den vorgeschalteten Schulstufen zu unterscheiden ist (Humboldt 1964). Und Dozierende haben dafür oft ein feines Gespür. Sie zögern nicht selten, wenn es um die Installation eines Lernzielkatalogs oder standardisierter Prüfungsprozedere geht. Sie zweifeln an der Wirksamkeit didaktischer Methodenrepertoires und an der Aussagekraft von Evaluationsinstrumenten und sie berufen sich auf die Komplexität des Ineinanders von Forschung und Lehre, das in der Tat um einiges vertrackter sein könnte, als dies in manchem universitärem Leitbild schöngedacht wird (siehe dazu bei Eugster 2011). Im Respekt vor ihrer Sorge (und nicht in Abwehr ihrer Kritik) hat die Hochschuldidaktik selbstkritisch zu fragen, ob ihr eigenes Argumentarium auf der Höhe der Erkenntniskritik mithalten kann. Sie hat – mit anderen Worten – zu prüfen, wie eine Didaktik verstanden und verständlich gemacht werden kann, die ihr Verhältnis zur Erkenntnistheorie nicht aus der Defensive der Fachferne, sondern aus der Mitte des selbstbewussten Anspruchs heraus bestimmt, dass die Kunst des Lehrens und Lernens notwendige Bedingung des Erkennens und des Wissens selber ist.

Gegenstand einer solchen Selbstkritik kann das Konzept des curricularen Alignments sein. Es ist das pädagogische Konstrukt, an welchem sich viele Einwürfe von Dozierenden festmachen lassen. Es ist aber vor allem die Verdichtung didaktischer Prozessführung und zugleich die Versöhnung unterschiedlicher didaktischer Traditionsströmungen. Besonders deutlich wird dies bei John Biggs. In seiner Schrift „Teaching for Quality Learning at University" expliziert er den Begriff des „Constructive Alignment" als eine „marriage between a constructivist understanding of the nature of learning, and an aligned design for teaching" (Biggs 1999, S. 26, siehe auch Biggs 1996). Im Abgleich der zentralen curricularen Prozesselemente (Lernziele, studentische Tätigkeiten und Leistungsnachweise) kann das Konstruktiv(istisch)e des Lernens mit der Curriculumstechnologie (Instructional Design) verbunden werden. Das ist – zumindest auf den ersten Blick – eingängig und für die praktische didaktische Arbeit unbestritten hilfreich. Und gerade deshalb mag es erstaunen, dass Dozierende nach getaner Alignmentarbeit oftmals unzufrieden sind und sich in den formulierten Lernzielen, den darauf wohl abgestimmten didaktischen Konzepten und den ausgeklügelten Leistungsnachweisen nicht so richtig wiedererkennen. Sie machen Diskrepanzen aus und beklagen, dass trotz aller Sorgfalt das didaktisch Produzierte nicht an das heranreicht, was sie ganz eigentlich mit ihrer Lehre intendieren. Lernziele und didaktische Konzepte divergieren dann doch plötzlich wieder, und die Leistungsnachweise unterlaufen in der Vagheit ihrer Kriterien alle Abgleichbemühungen.

Nun könnte dieser Mangel in einem unvollendeten, noch nicht genügend perfektionierten Alignment vermutet werden. Doch im Anschluss an die erkenntniskritische Grundlegung von Lehren und Lernen erweist sich das Ungenügen des curricularen Alignments als ein prinzipielles. Es sind mindestens drei sich teilweise überlagernde Argumentationen auszumachen, die aus unterschiedlichen disziplinären Perspektiven unhintergehbare Instabilitäten des Alignments freilegen.

Erkenntnistheoretisch muss im Anschluss an die Theorie des Wissens als vernünftiger Erkenntnisfähigkeit die Möglichkeit einer curriculumtechnisch nutzbaren Abstimmung von Zielen und Zuschreibungskriterien in Frage gestellt werden. Da sich in den einzelnen Handlungen das Allgemeine der jeweiligen Fähigkeit nur aktualisiert, aber nicht direkt als Allgemeines erkennbar wird, und die Erkenntnis also des unabgeschlossenen Verweisungszusammenhangs bedarf, kann der Abgleich zwischen den Zielen des Lehrens (dem Allgemeinen der Fähigkeit) und den Kriterien der Zuschreibung immer nur in Annäherung, aber niemals in Übereinstimmung erfolgen. Da das Wissen sozusagen zwischen den Aktualisierungen und der Normativität der Zuschreibung oszilliert, kreisen Lernziele, Lehrkonzepte und Leistungsüberprüfung wie elektro-chemisch übertragene Erregungen im Zentralnervensystem zwischen Lehr- und Lernhandlungen, ohne je wirklich festgemacht und abgestimmt werden zu können.

Bildungstheoretisch stößt das curriculare Alignment zunächst an die Grenzen der Operationalisierung von Lehrzielen. Komplexe Handlungen – das wäre auch handlungstheoretisch und linguistisch begründbar – können durch Lernzielformulierungen nur ungenügend erfasst werden. Das lässt sich bereits in den klassischen Konzepten zur Lernzieltheorie aus den 1970er-Jahren nachweisen, beispielhaft etwa im behavioristisch geprägten Ansatz von Eigenmann & Strittmatter (1972). Ihr „Zielebenenmodell" formuliert drei Lernzielebenen (Leitidee, Dispositionsziele, Operationalisierte Lernziele), so dass sich die Operationalisierungen stufenweise aus begründeten Stoffinhalten (Leitidee) und Handlungsdispositionen ableiten lassen. Dass die Operationalisierung über die als Auswahl relevanter Themen und Inhalte konzipierte Leitidee in einem lehrplantheoretischen Schlenker rückversichert wird und sich an den nicht präzise definierbaren und dadurch nicht willkürfreien Stufenübergängen selber unterläuft, ist Hinweis auf die grundsätzlichen Schwierigkeiten eines jeden Versuchs einer immer feiner differenzierten Fixierung von Lehr- und Lernzielen (vgl. Lemke 1981, S. 70ff., Rehfus 1980). Der damit verbundene Anspruch wurde von Beginn an immer wieder mit Verweis auf die prinzipiell eingeschränkte sprachliche Fassbarkeit von Bildung kritisiert (siehe exemplarisch etwa bei Blankertz 1975, S. 151ff.). Diese Theorielage hat an Relevanz eingebüsst, bildet aber nach wie vor den Ausgangspunkt und Verständnisrahmen für die Diskussion um Kompetenzziele und Learning Outcomes, wie sie aktuell als Bologna konforme Reflexion auf Hochschullehre geführt wird.

Bildungsziele sind handlungsleitend, gerade auch weil sie sich einem festen zweckorientierten Zugriff entziehen und dadurch als Untergrund des Handelns konstituieren können. Nur im Reibungsverlust mit Erziehung und Disziplinierung kann sich Bildung als die Freiheit unter Bedingungen gesellschaftlicher Normierung etablieren. Das ist akademisch ein Aufruf zur Hege des Widerstreits in Lehre und Studium, der sich nicht zuletzt in einer Selbstunterwanderung von Lernzielen, Unterrichtsrealität und Prüfungsformen niederschlägt. Mit anderen Worten: Bildungsziele wären nicht solche, wenn sie sich einer vollständigen Operationalisierung hingeben könnten. Und Bildungsansprüche würden sich selbst nicht gerecht, gäbe es nicht die Lücken in den Bewertungskriterien, die akademische Leistungsnachweise zwar formal angreifbar, inhaltlich aber erst zu bildungsrelevanten Fähigkeitszuschreibungen (auch im erkenntniskritischen Sinne) machen.

Psychoanalytisch betrachtet, bricht das Alignment als pädagogischer Handlungsanspruch dort in sich zusammen, wo das didaktische Subjekt als Träger des Alignments den Prozess des Abgleichens überhaupt ermöglicht. Während das Instructional Design, um sich selbst verstehen zu können, das lehrende (wie auch das lernende) Subjekt als eine Einheit unterstellen muss, löst der psychoanalytische Zugang die Einheiten des handelnden Ich grundlegend auf. Das Alignment muss annehmen, dass es so etwas wie selbstbewusste Klarheit über die eigenen Handlungsziele ebenso wie die Verlässlichkeit der autonomen Handlungskausalität und die Objektivität des Beurteilens geben kann. Die psychoanalytische Skepsis rechnet solches Selbstvertrauen einer erzieherischen Hybris zu, die selbst wiederum Symptom des heillos fragmentierten Ich ist. Für die Selbstkritik der pädagogischen Vernunft von besonderem heuristischen Wert sind dabei etwa die Arbeiten Jacques Lacans. Seine aus dem entfesselten Spiel der Signifikanten heraus elaborierte Ordnung der psychoanalytischen Phänomene führt an die Grenzen symbolisch (sprachlich) vermittelter Welt-Bezüge (siehe beispielhaft für das unübersichtliche Werkgefüge etwa bei Lacan 1996). Das Subjekt bleibt hinter der Signifikation der Sprache verborgen, ist in ihr entfremdet. Seine Gespaltenheit in der Andersheit zu sich selbst ist Bedingung seiner Existenz und zugleich die Verunmöglichung einer Präsentation des eigenen Begehrens (siehe dazu auch Fink 2006). Es ist eingewoben in die dialektische Zerrissenheit zum anderen bzw. Anderen. Und dieses andere bzw. Andere ist es selbst, und ist ihm das andere Subjekt. In pädagogischen Kontexten wird diese Entfremdung gleichsam potenziert und zum Signum einer prekären Identität der Interaktion. Lehren und Lernen sind dann nur noch als überkomplexe psychodynamische Gemengelagen zu beschreiben, die pädagogische Problemstellungen nicht verunmöglichen, ihnen aber ein gehöriges Maß an Differenzierungssorgfalt abverlangen. Für die Selbstreflexion des pädagogischen Diskurses ist Lacan mit seiner These, dass das Unbewusste wie eine Sprache strukturiert sei, ein präziser Werkzeugmacher (Lacan 1996, S. 26). Er legt die Sicht frei auf das Illusorische des curricularen Abgleichs, der nicht annähernd so gut sein kann, wie er gemeint ist.

Konstruktives Alignment wird dann nicht einmal mehr idealtypische Mechanik didaktischer Technologie sein, der man sich wenn auch nie vollständig, so doch asymptotisch anzunähern hätte. Es sind vielmehr die Bruchstellen, die Risse, im Abgleich zwischen den Prozesselementen, die das curriculare Wechselspiel kennzeichnen. Oder, um in der technischen Sprache zu bleiben: Es sind die Fluchtungsfehler, welche die Sicht auf das Ganze eines Studienganges oder einer Lehr-

Lern-Einheit charakterisieren. Der Versatz (diese beinahe lacansche oder heideggersche Metapher (Ver-Satz) aus der Zimmermanns- bzw. Drucktechnik) macht den Zusammenhalt bzw. das Gesamtbild aus, nicht die Bündigkeit oder die ausgeglättete Abweichung. Statt von „Constructive Alignment" wäre dann (mit einem Seitenblick auf Derrida) von einem *Deconstructive Misalignment* zu sprechen, womit gerade in den Dissonanzen zwischen Lernzielen, didaktischen Konzepten und Leistungsnachweisen das Konstruktive des Curriculums und im Aushalten der daraus aufbrechenden Spannungen der didaktische Handlungsspielraum festgemacht würden.

Deconstructive Misalignment ist so der Versuch, das Curriculum dort weiterzudenken, wo es nicht aufgeht und sich sperrt. Indem die Passungslücken zwischen Lernzielen und Lehrhandeln oder zwischen didaktischen Modellierungen und Prüfungsaufgaben den Ausgangspunkt einer Ergründung der hochschulpädagogischen Tiefenstrukturen bilden, werden der Verweisungszusammenhang von Erkenntnis, die Unfassbarkeit der Bildungsidee wie auch die Zerrissenheit des lehrenden und lernenden Subjekts didaktisch handhabbar. Genau dann, wenn Dozierende spüren, dass die formulierten Lernziele doch nicht das abbilden, was ihnen in der Lehre wirklich am wichtigsten ist, und dann, wenn sie in der Reflexion ihres Lehrhandelns feststellen, wie ihr konkretes Tun vom beabsichtigten abweicht, genau dann eröffnet sich die Möglichkeit, an diesen Differenzen die eigene Lehre fortzuschreiben. Nicht, um die Spalten vorschnell zu kitten, sondern um die Frage und das Staunen nutzbar zu machen, warum man nicht anders kann, als inkongruent und unabgeglichen zu lehren (und zu lernen). Insofern ist das Deconstructive Misalignment als hochschuldidaktisches Konzept eine Art dialektische Durchdringung des Constructive Alignment und nicht die Abkehr von dessen Intention. Ja, es braucht den strengen Abgleich, weil die Bruchstellen im curricularen Prozess desto prägnanter zutage treten, je konsequenter die Feinabstimmung angestrebt wird. Das Alignment ist voranzutreiben bis an den Punkt, an welchem die Dissonanzen aufbrechen und die Reibungsflächen des Curriculums offen gelegt werden können.

Diese methodische De-Konstruktion oder – je nach Blickwinkel – diese Dialektik des Curriculumprozesses erweist das Misalignment nicht als Defizit, sondern vielmehr als Konstitutionsbedingung von Lehren. Didaktik ist eine Wissenschaft der Differenz, weil Lehren gerade dort statthat, wo sich zwischen Zielen, Lehrkonzepten und Bewertungsverfahren Ungereimtheiten auftun. Es kommt zustande, wenn Dozierende ihr Lehrhandeln trotz dessen prinzipieller Unzulänglichkeit anschlussfähig halten können, das heißt, wenn sie Handlungsmuster zu entwickeln in der Lage sind, welche die Widersprüche in ihrem Handeln zu Sinnhorizonten für das studentische Lernen werden lassen. Das mag paradox erscheinen, reformuliert aber lediglich die pädagogische Elementarfrage, wie zur Freiheit mit den Mitteln der Lenkung und des Zwangs erzogen werden kann. Lehren braucht diesen Widerspruch, wenn es die Freiheit des wissenschaftlichen Denkens lernbar machen will – eine Freiheit, die nicht den Freipass zur wissenschaftlichen Inkorrektheit (zumindest nicht der methodischen), aber dafür den Freigeist der kritischen Analytik meint.

Wie sich eine daraus abgeleitete Hochschuldidaktik bildungstheoretisch konzipieren lässt, kann in Anwendung und Weiterentwicklung eines Gedankengefüges von Jacques Derrida grundgelegt werden. Bildung ist in einem solchen Ansatz ein *Ereignis*, das sich als solches durch sein Überraschungsmoment auszeichnet. Ein Ereignis ereignet sich nur, wenn es wirklich überraschend geschieht und nicht mit ihm zu rechnen war (vgl. Derrida 2001, S. 71ff.). Derrida führt dies an verschiedenen Beispielen wie etwa der Gabe, dem Geständnis, der Gastlichkeit oder der Erfindung aus (etwa in Derrida 2003a, 2003b oder 2007; siehe auch Doyon 2010). So ist eine Gabe nur eine wirkliche, ereignishafte Gabe, wenn sie den Zirkel des Tausches durchbricht: „Damit eine Gabe möglich ist, damit das Ereignis der Gabe möglich ist, muss es sich in gewisser Weise als unmöglich ankündigen. Warum? Wenn ich dem anderen aus Dankbarkeit etwas schenke, im Tausch gegen einen geleisteten Dienst, dann hat keine Gabe statt. (...) Die Gabe muss über den Dank hinausreichen." (Derrida 2003a, S. 27) Eine Gabe, ein Ereignis, ist die mögliche Unmöglichkeit. Und so könnte auch Bildung verstanden werden als etwas, das nur möglich ist, wenn es als unmöglich erscheint (vgl. dazu ebd., S. 28). Bildung ereignet sich, wenn über das Lernen nicht verfügt wird, wenn mit ihr von Seiten der Lehre nicht zu rechnen ist und sie nicht erwartet oder erhofft wird. Das ist zunächst wenig plausibel, weil Lehre ja gerade der Ermöglichungs- und Erwartungsgrund von Lernen und Bildung zu sein scheint. Bei genauerer Betrachtung verliert sich aber die Selbstverständlichkeit der Kausalität im Dickicht ungeklärter Wirkungen. Im Konzept des Deconstructive Misalignment ist Bildung als Ereignis vorgespurt: Wo die Ziele in Differenz zu den Lehrhandlungen und diese in Spannung zu den Bewertungskriterien geraten, bricht das Wirkungsgefüge von Lehren und Lernen in sich zusammen. Dann und nur dann kann Bildung als Bildung, als unmöglich erscheinendes Ereignis, möglich werden.

Wie sich der epistemologisch hergeleitete Verweisungszusammenhang von Erkenntnisfähigkeiten als Horizont wissenschaftlicher Erkenntnisgewinnung erweist, so führt auch die Ereignishaftigkeit von Bildung direkt zur Logik der Forschung. Objektiv neue Erkenntnisse wachsen zwar auf dem Boden des kanonisierten Wissens, in gewissem Sinne müssen sie aber echte Überraschungen sein, sonst können sie nicht wirklich neu sein.

4 Eine Neuverortung von Leistungsnachweisen im Curriculum: Prüfungshandeln

An den Bruchlinien des Curriculums nähern sich Lehren und Lernen an und es lässt sich über die mögliche Unmöglichkeit von Bildung sprechen. In den Dissonanzen des Curriculums entfaltet sich das Misalignment und öffnet den hochschuldidaktischen Handlungsraum. Sein Modus ist die Pragmatik des Widerspruchs. Dozierende müssen – zum Beispiel – Strategien entwickeln, wie sie kritisches Denken zum Thema ihrer Lehre und zum Gegenstand des Leistungsnachweises machen können, auch wenn sich dieses kaum befriedigend in Lernziele fassen lässt. Und sie haben für die Studierenden sinnhaft zu machen, weshalb sie das Kanonische des Wissens in einem Zug mit der frechen Originalität des Denkens einfordern und in ihrem Lehrhandeln die Überschreitung der Normierung des Denkens simultan zur Reproduktion der Normativität der Methode praktizieren. Dass ihnen dazu die simple Didaktisierung mittels einer Operationalisierung von Lernzielen oder aufgrund mechanistischer Direktiven aus dem Methodenkoffer nicht angemessen erscheint, darf kaum erstaunen. Nötig ist demgegenüber eine didaktische Sichtweise, die das Potenzial des Misalignments mit der erkenntniskritischen Strenge des Wissensbegriffs zusammenfügt.

Dabei kommt den Leistungsnachweisen eine besondere Rolle zu. In der Labilität des brüchigen curricularen Zusammenhalts können sie Handlungsräume umschreiben, ohne die Widersprüchlichkeit der didaktischen Beziehung plattzureden. Sind die Lernziele eines Studienganges oder eines Moduls nicht in genügender Präzision zu formulieren oder ist das Lehrhandeln prinzipiell von Inkonsistenzen und fehlender pragmatischer Konsequenz gezeichnet oder sind die Bewertungskriterien nur begrenzt aus den Zielen und dem sichtbaren didaktischen Tun abzuleiten, dann ist über Leistungsnachweise eine Vermittlung zwischen Bildungsfreiheit und den Standardisierungsansprüchen eines formalisierten Studienganges zu erreichen. Dies kann durch eine curriculare Zentrierung der Leistungsnachweise initiiert werden. Sie rücken dabei in unmittelbare Nähe zu den als Handlungskompetenzen ausgestalteten Lernzielen (siehe dazu auch Moon 2002). Mehr noch: Die Planung des Leistungsnachweises wird zu einem Teil der Lernzielsystematik selber (Woschnack, Schatz & Eugster 2008). Dabei wird der mehr oder weniger große, aber eben prinzipielle Spalt zwischen Lernzielen und Leistungsbewertung in die Lernzielsystematik selbst integriert, indem unmittelbar nach der ersten Umschreibung der angestrebten wissenschaftlichen Handlungskompetenzen die Ausgestaltung der entsprechenden Leistungsnachweise vorgenommen wird, noch bevor das didaktische Konzept der jeweiligen Lehrveranstaltungen präzisiert werden kann. Die Differenz zwischen der Umschreibung der Handlungs-

Leistungsnachweise und ihr Ort in der Studiengangentwicklung. Überlegungen zu einer Kritik des curricularen Alignments

57

kompetenzen und den Leistungsnachweisen bleibt nicht nur bestehen, sie soll durch die Nähe der beiden Curriculumelemente explizit zum Thema werden. Dadurch entsteht didaktische Reibung, die Anschlussmöglichkeiten des Lehr-Lern-Handelns bietet. Konkret bedeutet dies für die Studiengangentwicklung eine Entkopplung von Leistungsnachweisen und Lehrveranstaltungen, obgleich die Leistungsnachweise der didaktischen Konzipierung der Module und Lehrveranstaltungen vorangestellt werden. Es muss vor dem Horizont des adäquaten wissenschaftlichen Handlungsmusters bestimmt werden, welche konkreten Handlungsnachweise im Studiengang eingefordert werden. Dabei haben die einzelnen Module und Lehrveranstaltungen innerhalb dieser Rahmung die Freiheit, den Bezug zu diesen Leistungsnachweisen mehr oder weniger eng zu entwickeln. Wenn die Leistungsnachweise genügend umfassend, also nicht in der Fragmentierung kleiner ECTS-Einheiten konzipiert werden, sind sie Fluchtpunkte und nicht feinmaschige Vorgaben für das konkrete Lehr-Lern-Handeln.

Leistungsnachweise werden in einem solchen Vorgehen nicht ex post als Anhängsel zu kleingliedrigen Unterrichtseinheiten, sondern als Horizonte der wissenschaftlichen Handlungskomplexität konzipiert, welche die jeweilige Studienstufe weitgehend als Ganzheit in den Blick gewinnen. Dies spricht dafür, integrierende Formen des Leistungsnachweises zu favorisieren, die zu wohl ausgewählten Zeitpunkten eher gegen Abschluss einer Studienphase angesetzt sind (z. B. Ende Studieneingangsphase/Assessmentjahr, Ende Bachelor- bzw. Ende Masterstufe). Die einzelne Lehrveranstaltung orientiert sich dabei an den Leistungsnachweisen, indem sie aufzeigt, wie die von ihr angeregten Lernhandlungen mit den Anforderungen in den Leistungsnachweisen zu verbinden sind. Sie ist aber nicht an den Leistungsnachweisen ausgerichtet, indem sie ihr Konzept in den Dienst eines unmittelbar folgenden Leistungsnachweises stellt. Die unmittelbare Vorbereitung auf die Prüfung erhält so auch einen gewissen Aufschub, weil der Leistungsnachweis nicht unmittelbar auf die Präsenzveranstaltung folgt. In dieser Verzögerung sind so auch gewisse Lernexkurse und Lernexperimentierungen möglich. Die Leistungsnachweise stehen planerisch am Anfang und in ihrer Normativität zugleich am fernen Ende des Handlungshorizonts. Sie schaffen als Handlungsorientierung jene formale Verbindlichkeit, welche die Individualisierung des Lehr- und Lernhandelns erst ermöglicht. So begründen sie Bildungsfreiräume, indem sie angeben, an welchen Kriterien die formale Bildungszuschreibung sich misst. Zugleich markieren sie, dass diesen Zuschreibungen eine beträchtliche Relativität und Willkürlichkeit anhaftet. Dies auszuhalten ist für Lehrende wie Lernende aber nur möglich, wenn den Leistungsnachweisen mit einer genügenden Souveränität des wissenschaftlichen Handelns begegnet werden kann – und dies braucht Zeit und die Distanz der Reflexion auf das eigene Tun.

Auch wenn die Re-Positionierung von Leistungsnachweisen an den Anfang der Studiengangentwicklung nicht die gewohnte Curriculumrealität an Hochschulen darstellt, theoretisch ist sie in dieser Argumentation noch wenig originell. Ihren Anschluss an das Konzept des Deconstructive Misalignment findet sie erst in einer Rückbesinnung auf den flüchtigen Verweisungszusammenhang von Erkenntnisfähigkeiten. Bildung als Ereignis, dessen unmögliche sprachliche Erfassung mit dem radikalen Überraschungsmoment eines Ereignisses ebenso zu tun hat wie mit der grundsätzlichen Zerrissenheit des Subjekts, ist der souveräne Umgang mit der Einsicht, dass Wissen etwas Allgemeines ist, das als solches nicht greifbar ist, das sich aber im Handeln von fähigen Subjekten aktualisiert. Gebildet ist dann, wer im Konkreten der Handlung das Allgemeine der Fähigkeit erkennt und zugleich aushalten kann, dass die Normativität dieser Zuschreibung mit all ihrer Willkürlichkeit eine logische ist, die Erkenntnis begründet.

Erst damit wird der eigentliche Ort der Leistungsnachweise in der Studiengangentwicklung und im Lehr-Lern-Prozess bestimmbar. Die Vorverlagerung der Prüfungsplanung ist nicht primär eine zeitliche. Sie ist zuallererst eine Respektsbekundung vor der Grundbestimmtheit des Wissens im Verweisungskontext vernünftiger Fähigkeiten. Leistungsnachweise stehen am Beginn des Curriculums, weil über ihre Gestaltung der originäre, erkenntniskritische Charakter von Lehren und Lernen didaktisch implementiert werden kann. Lehren und Lernen findet zwar immer irgendwie statt. Es braucht dazu nicht die didaktische Aufbereitung seines erkenntnistheoretischen Grundes. Wissenschaftliches Lehren und Lernen an Hochschulen ist diesbezüglich aber in eine andere Reflexionsverantwortung eingespannt. Wissenschaft beansprucht die Selbstvergewisserung des Wissens und dessen selbstreferenzielle Reproduktion. Damit muss der Prozess der Zuschreibung entsprechender Erkenntnisfähigkeiten selbstreflexiv getragen sein. Lehren und Lernen an Hochschulen kann auch erkenntnistheoretisch nur gelingen, wenn der Weg zur Fähigkeit (zum Wissen) als Prozess mitreflektiert und ins reflexive Bewusstsein gelangt. Dafür muss die Normativität der Zuschreibung von Fähigkeiten zum Thema des Lehrens und Lernens werden. Leistungsnachweise sind für wissenschaftliches Lehren und Lernen deshalb konstitutiv, weil sie die Explikation dieser Normativität in der Zuschreibung von Fähigkeiten ermöglichen. Wenn im Hochschulstudium über Leistungsnachweise gesprochen wird, wenn diese akademische Bildungsprozesse rahmen, dann ist damit nicht eine Unterordnung dieser Prozesse unter das Diktat von Prüfungen gemeint. Zu Leitplanken müssen Leistungsnachweise in Hochschulstudiengängen vielmehr werden, um die Selbstreflexion der Wissenschaft überhaupt adäquat erlernbar zu machen.

Die Studiengangentwicklung wird diesen Zusammenhang nutzen wollen. Sie wird Leistungsnachweise so konzipieren, dass die Prüfungen Handlungskontexte for-

Leistungsnachweise und ihr Ort in der Studiengangentwicklung. Überlegungen zu einer Kritik des curricularen Alignments

59

mieren, deren Einübung die eigene Handlungsfreiheit als normativ überlagerte und doch zugleich auch als realisierbare erfahren lässt. Leistungsnachweise müssen dann so ausgelegt sein, dass sie auf ein Handeln abzielen, das diese Dissonanz der wissenschaftlichen Bildung verfügbar hält. Es kommt auf das konkrete Prüfungshandeln im konkreten Prüfungskontext an. Prüfungshandeln ist dabei das, was die Studierenden im Erbringen des Leistungsnachweises tun. Es ist die Fähigkeit, die in einem Leistungsnachweis aktualisiert und deren Vorhandensein zugeschrieben werden soll. Es ist zum Beispiel das Führen eines wissenschaftlichen Diskurses im Rahmen eines mündlichen Prüfungsgesprächs. Oder es ist das Ankreuzen der richtigen Wahlantwort in einer Multiple-Choice-Prüfung im Sinne der Fähigkeit, aufgrund verschiedener Informationen relativ schnell eine Sachanalyse vornehmen und eine Handlungsentscheidung (z. B. die richtige Therapievariante im klinischen Kontext) treffen zu können. Vor dem Hintergrund der Erkenntniskritik des Wissens und des Misalignments des Lehrens wird aber solches Handeln erst zu einem adäquaten Prüfungshandeln, wenn der Leistungsnachweis die Selbstreflexion auf die Begrenzungen des Wissens integriert. Beim Prüfungsgespräch muss der wissenschaftliche Diskurs also auch auf der Metaebene der Wissenschaft geführt werden, um den Widerspruch der Normativität von Wissen zu explizieren, während die Multiple-Choice-Prüfung die Auswahl der richtigen Wahlantwort so zu kontextualisieren hat, dass der Zwang zur Entscheidung unter begrenzter Information nicht verleugnet werden muss, aber die Bewertung der Prüfung trotzdem nicht zu Unfairness führt. Prüfungshandeln ist so einer der didaktischen Schlüssel zur Nutzung des Misalignments. Es sondiert Handlungskontexte, die sich den Widersprüchen und Diskrepanzen des wissenschaftlichen Lehrens und Lernens nicht zu entziehen suchen. Damit wirkt es auf das Lehr- und Lernhandeln voraus, indem es die zu erwerbenden Erkenntnisfähigkeiten in ihrer normativen Bedingtheit und zugleich in der Ungezwungenheit von akademischer Bildung einbegreift. Dazu sind allerdings hochschuldidaktische Denk- und Handlungsmuster zu explorieren, die als (de-)konstruktive Entfaltungen des Misalignments noch einiger grundlegender Innovationsschübe bedürfen. Und es gilt dabei vor allem, das Ereignis der Bildung sorgsam zu bedenken.

Literatur

Biggs, John (1996). Enhancing teaching through constructive alignment. In Higher Education, 21, p. 5–18.

Biggs, John (1999). Teaching for Quality Learning at University. What Student Does. Ballmoor: SRHE and Open University Press.

Blankertz, Herwig (1975). Theorien und Modelle der Didaktik. Weinheim, München: Juventa (9. neubearbeitete und erweiterte Auflage).

Derrida, Jacques (2001). Die unbedingte Universität. Frankfurt am Main: Suhrkamp.

Derrida, Jacques (2003a). Eine gewisse unmögliche Möglichkeit, vom Ereignis zu sprechen. Berlin: Merve.

Derrida, Jacques (2003b). Schurken. Zwei Essays über die Vernunft. Frankfurt am Main: Suhrkamp.

Derrida, Jacques (2007). Von der Gastfreundschaft. Berlin: Brinkmann & Bose (2. Auflage).

Doyon, Maxime (2010). Der quasi transzendentale Status des Ereignisses bei Derrida. In Philosophisches Jahrbuch, 117, S. 262–285.

Eigenmann, Josef & Strittmatter, Anton (1972). Ein Zielebenenmodell zur Curriculumkonstruktion (ZEM). Beitrag zu einem standardisierten, heuristischen Instrumentar zur Formulierung von Lernzielen. In Aregger, Kurt & Isenegger, Urs (Hrsg.). Curriculumprozess: Beiträge zur Curriculumkonstruktion und -implementation. EBAC-Projekt, Bericht 8/9. Freiburg. S. 65–128.

Eugster, Balthasar (2011). Die Einheit von Forschung und Lehre. Eine Anmaßung. In Weil, Markus, Schiefner, Mandy, Eugster, Balthasar & Futter, Kathrin (Hrsg.). Aktionsfelder der Hochschuldidaktik. Von der Weiterbildung zum Diskurs. Münster: Waxmann. S. 237–250.

Fink, Bruce (2006). Das Lacansche Subjekt. Zwischen Sprache und jouissance. Wien: Turia + Kant.

Giesecke, Hermann (1991). Die pädagogische Vernichtung des Studierens. In Neue Sammlung, 31, S. 544–552.

Humboldt, Wilhelm von (1964). Ueber die mit dem Koenigsbergischen Schulwesen vorzunehmende Reformen. In ders. Werke Bd. IV, hrsg. von Andreas Flitner und Klaus Giel. Darmstadt: WGB. S. 168–187.

Kern, Andrea (2006). Quellen des Wissens. Zum Begriff vernünftiger Erkenntnisfähigkeiten. Frankfurt am Main: Suhrkamp.

Leistungsnachweise und ihr Ort in der Studiengangentwicklung. Überlegungen zu einer Kritik des curricularen Alignments

61

Kern, Andrea (2007). Lebensformen und epistemische Fähigkeiten. In Deutsche Zeitschrift für Philosophie, 55, 2, S. 245–260.

Lacan, Jacques (1996). Die vier Grundbegriffe der Psychoanalyse. Das Seminar Buch XI (1964). Weinheim, Berlin: Quadriga (4. Auflage).

Lemke, Dietrich (1981). Lernzielorientierter Unterricht – revidiert. Frankfurt am Main, Bern: Lang.

Luhmann, Niklas (1996). Takt und Zensur im Erziehungssystem. In Luhmann, Niklas & Schorr, Karl-Eberhard (Hrsg.). Zwischen System und Umwelt. Fragen an die Pädagogik. Frankfurt am Main: Suhrkamp. S. 279–294.

Mittelstraß, Jürgen (1996). Vom Elend der Hochschuldidaktik. In Brinek, Gertrude & Schirlbauer, Alfred (Hrsg.). Vom Sinn und Unsinn der Hochschuldidaktik. Wien: WUV. S. 59–76.

Moon, Jennifer (2002). The Module and Programme Development Handbook – A Practical Guide to Linking Levels, Learning Outcomes and Assessment. London: Routledge Falmer.

Rehfus, Wulff D. (1980). Das sogenannte „Deduktionsproblem" in der Lernzieltheorie. In Zeitschrift für Pädagogik, 26, S. 615–627.

Stichweh, Rudolf (1994). Die Einheit von Lehre und Forschung. In ders. Wissenschaft, Universität, Professionen. Soziologische Analysen. Frankfurt am Main: Suhrkamp. S. 228–245.

Tremp, Peter & Eugster, Balthasar (2006). Universitäre Bildung und Prüfungssystem – Thesen zu Leistungsnachweisen in modularisierten Studiengängen. In Das Hochschulwesen, 54, S. 163–165.

Winter, Martin (2009). Das neue Studieren. Chancen, Risiken, Nebenwirkungen der Studienstrukturreform: Zwischenbilanz zum Bologna-Prozess in Deutschland (HoF-Arbeitsbericht 1/2009). Hrsg. vom Institut für Hochschulforschung (HoF) an der Martin-Luther-Universität Halle-Wittenberg. Wittenberg.

Woschnack, Ute, Schatz, Wolfgang & Eugster, Balthasar (2008). Prüfungen als Schlüsselelement kompetenzbasierter Curricula – das Lernziel-Leistungskontroll-orientierte Curriculummodell (LLC). In Dany, Sigrid, Szczyrba, Birgit & Wildt, Johannes (Hrsg.). Prüfungen auf die Agenda! Hochschuldidaktische Perspektive auf Reformen im Prüfungswesen. Blickpunkt Hochschuldidaktik Band 118. Bielefeld: W. Bertelsmann. S. 58–73.

II Didaktische Profilierung von Studiengängen

Einleitung

Peter Tremp

Harmonisierungsbemühungen im Bildungsbereich leisten eine doppelte Aufgabe: Sie stellen Vergleichbarkeit her und schärfen dadurch gleichzeitig den Blick für Unterschiede. Das gilt auch für die Bologna-Reform: ihre Harmonisierungsbemühungen betreffen hauptsächlich die Strukturierung von Studiengängen und von allgemeinen Studiengangszielen, vor allem auch die Beschreibung des Lehrangebots, um überhaupt Transparenz und Vergleichbarkeit herzustellen. Indem die Bologna-Reform aber weiterhin grossen Spielraum in der konkreten Gestaltung dieses Lehrangebots belässt, werden nicht nur die Unterschiede besser sichtbar, sondern sogar absichtlich verdeutlicht und akzentuiert. Die Bologna-Reform lässt sich damit hauptsächlich als Harmonisierung von Fragen verstehen, auf die die Studiengänge nun eine Antwort geben sollen – und diese Antworten dürfen und sollen durchaus unterschiedlich ausfallen.

Mit der Bologna-Reform rückt die Hochschule als Studienort ins Zentrum. Studienorte kennen traditionell ihre Besonderheiten. Diese beziehen sich primär auf das angebotene Fächerspektrum und damit auch auf die zu erreichenden Abschlussqualifikationen. Während einige Hochschulen eine klassische Fächerpalette anbieten, sind andere disziplinär fokussiert resp. finden ihr spezifisches Profil in einer besonderen Fächerkombination oder in interdisziplinären Studienprogrammen.

Eine zusätzliche Betonung erhalten diese inhaltlichen Profilierungen durch besondere Akzentuierungen, indem beispielsweise die disziplinären Studieninhalte in sorgfältiger Art mit orientierendem Kontextwissen oder dem Aufbau überfachlicher Kompetenzen verknüpft wird. Solche Profilierungen ergeben sich auch aus spezifischen Antworten auf „Bologna-Fragen": So bieten beispielsweise die Fragen nach Bedeutung und Gestaltung von „Employability" oder der Realisierung eines „Europäischen Bildungsraums" unterschiedliche Antwortmöglichkeiten, die für die Studienangebote und Hochschulen in unterschiedlichem Mass auch profilbildend werden können.

Profilbildend kann auch der Umgang mit traditionellen Fragen der Lehrgestaltung sein. Dazu gehören etwa Fragen zur Prüfungsgestaltung und zu Leistungsnachweisen, dazu gehört etwa auch die Bedeutung von Selbststudium oder Praktika.

Zum Profil von Studiengängen und Hochschulen kann auch gehören, dass ein spezifischer methodisch-didaktischer Zugang betont und gepflegt wird und beispielsweise das Studium pointiert als „Problembasiertes Lernen" realisiert wird – mit entsprechenden Implikationen für die räumliche Anordnung, die Auswahl von Dozierenden etc. In den deutschsprachigen Universitäten wird in den letzten Jahren vermehrt versucht, Ansätze des Forschenden Lernens deutlicher zu etablieren und damit die Forschungsorientierung des Studiums zu stärken. Damit wird eine traditionelle Ausrichtung von Universitäten als didaktischer Anspruch unter veränderten Bedingungen neu formuliert.

Solche methodisch-didaktischen Profilierungen haben auch Implikationen auf das soziale Lehr-Lern-Setting: Sowohl die Rolle von Dozierenden als auch die Rolle von Studierenden müssen neu geklärt werden – was bisweilen zu aufwändigen Verhandlungsprozessen führt.

Eine spezifische Profilierung gerade über eine neue Rollenzuschreibung versuchen diejenigen Hochschulen, die beispielsweise das kooperative Lernen betonen oder Studierende in Patenschaften für ihre jüngeren Kolleginnen und Kollegen einbinden. Hier finden dann oftmals verschiedene Begründungszusammenhänge zusammen: von der Lernforschung über Engagement-Ansätze bis zu pragmatischen Überlegungen zum Umgang mit der erhöhten Anzahl von Studienanfängerinnen und -anfängern.

Die didaktische Profilierung von Hochschulen und Studiengängen ist anspruchsvoll. Dies hat beispielsweise damit zu tun, dass viele Akteurinnen und Akteure beteiligt sind und eine „freiwillige Verpflichtung" zu einem Profil – und eine entsprechende Umsetzung im eigenen Handlungsfeld – nicht einfach zu erreichen ist.

Zudem sind solche Profilierungen durch didaktische Überlegungen im deutschen Sprachraum bisher eher ungewohnt. Gleichwohl lassen sich einige Hochschulen nennen, die bereits vor der Bologna-Reform durch ein spezifisches Lehr-Lern-Setting bekannt geworden sind.

Im Zusammenhang mit der Bologna-Reform haben nun Universitäten vermehrt Anstrengungen unternommen, eigenständige Profile zu entwickeln, nicht zuletzt angespornt durch Wettbewerbe wie „Exzellente Lehre". In der Zwischenzeit sind denn auch einige Dokumentationen verfügbar, die gerade zeigen, welche Überlegungen die einzelnen Hochschulen ins Zentrum rücken. Dazu gehört beispielsweise die Broschüre der Deutschen Hochschulrektorenkonferenz, welche die „Kreative Vielfalt" zeigt und damit gleichzeitig dokumentiert, „wie deutsche Hochschulen den Bologna-Prozess nutzen" (so der Titel der Broschüre, 2010).

Solche Darstellungen von Leitideen zu Lehre und Studium – wie sie sich nun oftmals auch auf den Webseiten der einzelnen Hochschulen zeigen – lassen sich freilich gleichzeitig als Marketing-Instrument interpretieren. Dies auch deshalb, weil bei dieser Diskussion oftmals die empirischen Befunde zu Umsetzungen und Wirkungen solcher Lehrprofile fehlen.

Grundsätzlich ist zudem zu fragen, welche Profile und Profildimensionen auf welcher Ebene denn Sinn machen: Sind es Profile, die die ganze Hochschule betreffen oder lediglich in ausgewählten Fakultäten oder sogar Studiengängen sinnvollerweise realisierbar sind? Solche Fragen zeigen sich akzentuiert bei disziplinär breit aufgestellten Hochschulen mit Studienangeboten über alle Studienstufen hinweg.

Die Hochschuldidaktik hat hier eine doppelte Aufgabe: Zum einen diese Profilierung zu begleiten und Implikationen aufzuzeigen, zum anderen aber auch immer wieder sorgfältig zu beobachten und zu dokumentieren, welche Änderungen in Lehre und Studium sich denn tatsächlich zeigen.

Forschungsorientierung in der Lehre: Curriculare Leitlinie und studentische Wahrnehmungen

PETER TREMP/KATHRIN FUTTER

Zusammenfassung

Forschungsorientierung ist traditionelle Leitidee universitärer Studiengänge. Damit unterscheidet sich diese Stufe des Bildungssystems von den vorangehenden und formuliert gleichzeitig einen hohen Anspruch: Für die Einrichtung insgesamt wie auch für die einzelnen Lehr- und Lern-Settings. Inwiefern Studierende die universitäre Lehre als „forschungsorientiert" und „forschungsbasiert" wahrnehmen, wurde mit einer Umfrage an der Universität Zürich geprüft.

Gliederung

1 Didaktische Leitlinien und curriculares Profil
2 Forschungsorientierung und Forschungsbasierung der Lehre – Lernen als Forschen
3 Studentische Wahrnehmungen und Einschätzungen
4 Diskussion und Interpretation

1 Didaktische Leitlinien und curriculares Profil

Das Bildungssystem kennt eine klare Strukturierung: Vom Kindergarten über die Primarschule bis zu den Universitäten resp. den Einrichtungen des lebensbegleitenden Lernens. Jeder «Schultyp» verfolgt dabei spezifische Zielsetzungen und lässt sich damit von den benachbarten Einrichtungen abgrenzen. Auch Universitäten kennen in diesem Gefüge ihre spezifische Funktion und Zielsetzung. In ihrem Selbstverständnis betonen sie – wohl deutlicher als vorangehende Bildungsstufen – Besonderheit und damit notwendige Abgrenzung. Solche Abgrenzungen sind immer auch Abgrenzungen durch Begriffe. Die Universität ist eben keine «Hochschule», sondern Universität. Hier unterrichten nicht Lehrerinnen und Lehrer, sondern dozieren Professorinnen und Professoren. Interessanterweise zeigen sich ähnliche begriffliche Besonderheiten auch ausgeprägt am anderen Rand der Bildungsstufen: Im Kindergarten, der eben auch keine Schule sein will. Diese begrifflichen Abgrenzungen verbinden sich hier wie dort mit einem hohen Anspruch: Durch didaktische Leitlinien ein (curriculares) Profil zu entwickeln und zu realisieren. Damit konkretisieren sie auf besondere Art, was Bildungseinrichtungen ausmacht: Die Kultivierung des Lernens in Abgrenzung zu Lernformen in der ausserschulischen Welt.

Dies soll hier einleitend mit einem Beispiel aus der Geschichte des Kindergartens illustriert werden: Fröbels Konzeption von Spielen als dem Grundmodus dieses Lernens. Fröbel selber leitet seine Schrift „Der Ball als erstes Spielzeug des Kindes" mit einem Zitat von Jean-Paul ein: „Genüsse geben den Kindern kein Paradies, sondern helfen es nur verscherzen. Spiele, d. h. Tätigkeit, nicht Genüsse, erhalten sie heiter. – Ein Spielzeug gibt erst Genuss durch seine Erscheinung; Heiterkeit nur durch seinen Gebrauch. – Was heiter und selig macht und erhält, ist bloss Tätigkeit, und die Spiele der Kinder nichts als Äusserung ernster Tätigkeit im leichtesten Flügelkleide" (Fröbel 1974 (1838), S. 35).

Ida Seele, eine Fröbelschülerin, beschreibt in ihren Lebenserinnerungen die Realisierung dieses Anspruchs: „Der Kindergarten in Blankenburg wurde ... nicht mit Gebet, nicht mit Gesang begonnen: auch stellten sich die Kinder zum Beginn der Stunden nicht in einen Kreis und sangen auch kein Anfangslied. Sie setzten sich, wie sie kamen, auf ihre Plätze, doch nicht auf bestimmte, und dann wurde ihnen sofort eine Spielgabe gereicht." (Seele 1974, S. 183). Und Fröbel, so schreibt sie weiter, habe sich selber in diese Spiele verlieren können, ohne „draussen" zu bleiben.

Aus diesem kurzen Zitat wird damit mindestens dreierlei ersichtlich:
- Bereits bei Beginn wird das Grundprinzip realisiert und dem Kind (und allfälligen Besucherinnen und Besuchern) erfahrbar gemacht.
- Der Erzieher personifiziert und unterstützt mit seiner erzieherischen Grundhaltung dieses Prinzip.
- Der Kindergarten ist die strukturierte Umgebung, die diese Art des Lernens beabsichtigt.

Peter Tremp/Kathrin Futter

2 Forschungsorientierung und Forschungsbasierung der Lehre – Lernen als Forschen

Die deutschsprachige Universität der letzten 200 Jahre kennt ein zentrales Leitprinzip: Forschung und Wissenschaft ist die Leitformel, die sich in vielen Dokumenten findet. Anfänglich als Element der Reformrhetorik der späten Aufklärung, die sich eben gegen eine ihrer Meinung nach veraltete Vorstellung von Universitäten wendet, ist diese Forschungs- und Wissenschaftsorientierung zum grundlegenden Selbstverständnis von Universitäten geworden. Hier zeigt sich gleichzeitig der Zusammenhang mit den Zielsetzungen des Studiums: Die Einführung und Einübung in ein wissenschaftliches Gebiet, in ein Forschungshandwerk und in eine wissenschaftliche Grundhaltung.

Unter dem Begriff des „Forschenden Lernens" (vgl. Bundesassistentenkonferenz 1970/2009) wird ein methodischer Zugang ins Zentrum gerückt, der sich gerade dieser Konzeption von Universität verpflichtet fühlt. Forschendes Lernen meint hier die Einführung in die Wissenschaft im Medium wissenschaftlicher Reflexion und Arbeitsformen.

Eingeübt wird eine Haltung, welche wissenschaftliches Tun auszeichnet: etwas wissen wollen, mit kritischer Distanz einen Sachverhalt und eigene Anschauungen infrage stellen. Forschendes Lernen lässt sich dadurch charakterisieren, dass das akademische Fach nicht als fertiges und festes Lehrgebäude behandelt, nicht als statischer Besitz bestimmter Kenntnisse präsentiert, sondern durch Fragen erarbeitet wird, auf die Forschung Antworten sucht (Tremp 2005). Wie „Spielen" im Kindergarten ist „Forschen" der Grundmodus des lernenden Tuns in der Bildungseinrichtung Universität. Auch hier personifiziert der Forscher als Dozent das Grundprinzip.

Wie lässt sich nun „Forschen" und „Forschendes Lernen" auch als curriculares Prinzip realisieren? Wie lässt sich ein entsprechender Studiengang gestalten? Dies soll an drei Beispielen kurz erläutert werden:

Studienphasen – Studieneingangsphase

Ist Forschen das grundlegende Prinzip, so sind Studienphasen so zu strukturieren, dass sie sich unterscheiden in ihrem Beitrag, den sie für dieses Forschen leisten. Dies kann anhand der Studieneingangsphase verdeutlicht werden: Diese Phase muss dann wichtige Orientierung bieten, was Forschung meint, wie Forschung funktioniert. Gleichzeitig ist hier ein gutes Stück eigener Forschung als Form der Aneignung bereits integriert. Konkret also: Jeder Erstsemester-Student und jede neue Studentin ist von Beginn an in ein Forschungsprojekt eingebunden.

Leistungsnachweise

Forschung generiert verschiedene Produkte: Von Thesenpapieren über Laborberichte bis hin zu Posterpräsentationen. Forschung als Curriculares Prinzip orientiert sich an solchen Forschungsprozessen und ihren Produkten. Leistungsnachweise belegen dann, dass die Studierenden diese Forschungsprodukte in wissenschaftlicher Qualität erarbeiten können.

Qualitätssicherung – Modulevaluation

Die Evaluation eines Studienganges oder der verschiedenen Studieneinheiten hat zentral die Frage zu klären, inwiefern es gelingt, Studierende in Forschungsaktivitäten zu integrieren, dieses Grundprinzip erfahrbar zu machen. Konkret liesse sich ein Modul beispielsweise an einem dreifachen Anspruch messen:

- Forschendes Lernen zu ermöglichen
- Forschungsexpertise aufzuzeigen
- Wissenschaft und Forschung zu thematisieren.

Damit wird ein traditionelles Postulat von Universitäten realisiert, das sich bei Humboldt – in Abgrenzung zu anderen Stufen des Bildungssystems – so formuliert findet: „Wenn also der Elementarunterricht den Lehrer erst möglich macht, so wird er durch den Schulunterricht entbehrlich. Darum ist auch der Universitätslehrer nicht mehr Lehrer, der Studierende nicht mehr Lernender, sondern dieser forscht selbst, und der Professor leitet seine Forschung und unterstützt ihn darin" (Humboldt 1964, S. 170). Es zeigen sich somit zwei Aspekte als besondere Charakteristika, die mit diesem Prinzip „Forschen als Grundmodus des Lernens" realisiert werden: Hochschullehrerinnen und -lehrer stehen in einem besonderen Verhältnis zum Stoff der Lehre, denn sie sind an der Generierung dieses Stoffes beteiligt, wobei dieser Stoff prinzipiell wenig kanonisiert ist und diskussionswürdig bleibt. Und: Das Verhältnis von Lehrpersonen und Lernenden ist auf der Hochschulstufe realisiert als „Scientific community": Professoren bzw. Professorinnen und Studierende unterscheiden sich also nicht prinzipiell, sondern graduell, Studierende werden bereits als Forscherinnen und Forscher wahrgenommen. Insofern ist die Universität auch eine der seltenen Bildungseinrichtungen, welche den eigenen Nachwuchs vollständig selber qualifiziert.

3　Studentische Wahrnehmungen und Einschätzungen

Wie nun der wissenschaftliche Nachwuchs eine solche Orientierung an der Forschung wahrnimmt und welches Aspekte forschungsbasierter Lehre in den Augen der Studierenden sind, konnte an der Universität Zürich (UZH) im Rahmen der Vergabe eines gesamtuniversitären Lehrpreises erfasst werden. Die Universität Zürich verleiht – wie die meisten anderen Schweizer Universitäten – seit einigen Jahren einen Preis für ausgezeichnete Lehre, welcher einmal pro Jahr an eine Person einer Hochschule oder Universität vergeben werden kann (Futter 2010). So konnten im Jahre 2009 die Studierenden diejenige Lehrperson für den Preis nominieren, welcher es am besten gelingt, Forschung und Lehre zu verknüpfen. Die Studierenden wurden für die Umfrage nicht eingehend in die Thematik der forschungsbasierten Lehre eingeführt, so wie dies beispielsweise bei anderen Studien der Fall war (vgl. z. B. Jenkins, Blackman, Lindsay, & Paton-Saltzberg 1998, Lindsay, Breen, & Jenkins 2002), da es sich in erster Linie um eine Umfrage handelte, um den Lehrpreisträger resp. die Lehrpreisträgerin zu bestimmen und nicht darum, die forschungsbasierte Lehre zu evaluieren. Bei den oben erwähnten themenspezifischen Studien zeigte sich zur Illustration des Schwerpunktes z. B., dass die Studierenden den Enthusiasmus der Dozierenden bezüglich deren eigener Forschung für ihre Studienfachmotivation sehr hoch einschätzen. Zudem sind die dort befragten Studierenden der Ansicht, dass sich die Glaubwürdigkeit der Dozierenden durch eigene Forschungsleistungen erhöht, die Wissensverbreiterung dadurch sehr profitiert und sie fachlich besser betreut würden.

3.1　Umfrage unter den Studierenden der Universität Zürich

Wie oben beschrieben, fand die Umfrage an der Universität Zürich im Rahmen der Lehrpreisvergabe statt. Während dreier Wochen konnten alle eingeschriebenen Bachelorstudierenden der Universität Zürich via Online-Link ihre Favoritin resp. ihren Favoriten wählen. Erst nachdem eine schriftliche Begründung der Wahl gegeben wurde, konnten sie sich in der Umfrage weiterklicken und wurden aufgefordert, die zuvor gewählte Person bezüglich sechs Items auf einer Sechserskala einzuschätzen (vgl. Abbildung 1). Im Anschluss an diese Einschätzungen mussten sie die Person auch noch im Hinblick auf sechs Standarditems guter Lehre einschätzen und einige weitere Fragen beantworten. Aufgrund dieser Umfrageresultate konnte nicht nur die Lehrpreisträgerin eruiert werden, sondern die Daten konnten für weitergehende Analysen genutzt werden, wovon drei Hauptergebnisse nachfolgend dargestellt sind.

> ### Skala: Fokusitems
>
> Der Dozent/die Dozentin ...
>
> - **Kategorie: Forschendes Lernen ermöglichen**
>   - ... weckt bei den Studierenden Interesse und Neugierde an Forschungsprozessen.
>   - ... lässt den Studierenden Spielraum für eigene (Forschungs-)Fragen zum Thema.
> - **Kategorie: Forschungsexpertiese aufzeigen**
>   - ... verweist auf selber jeweils angewendete Forschungsmethoden.
>   - ... macht die Studierenden mit wissenschaftlichen Arbeits- und Denkweisen vertraut.
> - **Kategorie: Wissenschaft und Forschung thematisieren**
>   - ... weist auf aktuelle Forschungsfragen hin.
>   - ... übt mit den Studierenden Kritik an Forschungsresultaten.

Abb. 1: Items zur Erfassung des Konstrukts „Verknüpfung von Forschung und Lehre"

4 Drei Ergebnisse der Umfrage unter Studierenden der Universität Zürich

Eine solche weiterführende Frage war, wie bedeutsam die Studierenden die Verknüpfung von Forschung und Lehre für ihr Studium einschätzen. Der hohe Mittelwert [M=5.16; SD=.88] zeigt, dass diese Verknüpfung als sehr wichtig erachtet wird[1]. Es liessen sich jedoch weder signifikante Geschlechtsunterschiede noch Unterschiede nach der Anzahl der absolvierten Semester feststellen, obwohl die Frauen insgesamt einen leicht höheren Mittelwert aufweisen [M=5.22; SD=.83] als die Männer [M=5.09; SD=.95] und die Einschätzungen der Bedeutsamkeit mit zunehmender Semesteranzahl höher ausfiel. Signifikante Unterschiede [p ≤ 0.01] zeigen sich aber zwischen den Fakultäten (vgl. Abbildung 2), wobei die Mathematisch-Naturwissenschaftliche Fakultät den höchsten Mittelwert aufweist.

Die offenen Antworten und Begründungen der Wahl der Studierenden konnten im Anschluss an die Umfrage inhaltsanalytisch ausgewertet werden. So wurden induktiv 34 Codes generiert und danach die Aussagen der Studierenden von zwei unabhängigen Personen den Codes zugeordnet, wobei 2034 Zuordnungen ge-

---

1 Es muss angefügt werden, dass es sich um keine repräsentative Stichprobe handelt, sondern um eine zweifach selektionierte. Einerseits geben nicht alle Studierende an, dass sie sich an Umfragen der UZH beteiligen wollen und andererseits haben sich von den angeschriebenen Studierenden auch nicht alle beteiligt.

Peter Tremp/Kathrin Futter

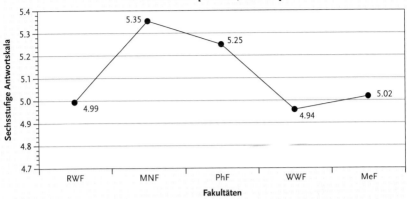

Bedeutsamkeit der Verknüpfung von Forschung und Lehre für das Studium [M = 5.11; SD = .88]

Abb. 2: Einschätzung der Bedeutsamkeit der Verknüpfung von Forschung und Lehre für das Studium (RWF = Rechtswissenschaftliche Fakultät; MNF = Mathematisch-Naturwissenschaftliche Fakultät; PhF = Philosophische Fakultät; WWF = Wirtschaftswissenschaftliche Fakultät; MeF = Medizinische Fakultät)

macht werden konnten und die Interratereliabilität einen zufriedenstellenden Wert hatte. 13 dieser 34 Codes repräsentieren das Konstrukt „Verknüpfung von Forschung und Lehre" direkt. Diese 13 Codes wurden den drei unter Abbildung 2 aufgeführten Dimensionen zugeordnet, wobei die Zuteilung recht unterschiedlich ausfiel (vgl. Abbildung 3).

Einzig der Code „Forschung und Lehre als Ganzes" konnte keiner Dimension zugeordnet werden, gehört jedoch ebenfalls zum Konstrukt. Daneben wurden jedoch von den Studierenden noch viele andere Punkte genannt, welche den übrigen 21 Codes zugeordnet wurden. Wird nun bezüglich den meistgenannten Codes eine Rangreihe erstellt, dann ergibt sich folgendes Bild (vgl. Abbildung 4), wobei die fettgedruckten Aspekte direkt dem Thema „Verknüpfung von Forschung und Lehre" zugeordnet werden können, die kursiv Gedruckten andere Themen betreffen.

Am meisten Nennungen wurden also bezüglich der Integration des aktuellen Standes der Forschung in die Lehrveranstaltung gemacht, gefolgt von der Nennung von Beispielen aus der Forschung mit einem Praxisbezug. Wichtig ist für die Studierenden in diesem Zusammenhang auch, dass die Dozierenden den Forschungs- resp. Fachhintergrund gut erklären können und immer wieder zeigen, wie sie selber Forschung betreiben. Nicht zu vernachlässigen ist, dass die Studierenden die Fach- und Forschungsbegeisterung der Dozierenden spüren möchten.

- **Forschendes Lernen ermöglichen:**
  - Forschung aktiv (1.3 %)
  - Lektüre wissenschaftlicher Arbeiten (2.3 %)
  - Anregung zum Weiterdenken, -forschen (6.7 %)
  - Analyse verschiedener Forschungsmethoden (4.0 %)
- **Forschungsexpertise aufzeigen:**
  - Eigene Fach-/Forschungsbegeisterung (der Dozierenden) (10.3 %)
  - Forschungsgemeinschaft Lehrende und Dozierende (1.6 %)
  - Eigene Person im Forschungskontext (19.4 %)
- **Wissenschaft und Forschung thematisieren:**
  - Aktueller Stand der Forschung integrieren (28.7 %)
  - Forschungsbezüge herstellen (17.1 %)
  - Kritische Fragen zu Forschungsergebnissen (5.0 %)
  - Forschungs-/Fachhintergrund (einfach/gut) erklären (19.5 %)
  - Liefert Beispiele (Forschung/Alltag) Praxisbezug (22.8 %)
- **Zudem:**
  - Forschung und Lehre als Ganzes (8.4 %)

Abb. 3: Zuordnung der 13 themenrelevanten Codes zu den drei Dimensionen (die Angaben in den Klammern entsprechen der prozentualen Häufigkeiten der Zuordnung)

	Prozent
Aktueller Stand der Forschung integrieren	28.7
Liefert Beispiele (Forschung/Alltag) Praxisbezug	22.8
Forschungs-/Fachhintergrund (einfach/gut) erklären	19.5
Eigene Person im Forschungskontext	19.4
Theorie-Praxis-Bezug	*17.8*
Forschungsbezüge herstellen	17.1
Spannende Veranstaltung	*16.4*
Großes Fachwissen/Kompetenz	*14.7*
Eigene Fach-/Forschungsbegeisterung	10.3
Humor	*8.7*

Abb. 4: Top Ten der Zuordnungen aller Codes (fett hervorgehoben die themenrelevanten Aspekte)

Ein drittes Ergebnis, welches hier dargestellt wird, betrifft die „Top Five" der Rangreihen bei den Fakultäten (vgl. Abbildung 5). Wurde oben eine Rangreihe der meistgenannten Codes über alle Fakultäten gezeigt, interessiert nachfolgend, wie die Reihenfolge bei den einzelnen Fakultäten aussieht.

Top Five bei den Fakultäten				
RWF	MNF	PhF	MeF	WWF
Aktueller Stand Forschung	Aktueller Stand Forschung	Aktueller Stand Forschung	Forschungs-/Fachhintergrund erklären	Aktueller Stand Forschung
Liefert Beispiele aus der Forschung	Liefert Beispiele aus der Forschung	Liefert Beispiele aus der Forschung	Aktueller Stand Forschung	Eigene Person im Forschungskontext
Forschungs-/Fachhintergrund erklären	Theorie-Praxis-Bezug	Eigene Person im Forschungskontext	Spannende Veranstaltung	Liefert Beispiele aus der Forschung
Forschungsbezüge herstellen	Forschungs-/Fachhintergrund erklären	Forschungsbezüge herstellen	Engagement	Theorie-Praxis-Bezug
Spannende Veranstaltung	Eigene Fach-/Forschungsbegeisterung	Forschungs-/Fachhintergrund erklären	Gute Unterlagen	Forschungs-/Fachhintergrund erklären

Abb. 5: Erstplatzierte Codes bei den Fakultäten

Es zeigt sich, dass auch hier den Studierenden vor allem wichtig ist, dass der aktuelle Stand der Forschung integriert wird, dass Beispiele aus der Forschung herangezogen werden und der Forschungs-/Fachhintergrund erklärt wird. Interessant ist zudem, dass an der Philosophischen Fakultät alle fünf Codes auch themenrelevant sind (die Studierenden haben sich bei ihren Nominationen auf das Schwerpunktthema bezogen), wobei die Studierenden der Medizinischen Fakultät vor allem Zuschreibungen gemacht haben, welche nicht in direktem Zusammenhang mit dem Thema standen.

5 Diskussion und Interpretation

Die Einschätzung der Studierenden, dass die Verknüpfung von Forschung und Lehre für ihr Studium bedeutsam sei, lässt erkennen, dass sich die Zürcher Studierenden bewusst sind, an einer Forschungsuniversität zu studieren und dass sie dies auch wichtig finden. Interessanterweise schätzen die Bachelorstudierenden der Mathematisch-Naturwissenschaftlichen Fakultät die Bedeutsamkeit am höchsten ein, obwohl sich gerade die mathematisch-naturwissenschaftlichen Disziplinen mit der Integration studentischen Forschens in diese Studienstufe schwer tun. Die Verknüpfung von Lehre und Forschung – so zeigen die offenen Antworten – wird hier auch hauptsächlich so verstanden, dass Dozierende den aktuellen Stand der Forschung in die Lehre integrieren, Beispiele aus der Forschung liefern und den Forschungshintergrund gut erklären.

Werden diese Befunde mit anderen – zum Beispiel den bereits erwähnten – thematisch vergleichbaren Studien verglichen (Jenkins et al. 1998, Lindsay et al. 2002), dann lässt sich feststellen, dass dort bezüglich der wahrgenommenen Vorteile sehr ähnliche Konstellationen genannt wurden, wie sie auch bei den Zürcher Studierenden gefunden werden konnten. Übereinstimmend zeigt sich, dass die Studierenden sehr positiv einschätzen, wenn der Enthusiasmus der Dozierenden für die eigene Forschung auch spürbar wird und die Person im Forschungskontext dargestellt wird (Glaubwürdigkeit). Es zeigen sich jedoch disziplinäre Unterschiede: So machen beispielsweise Studierende des Bachelorstudienganges an der Medizinischen Fakultät weniger themenrelevante Zuschreibungen als diejenigen der Philosophischen Fakultät. Ob dies damit zusammenhängen könnte, dass an der Medizinischen Fakultät im Bachelorstudiengang weniger forschungsbasiert gelehrt wird als an der Philosophischen Fakultät, kann jedoch daraus nicht geschlossen werden. Solche Darstellungen geben aber deutliche Hinweise auf die unterschiedliche Wahrnehmung und Einschätzung durch die Studierenden.

Forschungsorientierung als didaktische Leitlinie stellt – ähnlich dem Spiel im Kindergarten – darüber hinaus aber auch den (hohen) Anspruch, dass Studierende selber von Studienbeginn an als Forschende tätig werden. Dieser Anspruch zeigt sich gemäss unserer Umfrage noch wenig realisiert – er ist wohl gleichzeitig eine grosse Herausforderung sowohl für Dozierende wie auch für Studierende.

Literatur

Bundesassistentenkonferenz (1970/2009). Forschendes Lernen – Wissenschaftliches Prüfen. Ergebnisse der Arbeit des Ausschusses für Hochschuldidaktik (=Schriften der Bundesassistentenkonferenz 5). Bielefeld: W.-Bertelsmann.

Fröbel, Friedrich (1838/1974). Erste Gabe: Der Ball als erstes Spielzeug des Kindes. In: Fröbel, Friedrich (Hrsg.): Ausgewählte Schriften. Dritter Band: Texte zur Vorschulerziehung und Spieltheorie. Stuttgart: Klett-Cotta. S. 35–52.

Futter, Kathrin (2010). Credit Suisse Award for Best Teaching: Das Verfahren der Universität Zürich. In Tremp, Peter (Hrsg.). „Ausgezeichnete Lehre!" Lehrpreise an Universitäten: Erörterungen – Konzepte – Vergabepraxis. Münster: Waxmann. S. 173–180.

Futter, Kathrin & Tremp, Peter (2010). Lehrpreise an Schweizer Hochschulen. In Tremp, Peter (Hrsg.). „Ausgezeichnete Lehre!" Lehrpreise an Universitäten: Erörterungen – Konzepte – Vergabepraxis. Münster: Waxmann. S. 101–116.

Humboldt, Wilhelm von (1964). Über die mit dem Königsbergischen Schulwesen vorzunehmenden Reformen. In Flitner, Andreas (Hrsg.). Schriften zur Politik und zum Bildungswesen. Darmstadt (Vol. IV): WBG. S. 168–187.

Jenkins, Alan, Blackman, Tim, Lindsay, Roger & Paton-Saltzberg, Renee (1998). Teaching and Research: student perspectives and policy implications. In Studies in Higher Education, 23, 2, S. 127–141.

Lindsay, Roger, Breen, Rosanna & Jenkins, Alan (2002). Academic Research and Teaching Quality: the views of undergraduate and postgraduate students. In Studies in Higher Education, 27, 3, S. 309–327.

Seele, Ida (1974). Meine Erinnerungen an Friedrich Fröbel. In Heiland, Helmut (Hrsg.). Friedrich Fröbel. Ausgewählte Schriften. Dritter Band: Texte zur Vorschulerziehung und Spieltheorie. Stuttgart: Klett-Cotta. S. 183–193.

Tremp, Peter (2005). Verknüpfung von Lehre und Forschung: Eine universitäre Tradition als didaktische Herausforderung. In Beiträge zur Lehrerbildung, 23, 3, S. 339–348.

Germanistik...Studieren...Lernen. Zur curricularen Neuorientierung eines zur universitas entgrenzten Faches zwischen den Möglichkeiten seiner Ansprüche

Miriam Seidler/Ulrich Welbers

Zusammenfassung

Die Voraussetzungen für den Hochschulunterricht haben sich in den letzten Jahren grundlegend geändert. Neue politische und gesellschaftliche Anspruchshaltungen, die Stufung der Studiengänge, der Umbau der Hochschulorganisation und auch veränderte Studienerwartungen und -haltungen zumal in den Geisteswissenschaften stellen gewohnte Handlungsroutinen auf den Prüfstand und hohe Anforderungen an die einzelnen Akteure. Der Beitrag problematisiert diese Transformationen und stellt curriculare Interventionen zu ihrer Bearbeitung am Beispiel der Germanistik vor.

Gliederung

1 Transformationen von Studium und Lehre

1.1 Zivilisatorische Umbrüche

Für und mit dem Universitätsfach Germanistik hat sich in den letzten Jahren ein fundamentaler Wandel vollzogen, der nicht in erster Linie aus ihrer selbstverantworteten Fachentwicklung zu legitimieren ist und erklärt werden kann, sondern zumutende Anspruchshaltungen von ‚außerhalb' des Faches repräsentiert. Die erste und gravierendste Veränderung ist dabei augenscheinlich die Rolle, die der Germanistik im Rahmen der Stufung der Studienangebote mehr und mehr zugefallen ist. Die Öffnung der Hochschulen für in gesellschaftlicher und sozialer Hinsicht deutlich erweiterte Profile von Studieninteressen und damit für Studierende, deren Studierhaltung sich nicht mehr auf eine anspruchsvolle Selbstbildung im Rahmen eines Magistermodells richtet, sondern kurzfristige Kompaktausbildung für zielsichere Berufsorientierung fordert, hat in einer Modularisierung der Studiengänge bei hoher Prüfungsverdichtung ihren Niederschlag gefunden. Die exponentielle Steigerung gesellschaftlich deutlich komplexer auftretender Wahrnehmungsmodelle und ein ihr korrespondierender, durchaus ebenso exponentiell zu nennender Orientierungsverlust der einzelnen Individuen haben zweitens für eine junge Generation die biographische Dringlichkeit und den sozialen Druck auf subjektive Orientierungsleistungen dramatisch erhöht. Hierfür wird das Studienfach Germanistik zunehmend nachgefragt. Alle Verplanung und Strukturierung des Lebens und Lernens junger Menschen haben gesamtgesellschaftlich allerdings bislang eher mehr Unsicherheit generiert als weniger.

Dies alles ereignet sich drittens in der Rahmung einer häufig ins moralisch Haltlose degenerierten, durch Rationalisierung, Ökonomisierung, ‚Wettbewerb' und ‚Konkurrenz' aller Lebensvollzüge gekennzeichneten Gratifikationsgesellschaft, in der nur noch für erkennbare und kurzfristige Gegenleistung auch wirklich passgenau kalkulierter Aufwand erbracht wird. Was sich nicht direkt oder kurzfristig absehbar rechnet, wird i. d. R. auch nicht unternommen, und das bei ostentativ ruhigem Gewissen und unbeschadeter Selbstachtung. Eine sinnstiftende Erfahrung von Mühe, die über das unmittelbar Geforderte hinausgeht und die erst auf längere Sicht Identitätsgewinn und damit ja auch häufig biographische Sicherheit verspricht, wird so von vornherein kategorisch ausgeschlossen, und damit nicht nur eine beliebige, sondern gerade die anthropologische Bestimmung, die den Menschen wirklich zum Menschen in einem kulturellen Sinne macht, programmatisch unterminiert. Von der zerstörerischen Wirkung solch zivilisatorischer Verwerfung sind die Geisteswissenschaften besonders betroffen, weil ihr Lernen auf die ‚produktive Verschwendung des Selbst' angewiesen ist. Handlungsmöglichkeiten für eine humane Gesellschaft werden so nachhaltig eingeschränkt, und dies verändert merklicher als jede notwendige und gut begründete Diskussion um die Zukunft der Fächer deren Charakter und damit das Studium.

1.2 Von der disziplinären Konstruktion zur universitas kultureller Lernanlässe

Von solchen Zivilisationsbrüchen wie den genannten wird also gerade ein kulturwissenschaftlich geprägtes und in dieser Kulturbezogenheit auch unentrinnbar verortetes Universitätsfach wie die Germanistik nicht unberührt bleiben. Sie scheint gleichwohl – trotz aller aufwändigen und legitimen Forschungsbemühungen – abermals geworden, was sie vielleicht allezeit ein wenig war, sich aber heute in ihrer bislang konsequentesten Erscheinungsform zeigt: eine universitäre Lerngelegenheit zur biographischen und zunehmend auch berufsbezogenen Orientierungssuche, die nicht zum Ziel vorderhand die Qualifizierung hat, sondern die die Ausgangsbasis für diese fundieren soll. Damit verändern sich aber der Studiencharakter und die darauf bezogenen Haltungen grundlegend. Der Bachelor folgt, weist man seine plakative Markierung als ‚Sekundarstufe III' zurück, eher der Bildungsidee des College als wissenschaftlicher Grundbildung. Ist man Bachelor, hat man weder wirklich studiert noch wirklich gearbeitet, aber beides könnte man jetzt, wenn man denn wollte.

Die Germanistik als Wissenschaftsfach ist damit neben ihrer verschobenen gesellschaftlichen Funktionsbestimmung eher schleichend auch in ein ihr ungewohntes Strukturprofil bezüglich ihrer Binnengliederung gerutscht. Sie ist im Blick von außen mehr denn je ein als organisch unterstellter Fachzusammenhang, eben nicht Sprachwissenschaft, Mediävistik, Neuere Literatur, Fachdidaktik, Anwendungsorientierung. Sie ist ein Fach, dies aber breit und vielfältig, ist in der Fachkultur der Geisteswissenschaften dasjenige, in dem fächerartig der kulturelle Horizont deutscher Sprache und Literatur sich rational erklärend gesellschaftlich zu verständigen sucht. Kurzum: sie bedeutet in der weitgesichtigen Umgebung globaler Lebenswelten für viele junge Menschen heute eine Erwartung auf den Eintritt in akademische Lernanlässe einerseits, eine kulturelle universitas im Kleinen und Universalität der Perspektiven, von der man sich in ihrem überreichen Fundus der Gegenstände und Ideen noch die großen gedanklichen Verknüpfungen erhofft. Andererseits ist sie auch direkter Zugang für das Berufsleben, egal ob sie als Lehramtsausbildung auftritt und sich den Mantel berufsbezogener Nützlichkeit plakativ umhängen darf, oder ob sie sich auf andere Berufsfelder richtet oder besser: gerichtet wird.

Germanistik...Studieren...Lernen. Zur curricularen Neuorientierung eines zur universitas entgrenzten Faches zwischen den Möglichkeiten seiner Ansprüche

83

Dass dieser doppelte Zugangscharakter und die damit verbundenen Erwartungshaltungen so gar nicht einer immer differenzierteren und disziplinär spezialisierten Forschungsentwicklung von Teilfächern entspricht, braucht kaum erwähnt zu werden. Hier tut sich jedenfalls eine Spreizung auf, die zum ersten Mal in der Geschichte des Faches zu einer anhaltenden Zerreißprobe werden könnte, eine zunehmende Kluft zwischen Forschung und Lehre, deren sprachliche Signatur wohl unzulängliche, eher systemtherapeutische Konstruktionen wie die der ‚Lehrprofessur' sind.

1.3 Förderliche und weniger nutzbringende Entgegnungsstrategien

Nun ist es erstens möglich, sich in einem klassischen Reaktionsmuster von Bildungsinstitutionen den Zumutungen seitens Politik und Gesellschaft durch Abwarten, Abwendung oder gar Desinteresse zu entziehen. Eine zweite Problemhandhabung zumal bei der Planung gestufter Studiengänge ist an vielen Hochschulen, Entledigung durch Systemübererfüllung bei gleichzeitiger erhöhter Problemdistanz zu betreiben. Unter diesem Leitbild sind dann auch eine Vielzahl überstrukturierter, überambitionierter, überüberprüfender, gleichwohl unreformierter Studiengänge auch in den Geisteswissenschaften entstanden, die auf den erheblichen Aufwand verweisen können, den man sich mit ihnen macht, die aber oft auch die Hilflosigkeit zeigen, mit den fraglos übervielen Problemen fachlich und hochschuldidaktisch nutzbringend umzugehen.

Die folgenden curricularen Überlegungen gehen demgegenüber davon aus, dass viele der anstehenden Probleme zwar hochschuldidaktisch bearbeitbar sind, diese allerdings bei der prekären Ausstattungslage des Faches sicher schwer bewältigbar bleiben und sich somit eine Hoffnung auf schnelle Lösungen mit hoher Reichweite kaum erfüllen werden. Dies heißt aber nicht, dass man nichts tun kann. Es sollen daher für drei Problemstellungen gezielte curriculare Antwortversuche gegeben werden:

1.) Im aktuell zunehmend von Auflösungserscheinungen gekennzeichneten Bildungssystem sichert das Abitur kaum mehr die Studierfähigkeit, und auch bildungspolitisch wird ihm diese Funktion unter dem Diktum erhöhter ‚Durchlässigkeit' mehr und mehr abgesprochen. Studieren muss also heute gelernt werden, wenn es überhaupt anspruchsvoll stattfinden soll. Darauf reagiert das erste Angebot eines Erstsemesterprogramms zum ‚Studieren lernen'.[1]

2.) Studiengänge müssen die Fähigkeit zum Selbstlernen im Kontext eines shift from teaching to learning strukturell ermöglichen, praktisch fördern und dezidiert einfordern. Hierfür bedarf es curricularer Planung, die für diese Selbstlernprozesse Zeit und Raum lässt. Über dies hinaus auf weitere Aspekte des bis zu dieser Stelle Angeführten reflektiert der hier an zweiter Stelle angebotene Curriculumentwurf, der gleichzeitig Konzentration und Wahlfreiheit zum Ziel hat.

3.) Studieren ist mehr denn je für junge Menschen biographische Arbeit unter hohem persönlichen Druck. Darauf reagiert das dritte, berufsorientierende Angebot, das in den letzten Jahren eine erstaunliche Prosperität erfahren hat und das nun neben der Bachelor- auch eine hier zusätzlich vorgestellte Mastervariante kennt.

Alle Angebote stehen in einem sich unterstützenden Zusammenhang und müssen so auch ihre integrierte curriculare Wirkung entfalten, wenn neben Bildungsauftrag und Berufsorientierung vor allem auch der Charakter einer breiten, weiterführenden wissenschaftlichen Grundbildung des Bachelorabschlusses auf Dauer entwickelt, gestärkt und gesellschaftliche Wirkung entfalten soll.

2 Das Erstsemesterprogramm ‚Studieren lernen'

Die Einsicht der letzten Jahre, dass die gymnasiale Schulbildung allein nicht mehr die Studierfähigkeit in ausreichendem Maße zu sichern vermag, ist für die Hochschulen in jedem Studiensystem äußerst gewöhnungsbedürftig, war doch gerade diese Statuspassage lange Zeit mit als weitgehend sicher angenommenen Qualitätsstandards geknüpft. Die Studieneingangsphase muss daher an Hochschulen neu gedacht werden. An der Heinrich-Heine-Universität Düsseldorf gibt es in der Germanistik so seit drei Jahren das Programm ‚Studieren lernen', das aus dem bereits seit knapp 20 Jahren etablierten Tutorenprogramm entstanden ist und in dem Institut und studentische Fachschaft zusammenwirken. Hier wird u. a. versucht, die oben genannten problematischen Studierhaltungen frühzeitig zu korrigieren und durch Qualifizierung zu bearbeiten. Mit 20 Tutorinnen und Tutoren werden in jedem Wintersemester in einem Wechselspiel verschiedener Lehrveranstaltungsformen über 400 Erstsemesterstudierende in einem ganzheitlichen

---

1 Die diesbezüglichen Überlegungen wurden im März 2011 auf der 40. Jahrestagung der Deutschen Gesellschaft für Hochschuldidaktik (DGHD) an der TU München vorgestellt und für die Drucklegung überarbeitet und erweitert.

Sinne ins Studium eingeführt. Neben der Grundannahme, dass man studieren lernen kann, wird hier vor allem auf die Tatsache des gemeinschaftlichen Lernens von Tutoren und Neustudierenden gesetzt. Studierende mit unterschiedlichem Erfahrungsschatz und unterschiedlicher Kompetenz bilden so für ein halbes Jahr Lerngemeinschaften auf Zeit, in denen möglichst viele Handlungsoptionen des Studiums gemeinsam durchgespielt und ausprobiert werden können. Tutoren und Neustudierende sind damit beide Akteure in diesem Programm, und sie sind auch beide Lernende.

Hochschuldidaktisch liegt diesem Programm einerseits ein biographischer Ansatz zu Grunde, andererseits sollen möglichst viele prototypische Lernarrangements geschaffen werden, in denen das Studieren mit all seinen Chancen und Problemen erprobt werden kann. Zudem sollen praktische Handlungssituationen hergestellt werden, in denen die gemeinsame Übernahme von Verantwortung im Mittelpunkt steht. Dies soll dazu beitragen, die studentische Selbstwirksamkeit zu stärken und die Grundidee eines shift from teaching to learning praktisch auszugestalten.

Das Programm gliedert sich in drei Phasen, die Vorbereitungsphase für die Tutorinnen und Tutoren, die Durchführungsphase für die Erstsemesterstudierenden und eine Nachbereitungsphase wiederum mit den Tutorinnen und Tutoren (Abb. 1).

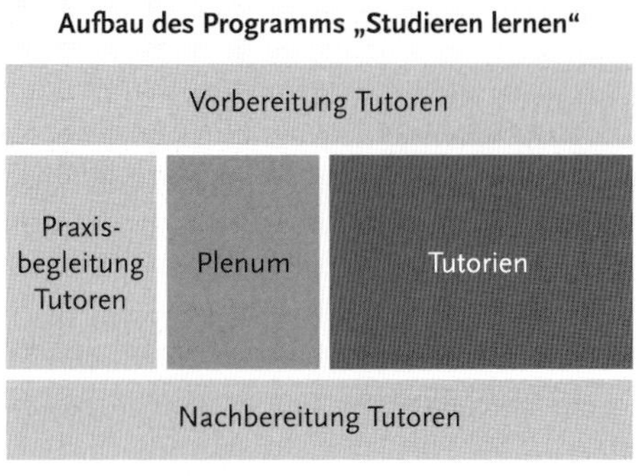

Abb. 1: Aufbau des Programms

In der ersten Phase werden die Tutorinnen und Tutoren von Institut und Fachschaft gemeinsam ausgewählt. Jede/r Studierende der Germanistik kann sich hier bewerben. Zwingend für die Tutorentätigkeit ist dann die Teilnahme an einem dreitägigen Vorbereitungswochenende, an dem neben grundlegenden methodischen Aspekten vor allem auch die Rolle als Tutor und Tutorin intensiv erörtert

MIRIAM SEIDLER/ULRICH WELBERS

wird. Der beiliegende Ablaufplan des Schulungswochenendes (Abb. 2) macht deutlich, welch' zentrale Rolle der biographischen Arbeit und der Rollenklärung in diesem Ansatz beigemessen wird. Darüber hinaus wird der einleitende Orientierungstag zu Beginn des Semesters und auch das Semesterbegleitende Tutorium in den Programmabläufen gemeinsam entwickelt. Die Bildung der Tutorenteams und eine intensive Einführung in Studienordnungen und Prüfungsordnung runden das Programm ab. Ein solches Tutorenwochenende hat sich als besonders hilfreich erwiesen, um die soziale Funktion der Tutorien auch für die Tutorinnen und Tutoren selbst erlebbar zu machen. Ein Leitungsteam von Dozent und erfahrenen Tutoren leitet die Veranstaltung.

Das Programm während des Semesters läuft dann in drei parallelen Schienen (Abb. 3). In der linken Spalte bilden sich die Vorbereitungs- und Reflexionsstruktur der Tutorinnen und Tutoren ab. Der vorliegende Ansatz geht somit davon aus, dass vor allem durch reflektierte Praxisbegleitung eine zunehmende Qualifizierung der Tutorinnen und Tutoren erreicht werden kann. Das Unterrichtsformat ist dabei im Wesentlichen ein kolloquiales. In der mittleren Spalte finden sich die so genannten Ankerveranstaltungen, die als Plenarveranstaltungen mit allen 400 Neustudierenden stattfinden und die durch den Dozenten verantwortet und gestaltet werden. Lediglich der einführende Orientierungstag wird in einem Wechselspiel von Plenum und Tutorengruppen durchgeführt. Die Anker- bzw. Plenarveranstaltungen haben neben einer grundlegenden Einführung in das Problem des Studieren lernens eine ausführliche Programmvorstellung, eine Vorlesung über die Geschichte und Aktualität des Lernens an der Universität und eine Vorlesung zur Berufsorientierung im Studium zum Thema und münden schließlich in eine Abschlussveranstaltung, die im Wesentlichen die Präsentation studentischer Projektergebnisse bietet, die im Rahmen des Programms erarbeitet wurden.

Tutorenwochenende 2010
„Studieren lernen in Orientierungstutorien"
vom 1. – 3.10.2010 in Schwerte

Freitag

15.00 Uhr	Treffpunkt Universität
17.00 Uhr	Ankunft, Zimmer, Essen Kochen
19.00 Uhr	Abendessen
20.30 Uhr	Begrüßung, Einführung in Funktion und Ablauf des Tutorienwochenendes Schlüsselrunde, Partnerinterview, Wechselnde Paare

Samstag

9.00 Uhr	Frühstück
10.00 Uhr	Rolle als Orientierungstutor bzw. Tutorin – Ziele und Methodik – Lernwegreflexion – Bestimmung der Tutorientätigkeit im eigenen Qualifizierungskontext (Kleingruppen)
11.30 Uhr	*Pause*
12.00 Uhr	Funktionsbestimmung zur Tutorenrolle: Sammlung, Gruppierung und Gewichtung der Aspekte im Plenum
13.00 Uhr	*Pause*
14.00 Uhr	Programmentwicklung Orientierungseinheit
15.00 Uhr	Programmentwicklung semesterbegleitendes Tutorium mit Projektphase
16.00 Uhr	*Pause*
16.15 Uhr	Programmüberblick „Studieren lernen", Tutorenkolloquien
16.30 Uhr	Konsultierung der Tutorenpaare
17.00 Uhr	Planungsstunde der Tutorenpaare, Materialien
18.30 Uhr	Terminabsprache der Tutorien
19.00 Uhr	Abendessen

Samstag

9.00 Uhr	Frühstück
10.00 Uhr	Bachelor- und Masterstudiengänge, Bachelor-Studienordnungen und Prüfungsordnung
12.00 Uhr	Reflexion
12.30 Uhr	Aufräumen, Putzen, Packen
14.00 Uhr	Schluss, Abfahrt

Abb. 2: Ablaufplan des Schulungswochenendes

Miriam Seidler/Ulrich Welbers

	WiSie 2010/11	Studieren lernen	Fachschaft Germanistik, PD Dr. Ulrich Welbers

HEINRICH HEINE UNIVERSITÄT DÜSSELDORF

Woche	Tutorenteam	Plenum	Tutorien
14.7.2010	Vortreffen mit Personalauswahl Di. 18–19.30 Uhr		
1.-.3.10.2010	Tutorenwochenende „Studieren lernen in Orientierungstutorien"		
5.10.2010, 11–17 Uhr		Studieren lernen: Auftaktveranstaltung zum Orientierungstag in Hörsaal 3H 1. Kennenlernen, 2. Uni-ABC, 3. Campusrundgang, 4. Studienordnungen, Creditpoints etc., 5. Stundenplan, 6. Fragerunde	
Wo vom 11.-15.10.2010	Tutorienkolloquium, Di 18–19.30 Uhr	Programmvorstellung „Studieren lernen", Di 12.10.10, 13–14 Uhr, HS 3H	
Wo vom 18.-22.10.2010			(Kennenlernen, Fragen, Erwartungen) Lernstrategien, Aktives Zuhören
Wo vom 25.-29.10.2010			Protokolle, Essays
Wo vom 1.-15.11.2010			Referate und Thesenpapiere
Wo vom 8.-12.11.2010	Tutorienkolloquium, Di 18–19.30 Uhr	„Lernen in der Universität", Di 9.11.10, 13–14 Uhr, HS 3H	
Wo vom 15.-19.11.2010			Hausarbeiten 1
Wo vom 22.-26.11.2010			UB, FB, Recherche
Wo vom 29.11.-3.12.2010			Hausarbeiten 2

WiSie 2010/11		Studieren lernen	Fachschaft Germanistik, PD Dr. Ulrich Welbers
Woche	**Tutorenteam**	**Plenum**	**Tutorien**
Wo vom 6.-10.12.2010			Stress- und Zeitmanagement
Wo vom 13.-17.12.2010	Tutorienkolloquium, Di 18–19.30 Uhr	„Berufsorientierung im Studium", Di 14.12.10, 13–14 Uhr, HS 3H, Projektauftakt	
Wo vom 20.-24.12.2010			Weihnachtsferien
Wo vom 10.-14.1.2011			Projekte
Wo vom 17.-21.1.2011			Projekte
Wo vom 24.-28.1.2011			Projekte
Wo vom 31.1.-4.2.2011	Tutorienkolloquium, Di 18–19.30 Uhr	„Abschlussveranstaltung", Di 1.12.11, 13–14 Uhr	Fragen, Reflexion, BN's
	Nachbereitungswochenende für die Tutorinnen und Tutoren		

Abb. 3: Programmablauf ‚Studieren lernen'

In der dritten Schiene, die in der Abbildung rechts zu sehen ist, zeigt sich das auf die Studierkompetenz gerichtete Curriculum des Programms, deren einzelnen Elemente sich jeweils thematisch an die Plenarveranstaltungen ankoppeln. An dieser Stelle exemplarisch herausgegriffen sei besonders der Punkt der Entwicklung von Lernstrategien, der hier in den Tutorien thematisiert wird und dem über die ganze Zeitspanne des Programms eine tragende Rolle zukommt. Sind zwei Drittel des Semesters im Wesentlichen dieser Arbeit in Plenarsitzungen und Tutorien gewidmet, erstellen die Studierenden im letzten Drittel des Semesters eine eigene Projektleistung zum Thema ‚Universität als Lebensraum'. Diese Aufgabe soll sie individuell und sozial selbststeuerungsfähig machen und ihre reflektierte Handlungswirksamkeit stärken. In der letzten Plenarsitzung werden die Ergebnisse der Projekte der Gesamtgruppe präsentiert. Alle Veranstaltungen sind als prototypische Lernarrangements gedacht und konzipiert, damit die Studierenden die universitären Formate des Lernens in ihren möglichen Leistungen beobachten und reflektieren können. Die Evaluation der Semesterbegleitenden Tutorien findet über einen hochschulweit standardisierten Fragebogen statt (siehe Anhang), die der Plenarveranstaltungen über eine fakultätsweite Online-Evaluation.

Nach der Durchführung des Programms erfolgt noch einmal – zusätzlich zu den Reflexionsanteilen während des Semesters – eine ausführliche Reflexion mit den Tutorinnen und Tutoren, die bewusst und gezielt über die Programmnachbereitung hinausgehen will. Der biographische Ansatz, den die Tutoren seit dem Vorbereitungswochenende erlebt haben und den sie auch mit den Studierenden gemeinsam erleben und erfahren sollten, erhält nun nochmal eine deutliche Markierung dadurch, dass die Nachbereitung einerseits auf die Erfahrung der Tutorentätigkeit gerichtet ist, andererseits eine Zukunftswerkstatt für die eigene biographische Planung darstellt. Es ist also explizit gewollt, dass auch die Tutorinnen und Tutoren persönlich von ihrer Tätigkeit profitieren und sich somit nicht allein als Begleiter der jüngeren Studierenden sehen. Dies ist mehr als ein ‚Benefit' für die Akteure, sondern es prägt von Beginn an den Charakter des Programms grundlegend, Lerngemeinschaften als Lebensgemeinschaften auf Zeit zu verstehen. Der Dozent ist so einerseits Hochschuldidaktischer Ausbilder, ‚Qualitätssicherer', aber auch Mentor und damit ebenfalls Teil der Lerngemeinschaft.

Lernen wird hier demnach als Gesamtheit aus emotionalen, motivationalen, sozialen und kognitiven Aspekten gesehen und in verschiedenen, didaktisch profilierten Lernarrangements exemplarisch erlebbar gemacht. Dies soll die Studierenden auf die unterschiedlichen Anforderungen vorbereiten und ihnen Möglichkeiten der Gestaltung an die Hand geben. Lediglich der Prüfungsaspekt spielt hier naturgemäß noch keine Rolle. Hier greifen spätere Beratungsformate. Das eigene Lernen aber soll bereits früh im Studiengang als solches explizit zum Thema werden und auch als steuerbar verstanden werden. Das Programm ‚Studieren lernen' ist ein freiwilliges, aber im Wahlbereich anrechenbares Angebot, und wird von über 80 Prozent der Studierenden besucht und abgeschlossen.

3 Der Bachelorstudiengang Germanistik

3.1 Strukturelle Rahmenbedingungen

Die eingangs angeführten zivilisatorischen Umbrüche spiegeln sich auch in den von der Kultusministerkonferenz vorgegebenen Rahmenbedingungen für die Neukonzeption von Studiengängen wieder. Führt man sich diese noch einmal vor Augen, wird die eingangs beschriebene Tendenz, Studium unter der Ausbildungsperspektive zu verstehen, auch in ihren strukturellen Auswirkungen deutlich. Am augenfälligsten zeigt sich diese Wende anhand der Berechnung des Workloads. 900 Stunden sind das Soll, das ein Student pro Semester im Bachelorstudiengang zu erfüllen hat. In der Konzeption der Studiengänge muss diese magische Grenze möglichst passgenau eingehalten werden. Hieraus ergeben sich zwei grundsätzliche Probleme: Die Berechnung des Workloads auf der Basis von Präsenz- und Selbstlernzeit ist weder an den Bedürfnissen des Faches noch an denen der Studierenden orientiert. Gerade in den Philologien ist meist ein hohes Lektürepensum zu bewältigen. Welcher Roman, welche wissenschaftliche Publikation lässt sich innerhalb von zwei Stunden sinnvoll für eine Seminardiskussion vorbereiten? In ihrer Wirkung auf die Studierenden bislang nicht berücksichtigt sind zweitens die aus der Strukturierung der Studiengänge entwickelten exemplarischen Studienverlaufspläne, die im Bachelor auf sechs Semester angelegt sind und den Studierenden suggerieren, dass derjenige/diejenige, der/die aufgrund vielfältiger Gründe diesen Plan nicht einhalten kann, ein ‚Versager' ist. Beide Aspekte führen im Alltag dazu, dass die Desillusionierung der Studierenden bereits sehr früh in nachlassende Begeisterungsfähigkeit für die Inhalte ihres Studiums mündet. Statt Neugier und Zufriedenheit setzt sich durch den erfahrenen Zwang der Planerfüllung eine Lernhaltung durch, die Leistung nur noch gegen Belohnung erbringt. Die Idee der Steuerung der individuellen Lernbiographie ist spätestens dann gefährdet, wenn die learning outcomes von den Studierenden nicht mehr in erlangten Kompetenzen und einem aus der Erfahrung eigener Leistung entwickelten Selbstvertrauen erfahren, sondern in als sinnlos empfundenen Anwesenheitskontrollen und Studienleistungen erlebt werden.

In der Abkehr vom Drei-Phasenmodell – Grundstudium, Hauptstudium und Prüfungsphase – sah die Studienstrukturreform einen großen Gewinn für die Gestaltung der Lernbiographien der Studierenden. Die strukturierte Vermittlung von Wissen im Rahmen eines in den Modulen aufgegriffenen Dreischritts von Überblick – Anwendung – Transfer und der Aufbau der Module aufeinander sollte helfen, die Lernbiographien der Studierenden effektiver zu begleiten. Dass die Möglichkeit, jeweils an Vorwissen anzuknüpfen, einerseits zu einer Übererfüllung im Sinne einer rigiden Planung von Lernbiographien führt, die keinen Raum für eigene Interessen und Schwerpunktsetzungen ermöglicht, und andererseits dazu anregt, jeden kleinen Lernfortschritt mit einer in die Abschlussnote eingehenden Prüfung zu belegen, zeigt dagegen die Erfahrung der letzten Jahre. Die nostalgische Betrachtung der Magisterstudiengänge, die als Reaktion auf die Bologna-Reform bei vielen Lehrenden einsetzt, stellt jedoch keine Lösung der aktuellen Probleme dar, da das alte Modell aus ‚hochschuldidaktischer Perspektive' häufig nicht als echte Alternative verstanden wird, sondern lediglich den Lehrenden die Möglichkeit einer Rückkehr in den gesellschaftlichen Elfenbeinturm uneingeschränkt selbstmotivierter Bildung suggeriert.

Mit der Neukonzeption des Bachelorstudienganges an der Heinrich-Heine-Universität Düsseldorf wird nun versucht, mit den Rahmenvorgaben und Problemstellungen ebenso frei wie problemlösend umzugehen. Im Mittelpunkt der Überlegungen stand wiederholt die Frage, wie das Studium für Studierende und Lehrende trotz schwieriger Ausgangslage wieder stärker zu einer Selbstbildungsangelegenheit werden kann, die die Freude am Fach und am Lernprozess selbst unter der Zielsetzung eines shift from teaching to learning als zentral erachtet. Folgende Ziele wurden von Studierenden und Lehrenden gemeinsam für den neuen Studiengang formuliert:

- Die Prüfungsleistungen und die mit diesen einhergehenden Leistungskontrollen müssen reduziert werden, um den Studierenden mehr Freiraum in der Gestaltung ihres Studiums zuzugestehen.
- Die Stundentafel muss flexibler werden, um die Eigenständigkeit der Studierenden zu fördern.
- Die Studierenden sollen mehr Wahlfreiheit in der Gestaltung ihres Stundenplanes erhalten, um eigene Neigungen und Interessen innerhalb des Faches verfolgen zu können.
- Eine Schwerpunktbildung innerhalb der germanistischen Teilbereiche sollte bereits im Bachelorstudium ermöglicht werden.

3.2 Umsetzung

Im Rahmen des Bachelorstudiums wird an der Heinrich-Heine-Universität ein Modell angeboten, in dem jeweils ein Kernfach mit einem Ergänzungsfach und einem relativ frei zu gestaltenden Wahlpflichtbereich studiert wird. Die Verteilung der 180 Kreditpunkte erfolgt nach einem einheitlichen Modell von 108 CP im Kernfach, 54 CP im Ergänzungsfach und 18 CP im Wahlpflichtbereich. Der neukonzipierte Bachelorstudiengang Germanistik besteht im Kernfach aus insgesamt sieben Modulen und damit auch sieben Prüfungen. Es werden vier Basismodule, zwei Fachmodule und ein Abschlussmodul absolviert. Diese sind inhaltlich wie folgt differenziert:

Basismodule
Bereits in der Studieneingangsphase werden die Studierenden in der Germanistik damit konfrontiert, ihren Studienplan selbst gestalten zu können. Um einen intensiven Einstieg in die germanistischen Teilbereiche – Sprachwissenschaft, Germanistische Mediävistik, Neuere Deutsche Literaturwissenschaft und Theorie und

Praxis mündlicher und schriftlicher Kommunikation – zu ermöglichen, werden im ersten Studienjahr zwei Basismodule aus zwei der vier Bereiche studiert. Im zweiten Studienjahr folgt dann die intensive Erarbeitung der anderen beiden Studienbereiche. In ihrem Aufbau folgen die Basismodule jeweils der Lehr-/Lernstruktur Einführung – Anwendung – Intensivierung. Nachdem im ersten Semester ein aufeinander abgestimmtes Lehrangebot von Einführungsvorlesung, in der die substantiell unverzichtbaren Studienbestandteile unterrichtet werden, und einem Einführungsseminar, in dem an einem exemplarisch gewählten Ausschnitt aus dem Bereich der Einführungsvorlesung wissenschaftliches Arbeiten eingeübt wird, besteht das zweite Semester aus zwei Veranstaltungen, in denen das Gelernte im Rahmen der Grundseminare methodisch fundiert und in einem inhaltlich frei wählbaren Proseminar auf andere Inhalte übertragen wird. Die Wahlfreiheit der Themen, nicht der zu erwerbenden Kompetenzen, führt bereits in den Basismodulen weg von einem verschulten Studium, in dem alle Inhalte definiert sind. Damit verbunden ist für die Lehrenden die Möglichkeit, eigene Forschungsinteressen bereits in Bachelorseminare einzubringen, wohingegen bei den Studierenden die Zufriedenheit durch das Gefühl der freien Wahl erhöht wird.

Fachmodule

Die Fachmodule werden im dritten Studienjahr absolviert. In der Anlage der Lehr-/ Lernstruktur stehen hier die Spezialisierung und der Transfer des in den Basismodulen erarbeiteten Wissens im Fokus. Die Spezialisierung wird einerseits durch die inhaltliche Ausrichtung der Seminare, andererseits durch die Möglichkeit der Schwerpunktsetzung auf einzelne germanistische Teilbereiche ermöglicht, da nicht mehr alle vier Teilbereiche zwangsläufig studiert werden müssen. Die Fachmodule sollen aber auch dem Eindruck entgegen wirken, dass die vier germanistischen Teilbereiche streng voneinander getrennt sind. Daher soll im Rahmen der Fachmodule auch die Möglichkeit gegeben werden Kombinationsmodule zu studieren, in denen ein studienbereichsübergreifendes Lehrangebot angeboten wird.

Abschlussmodul

Neben dem Verfassen der ersten wissenschaftlichen Arbeit ist ein Ziel dieses Moduls die Studierenden zur Diskussion über ihre eigenen Forschungsergebnisse anzuleiten. Wurde bislang das Verfassen der Bachelorarbeit nicht in allen germanistischen Teilbereichen begleitet und somit der Eindruck vermittelt, dass die ‚eigene Forschung einsam' macht, so wird nun auf den Dialog zwischen Lernendem und Lehrendem – aber auch der Lernenden untereinander – besonderer Wert gelegt.

1. Studienjahr		2. Studienjahr		3. Studienjahr	
1. FS	2. FS	3. FS	4. FS	5. FS	6. FS
Basismodul 1 Germanistische Sprachwissenschaft (17 CP)		Basismodul 3 Germanistische Mediävistik (17 CP)		Fachmodul 1 Germanistische Sprachwissenschaft (13 CP)	Abschlussmodul (14 CP)
Einführungsvorlesung 2 SWS + Einführungsseminar 2 SWS	Grundseminar 2 SWS Proseminar 2 SWS	Einführungsvorlesung 2 SWS + Einführungsseminar 2 SWS	Grundseminar 2 SWS Proseminar 2 SWS	Vorlesung oder Seminar 2 SWS Seminar 2 SWS	Kolloquium 2 SWS
Basismodul 2 Neuere Deutsche Literaturwissenschaft (17 CP)		Basismodul 4 Theorie und Praxis mündlicher und schriftlicher Kommunikation (17 CP)		Fachmodul 2 (als Kombinationsmodul) Germanistische Mediävistik und Neuere Deutsche Literaturwissenschaft (13 CP)	
Einführungsvorlesung 2 SWS + Einführungsseminar 2 SWS	Grundseminar 2 SWS Proseminar 2 SWS	Einführungsvorlesung 2 SWS + Einführungsseminar 2 SWS	Grundseminar 2 SWS Proseminar 2 SWS	Vorlesung oder Seminar 2 SWS	Seminar 2 SWS
510 h	510 h	510 h	510 h	570 h	630 h

Abb. 4: Exemplarischer Studienverlaufsplan Bachelor Germanistik im Kernfach

3.3 Befähigung zum Selbstlernen als Aufgabe für Lehrende und Lernende

Die rein formale Beschreibung der Inhalte und der Wahlmöglichkeiten in den einzelnen Modulen macht die Innovation des neuen Studienplans nicht sofort einsichtig. Diese wird dagegen deutlich, wirft man einen Blick auf die Verteilung der Selbstlernzeit und die Anzahl der Prüfungsleistungen. Mit sieben Modulen und sieben Prüfungen wird das absolute Minimum an Prüfungsleistungen im Rahmen des Düsseldorfer Kernfachmodells angesetzt. In den Lehrveranstaltungen des Basismoduls wird eine im Vergleich zu anderen Studiengängen hohe Selbstlernzeit von 90–100 Stunden, in den Fachmodulen eine Selbstlernzeit von 165 Stunden pro Semester angesetzt. Den Studierenden wird damit die Universität als Lern- und Denkraum, als Ort des biographischen Lernens zurückgegeben. Es bleibt wieder Zeit für die ‚produktive Selbstverschwendung des Selbst'. Mit dieser Rückkehr zu den Grundlagen der conditio humana des Lernens ist für die Lehrenden aber zugleich eine große Herausforderung verbunden. Die Fähigkeit zum Selbstlernen darf nicht nur strukturell ermöglicht werden, sondern sie muss – über das Programm ‚Studieren lernen' hinaus – produktiv und gezielt in jeder Lehrveranstaltung gefördert werden. Hierzu wurden bereits in den vergangenen Semestern Modelle des Forschenden Lernens entwickelt und erprobt, die im Rahmen der Fachmodule auch teilfachübergreifend weiterentwickelt werden sollen. Im Sinne einer Hinführung zu einer bewussten Entscheidung für die Fortsetzung des Studiums in einem forschungsorientierten Masterstudiengang oder dem Weg in eine außeruniversitäre Berufstätigkeit ist diese Ausrichtung gerade schon im Bachelorstudiengang wichtig und sinnvoll.

4 Berufsorientierung für Masterstudierende

Bereits im Bachelorstudium wird die Studien- und Berufsorientierung der Studierenden durch ein berufsorientierendes Modul gezielt unterstützt. Aktuell wird dieses Modul um eine Master-Variante erweitert. Das KUBUS-Modul hat im Bachelor vier Lehr-/Lernziele. Diese sind Praxisinformation (Informationen über den Arbeitsmarkt für Kultur-, Geistes- und Sozialwissenschaftler erhalten), Praxisqualifizierung (Trainings zu berufsrelevanten Qualifikationen absolvieren und sich so besser qualifizieren), Praxiserfahrung (Praxis in der Form von Jobs, Engagement, Praktika usw. und dadurch Realabläufe kennen, verstehen und gestalten lernen) und Praxisreflexion (seine biographischen Erfahrungen auf eine individuelle Karriereplanung beziehen und dafür nutzen können). Bezieht man diese Lehr-/ Lernziele nun auf konkrete Veranstaltungsformen, ergibt sich eine Zuordnung, die sich in Form eines Würfels veranschaulichen lässt (Abb. 5).

In diesem dreidimensionalen Orientierungsraum Kubus gehört zum Lernziel Praxisinformation die Veranstaltungsform ‚Praxisfelder'. Hier lernen Studierende zunächst Grundlagen über die Beschäftigungsmöglichkeiten von Kultur-, Geistes- und Sozialwissenschaftlern kennen. Darauf aufbauend stellen Referentinnen und Referenten aus der Praxis unterschiedlichste Berufsfelder vor. Das Praktikum als eine mögliche Praxiserfahrung, um die sich die Studierenden als Praxisübung stets selbst bemühen, dauert dann bspw. 4–6 Wochen und wird in einer weiteren zweistündigen Veranstaltung, dem Praxisforum, gemeinsam mit den anderen Qualifizierungsaspekten Jobs, Engagement usw. reflektiert und ausgewertet. Im Praxisforum, das der Praxisreflexion dient, wäre damit ein – im weitesten Sinne ‚supervisorisches'– Format gegeben, in dem die Studierenden in kleinen Gruppen beraten werden und vor allem voneinander lernen können. Hinzu würde ein eben-

Miriam Seidler/Ulrich Welbers

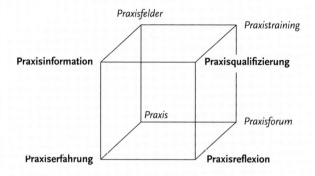

Berufsorientierung: das KUBUS-Modul

Der Würfel: Orientierungsraum für die Berufsorientierung • **Lehr- und Lernziele** • *Realisation/Umsetzung*

Abb. 5: Lehr- und Lernziele von KUBUS

falls zweistündiges Praxistraining treten (z. B. BWL), das die Studierenden aus dem Angebot frei wählen können und das das Lernziel Praxisqualifizierung unterstützt. Werden das Praxisfelderseminar fakultätszentral und die Praxistrainings von professionellen Ausbildern bspw. aus der Wirtschaft durchgeführt, ist das Praxisforum Angelegenheit der einzelnen Fächer, die hierfür Praxismoderatoren benennen. Ein Portfolio führt zur Zertifizierung (Abb. 6).

Entscheidend ist hier vor allem der hochschuldidaktische Perspektivwechsel. Während viele Angebote an Hochschulen häufig vornehmlich auf die – sicherlich sinnvolle und nötige – Professionalisierung ihrer Angebotsstruktur im Berufsqualifizierungs- bzw. Praxisbereich setzen, sind im KUBUS-Modul die Studierenden die eigentlichen Praktiker: Sie steuern weitgehend ihr eigenes Lernen, aus ihrer Sicht ist das entsprechende Studienmodul aufgebaut, ihre Qualifizierungsbiographie bleibt der explizite Maßstab des konkreten Angebotes in der individuellen Zusammenstellung; das Modul bietet (,lediglich') alles, damit dieses individuelle Engagement möglichst gut gelingen kann. Stichwort der aktuellen hochschuldidaktischen Diskussion wäre hier wiederum der shift from teaching to learning.

Seit dem Wintersemester 2010/11 wird dieses Programm nun um eine Mastervariante erweitert, die in einem Kompaktangebot zentral für alle Fächer der Philosophischen Fakultät angeboten wird. Dafür wird das Lernziel Praxisreflexion mit dem der Arbeitsmarktorientierung integriert. Somit entsteht abweichend von der Ba-

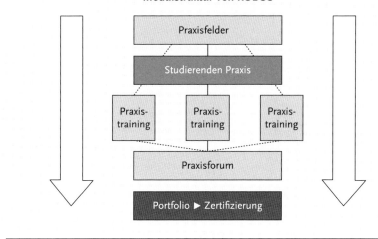

Abb. 6: Modulstruktur des Bachelor-Kubus-Programms

chelorvariante eine Modulstruktur von zwei Praxistrainings kombiniert mit einem so genannten Strategie-Seminar. Alle Trainings bzw. Workshops sind jeweils dreitägig. Die Studierenden können aus dem Workshopangebot frei wählen, das in einem in jedem Semester neu erscheinenden Programmheft einzusehen ist (Abb. 7).

Für den erfolgreichen Abschluss der Workshops ist neben der aktiven Mitarbeit eine schriftliche Leistung (Prüfung) zu erbringen. Die eintägige Modulabschlussveranstaltung (Strategie-Seminar) reflektiert die bisherige individuelle Ausbildungsbiographie und konkretisiert die Strategieplanung des Berufseinstiegs. Es stehen Strategie-Seminare zur Vorbereitung einer Promotion oder für außeruniversitäre Karrierewege zur Auswahl. Das Modul ist nur als Ganzes kreditierbar. Alle absolvierten Modulteile werden sowohl im Bachelor-Kubus als auch im Master-Kubus in einem individuellen KUBUS-Portfolio zertifiziert. Für den vollständigen und erfolgreichen Abschluss des Moduls erhält man ein Zertifikat und im Master werden insgesamt bis zu fünf Kreditpunkte für das Studium angerechnet, im Bachelor-Kubus sind es acht Kreditpunkte.

MIRIAM SEIDLER/ULRICH WELBERS

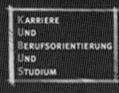

Abb. 7: Programmheft Master-Kubus

Diese Berufsorientierung flankiert in der Germanistik einen forschungsbezogenen Master, der Studierende mit aktuellen Forschungsansätzen des Faches vertraut machen will.

Literatur

Welbers, Ulrich (1997). „Studienstrukturreform auf Fachbereichsebene: Vom institutionellen Phasenmodell zum integrativen Qualifikationsmodell. Strukturbildung gelingenden Lehrens und Lernens in Hochschulstudiengängen und die Vermittlung fachlicher Grundlagen am Beispiel der Germanistik". In Ders. (Hrsg.). Das Integrierte Handlungskonzept Studienreform. Aktionsformen für die Verbesserung der Lehre an Hochschulen. Neuwied: Luchterhand. S. 147–171.

Welbers, Ulrich (2003). „Das KUBUS-Programm: Berufsorientierung in den Kultur-, Geistes- und Sozialwissenschaften". In Ders. (Hrsg.). Vermittlungswissenschaften. Wissenschaftsverständnis und Curriculumentwicklung. Düsseldorf: Grupello. S. 178–207.

Welbers, Ulrich (2009). „Modularisierung als Instrument der Curriculumentwicklung". In Schrittesser, Ilse (Hrsg.). University goes Bologna: Trends in der Hochschullehre. Entwicklungen, Herausforderungen, Erfahrungen. Wien: facultas.wuv. S. 110–121.

Welbers, Ulrich (2006). „Modularisation and the development of study programmes: a German approach.". In EUA Bologna Handbook. Making Bologna Work. Edited by Eric Froment, Jürgen Kohler, Lewis Purser, Lesley Wilson. Berlin: Raabe. C 3.2–1, p. 1–34.

Forschungsorientiertes Studium – universitäre Lehre: Das «Zürcher Framework» zur Verknüpfung von Lehre und Forschung

Peter Tremp/Thomas Hildbrand

Zusammenfassung

Die Verknüpfung von Lehre und Forschung gehört zum Selbstverständnis universitärer Hochschulen. In diesem Beitrag wird ein Konzept («Zürcher Framework») vorgestellt, das eine zeitgemässe Umsetzung dieses traditionellen Anspruchs beabsichtigt und damit eine besondere Qualität von Lehre und Studium ermöglicht. Im
Zentrum der Argumentation stehen die Zielsetzungen eines akademischen Studiums und die damit verbundenen Studienaktivitäten. Indem verschiedene Ebenen
von Lehre berücksichtigt werden, bietet dieses Framework einige orientierende Referenzpunkte für die Universität insgesamt sowie für die beteiligten Akteure und
damit anregende Hinweise für die Gestaltung der Lehr- und Studienpraxis.

Gliederung

1 Eine traditionelle Diskussion

Die Verknüpfung von Lehre und Forschung in Universitäten ist ein Prinzip, das sich in den letzten zweihundert Jahren erfolgreich als Modell etabliert hat und zu den konstitutiven Elementen – insbesondere deutschsprachiger[1] – universitärer Hochschulen gehört. Universitäten sind demnach sowohl Bildungs- als auch Forschungseinrichtungen, vor allem aber sind sie beides gemeinsam und gleichzeitig: Denn es gehört zu ihrem Credo, dass sich akademische Persönlichkeiten in der Auseinandersetzung mit Wissenschaft und Forschung entwickeln.

Damit ist ein hoher Anspruch beschrieben, dessen Gelingen weder auf personeller noch auf institutioneller Ebene selbstverständlich und ohne konkretisierende Rahmensetzungen auch nur teilweise gesichert ist. Und tatsächlich zeigt sich in der Praxis, dass die Realisierung dieses Konzepts einige Schwierigkeiten bereitet. Forschung wird hauptsächlich getrennt von der Lehre realisiert oder zumindest deutlich – zeitlich, personell und organisatorisch – gegen sie abgegrenzt: Gegen die gängige Rede von der Einheit von Lehre und Forschung findet diese neben jener statt, und Studierende sind kaum involviert.

Während in der deutschsprachigen Diskussion – und gerade auch im Zuge der gegenwärtigen Bologna-Reform – oft mit Bezug auf Wilhelm von Humboldt und dessen Universitätskonzept argumentiert[2] und als didaktische Leitidee das «Forschende Lernen» (Bundesassistentenkonferenz 2009/1970; Huber, Hellmer et al.

---

1 Die Verknüpfung von Forschung und Lehre zeigt sich an deutschsprachigen Universitäten traditionellerweise insbesondere als eine Integration auf der Ebene von Rollen (Professorinnen und Professoren haben Forschung und Lehre als Aufgabenfelder), der Organisationseinheiten (universitäre Institute und die Universität insgesamt haben sowohl Forschung als auch Lehre zu betreiben) und der Ressourcen (die einem Institut zur Verfügung stehenden Gelder werden nicht separiert vergeben) (vgl. Schimank & Winnes 2001).
Grundsätzlich bestehen – von diesem Modell ausgehend – entsprechend drei Möglichkeiten einer verstärkten Differenzierung: Eine verstärkte Rollendifferenzierung (zum Beispiel in Lehr- und Forschungsprofessuren), eine verstärkte organisatorische Differenzierung (die Etablierung von Hochschultypen oder -instituten, die sich nur der Forschungs- resp. der Lehraufgabe widmen) oder eine verstärkte Differenzierung der Ressourcenströme (unterschiedliche Finanzierungsmodalitäten für Lehre und Forschung).
Diese Differenzierungen lassen sich in den verschiedenen nationalen Hochschulsystemen Europas auch tatsächlich beobachten. Auch in den deutschsprachigen Hochschulen, wo «die Spannungen zwischen den Aufgaben in der Forschung auf der einen, in der Lehre auf der anderen Seite ... auffallend wenig thematisiert» würden, gerate – so Meier und Schimank (2009) – das traditionelle Leitbild der engen Verkoppelung von Lehre und Forschung zunehmend unter Druck.
Ein Blick nach England und Australien macht zudem darauf aufmerksam, dass veränderte Steuerungs- und Finanzierungsmodalitäten diese Verknüpfung zunehmend unterlaufen, was gleichzeitig mit einigen Vor- und Nachteilen verbunden ist (vgl. Meier und Schimank 2009).

2 «Dieser Topos der Humboldtschen Universität ist eine Erfindung des 20. Jahrhunderts» (Paletschek 2002, S. 184), die sich in verschiedenen Etappen etabliert hat. Für Paletschek sind denn auch die jüngeren Rekurse auf Humboldt als weitere Etappe dieser Erfindung zu lesen.

PETER TREMP/THOMAS HILDBRAND

2009) ins Zentrum gerückt wird, wurde im englischsprachigen Bereich die hochschuldidaktische Debatte in den letzten zwanzig Jahren wesentlich durch den Bericht «Scholarship reconsidered» von Boyer angeregt (Boyer 1990). Boyer beschreibt die Dimension Scholarship of Teaching als eine von vier Dimensionen in der Absicht, diesen Bereichen der akademische Aufgabe eine je eigene Geltung und Bedeutung zu geben. Gleichzeitig versteht Boyer aber diese Dimensionen auch als vier Ausprägungen eines gemeinsamen Konzepts («Scholarship»), das dazu dient, die Verbindungen und Beziehungen dieser Dimensionen zu klären.[3]

Die Konzeptionen einer Verknüpfung von Lehre und Forschung unterscheiden sich mitunter beträchtlich. Dies zeigt sich besonders deutlich bereits in den Begriffen, die in der englischsprachigen Diskussion verwendet wird. Von der Lehre her gesehen zeigt sich Forschung als Basis (Research-Based Teaching), als verknüpfte Aufgabe (Teaching-Research Nexus) oder beispielsweise als Orientierung und Gehalt (Research-oriented Teaching, Research-informed Teaching, Research-enriched Teaching).

Zwar gibt es Versuche, die unterschiedlichen Konzepte und Begriffe zu ordnen,[4] doch sieht sich dieses Unterfangen mit der Schwierigkeit konfrontiert, dass die Begriffe der «Forschung», der «Lehre» und des «Nexus» unterschiedlich verwendet werden (vgl. beispielsweise Trowler & Wareham 2008 oder Visser-Wijnveen 2009).

Das im Folgenden vorgestellte Konzept («Zürcher Framework») versteht sich als Beitrag zu dieser Debatte um die Verknüpfung von Lehre und Forschung an den Universitäten und verfolgt dabei die Absicht einer praktischen Nutzbarkeit: Die hier beschriebenen Referenzpunkte haben eine orientierende Funktion und wollen gleichzeitig anregende Verknüpfungsmöglichkeiten mit der eigenen Praxis aufzeigen.

Unsere Argumente nehmen ihren Ausgang von den Zielsetzungen eines akademischen Studiums und rücken die entsprechenden Studienaktivitäten ins Zen-

---

3   Die englischsprachige hochschuldidaktische Diskussion zur Verknüpfung von Lehre und Forschung ist kaum mehr überblickbar. Zentrale Anregungen verdanken wir insbesondere den Beiträgen von Caroline Kreber und Keith Trigwell.

4   So zum Beispiel Jenkins und Healey, indem sie die Involvierung der Studierenden einerseits sowie die Orientierung an Inhalten oder Prozessen der Forschung andererseits berücksichtigen (vgl. Jenkins & Healey 2005).

trum. Die Verknüpfung von Lehre und Forschung wird damit zu einem hochschuldidaktischen Postulat mit beachtlicher Ausstrahlung und Breitenwirkung.[5]

2   Ein Framework – Orientierende Referenzpunkte

Frameworks sind mit der Herausforderung konfrontiert, allgemein sein zu müssen, um der Verschiedenheit der Situationen zu entsprechen, und gleichzeitig genügend konkret, um Anregung für die konkrete Praxis zu bieten. Dank seines allgemeinen Charakters und seiner klaren Fokussierung soll der vorgestellte Orientierungsrahmen offen für die Integration weiterer Überlegungen zu Studienstruktur und Studienreform sein. Darüber hinaus beabsichtigen wir, Besonderheiten des akademischen Studiums resp. der universitären Lehre sichtbar zu machen und Verständigung über Disziplingrenzen hinweg zu unterstützen. Damit kann das «Zürcher Framework zur Verknüpfung von Lehre und Forschung» auch gegenüber den Studierenden und einer interessierten Öffentlichkeit deutlich machen, was Universität sein will und sein kann.

Ausgangspunkt unserer Argumentation ist ein Konzept, das universitäre Bildung als Hauptzielsetzung des universitären Studiums versteht. Die systematische Verknüpfung von Lehre und Forschung, zu der unser Framework Orientierungsrahmen ist und Anregung bietet, begründet sich denn auch hauptsächlich aus diesem Bildungskonzept: Mit Blick auf diese Verknüpfung wird die dem universitären Bildungsziel angemessene Lernumgebung für Studierende gestaltet. Die dazu gehörenden Studienziele können für unsere Zwecke sehr allgemein formuliert werden: Ziel eines universitären Studiums ist es, die Studierenden zu wissenschaftlichem Denken und Tun zu befähigen. Universitäre Bildung entwickelt sich – so die darunter liegende Annahme – in Auseinandersetzung mit Wissenschaft und Forschung. Universitäre Bildung fokussiert damit auf die Entwicklung einer akademischen Persönlichkeit, die durch Kreativität und methodische Gewandtheit

---

5   Die hier dargestellten Überlegungen bildeten auch die Basis für ein Diskussionspapier, das die beiden Autoren in einem Projekt der Universität Zürich für die League of European Research Universities (LERU) erarbeitet haben. Entsprechend finden sich einige Passagen aus diesem Diskussionspapier wörtlich in diesem Artikel wieder. Einige dieser Überlegungen wurden zudem bereits in anderen Publikationen präsentiert, insbesondere in Tremp 2011 und Tremp 2012.

gleichermassen charakterisiert und wissenschaftlichen Grundhaltungen und Werten verpflichtet ist.[6]

Die systematische Verknüpfung von Lehre und Forschung erst schafft eine Lernumgebung, die solche universitäre Bildung ermöglicht. Konkret zeigt sich die Verknüpfung auf drei Ebenen: Auf der Ebene einzelner Lehrveranstaltungen, auf der Ebene von Studienprogrammen und auf der Ebene der Universität als Bildungseinrichtung.

Im Folgenden werden für jede dieser drei Ebenen Aspekte der Verknüpfung von Lehre und Forschung beschrieben und erörtert. Es wird gezeigt, wie sich die Verknüpfung realisieren lässt und worin sie sichtbar wird. Mit der Unterscheidung der drei Ebenen werden auch unterschiedliche Verantwortlichkeiten bezeichnet und die Aufgaben der beteiligten Akteure geklärt. Gleichzeitig trägt sie dazu bei, dass sich ein kohärentes Studien- und Lehrprofil entwickelt.

2.1 Lehrveranstaltungen und Module als forschungsorientierte Einheiten

Wissenschaftliches Denken und Tun als Zielsetzung universitärer Bildung erfordert es, dass dieses Denken und Tun während des Studiums auch tatsächlich eingeübt wird. Die Einführung in und die Förderung der forschenden Tätigkeit ist hierfür zentraler Referenzpunkt für einzelne Lehrveranstaltungen und Module.

Forschendes Tun lässt sich – in allgemeiner Art – in Etappen und Arbeiten gliedern. Diese Etappen sind die wesentliche Orientierungspunkte für die Verbindung von Forschung und Lehre und werden im «Zürcher Framework» daher als die zentralen Studienaktivitäten beschrieben. Vereinfachend und mit je disziplinspezifischen Besonderheiten handelt es sich um folgende Etappen: die Entwicklung der Fragestellung, die Sichtung des Forschungsstandes, die Klärung methodischer Fragen, die Durchführung der Untersuchung sowie die Diskussion der Ergebnisse und die Darstellung derselben.

---

6 Das hier präsentierte Konzept zeigt einige Gemeinsamkeiten mit dem Konzept der Universität als «wissenschaftliche resp. Akademische Praxisgemeinschaft», wie es sich etwa bei Markowitsch (2001) beschrieben findet. Zielsetzung eines Studiums ist demnach, Neulinge in eine bestehende Gemeinschaft einzuführen und ihnen dabei Gelegenheiten zu geben, tatsächlich praktisch tätig zu sein. Dabei geht es an Universitäten hauptsächlich um eine Forschungspraxis, die wiederum viele Teil-Praxen kennt.

> Fragestellung entwickeln
>
> Forschungsstand sichten
>
> Problem definieren
>
> Forschungsplan entwerfen,
> Methoden klären
>
> Untersuchung durchführen
> und auswerten
>
> Ergebnisse einordnen,
> bewerten, reflektieren
>
> Ergebnisse darstellen,
> erklären, publizieren

Abb. 1: Etappen des Forschungsprozesses als studentische Lernaktivitäten

Forschungskompetenz beinhaltet die Kompetenz, den Forschungsprozess in seinen Herausforderungen als Prozess der systematischen Erkenntnisgewinnung und -darstellung nach wissenschaftlichen Regeln zu meistern. Die Gliederung des Prozesses in Etappen ist Standard für die Forschungspraxis und hilfreich für das hochschuldidaktische Konzept; sie ist daher auch das leitende Prinzip des «Zürcher Frameworks».

In den verschiedenen wissenschaftlichen Disziplinen stehen je bestimmte Methoden der Erkenntnisgewinnung und Erkenntnisüberprüfung im Zentrum. So unterscheidet sich disziplinenspezifisch, aber auch fragestellungsspezifisch beispielsweise die Bedeutung, die Experimenten, Textdiskussionen, Modellbildungen oder Simulationen für die Erkenntnisgewinnung zugewiesen wird. Die disziplinspezifischen Besonderheiten der Forschung müssen sich sodann auch in der forschungsorientierten Lehre niederschlagen. In Disziplinen, die zentral textbasiert sind, muss mit grossem Gewicht die Hinführung und die Auseinandersetzung mit Texten geplant und realisiert werden. In Disziplinen, bei denen das Laborexperiment im Zentrum steht, werden die Fragen der Versuchsplanung und Versuchsdurchführung sowie ihre Dokumentation grosse Bedeutung auch in der Lehre erlangen. So werden in den verschiedenen Studiengängen unterschiedliche forschungsmethodische Zugangsweisen betont. Forschungskompetenz ist immer Zielsetzung, ihr Profil jedoch und ihre Realisierung – und damit auch die Studienaktivitäten – unterscheiden sich.

Die Etappen des Forschungsprozesses bringen je spezifische Produkte hervor: Von einem Exzerpt zu einem Fachartikel über die Rezension eines Forschungsbeitrags bis zur Übersicht über den Forschungsstand, vom Themenpapier über das Labor-

PETER TREMP/THOMAS HILDBRAND

journal bis hin zum Ergebnisbericht oder einer Posterpräsentation. Die (Zwischen-)Produkte des Forschungsprozesses werden nun – so der Ansatz unseres Frameworks – als forschungsorientierte Leistungsnachweise von den Studierenden im Rahmen des Studiums eingefordert. Damit kann überprüft werden, inwiefern es den Studierenden tatsächlich gelingt, einzelne Etappen des Forschungsprozesses nach wissenschaftlichen Gütekriterien zu meistern. Im Rahmen solcher Leistungsnachweise kann bei den Studierenden auch eine Reflexion über den Forschungsprozess selber – gleichsam auf der Metaebene – angeregt und abgefragt werden, denn auch die sorgfältige Dokumentation und Reflexion des Prozesses zählt zu einer versierten Forschungskompetenz.

Die Abschlussarbeit schliesslich wird zum Nachweis, dass die Studentin bzw. der Student den gesamten Forschungsprozess – ausgehend von einer eigenständigen Fragestellung bis hin zur Präsentation und Diskussion der Resultate – zu durchlaufen in der Lage ist und den Gesamtprozess in seiner ganzen Komplexität zu bewältigen vermag.

Fragestellung entwickeln	Thesenpapier, ...
Forschungsstand sichten	Forschungsübersicht, ...
Problem definieren	...
Forschungsplan entwerfen, Methoden klären	...
Untersuchung durchführen und auswerten	Laborjournal, ...
Ergebnisse einordnen, bewerten, reflektieren	Ergebnisbericht, ...
Ergebnisse darstellen, erklären, publizieren	Poster(präsentation), ...

Abb. 2: Die Leistungsnachweise orientieren sich an den Forschungs(zwischen)produkten

Dieses Lernen kann nun durch unterschiedliche Lehrformate und didaktische Konzepte unterstützt werden. Umgekehrt bieten die verschiedenen Lehrformate je besondere Möglichkeiten, bestimmte Arbeitsschritte und Arbeiten des Forschungsprozesses ins Zentrum zu rücken und damit den Erwerb bestimmter wissenschaftlicher Kompetenzen zu unterstützen.

Nehmen wir als Beispiel die «traditionelle» Vorlesung. In der Form des Magistralvortrags zeichnet sie sich im Setting unseres Frameworks durch zwei hauptsächliche Stärken aus: Zum einen bietet sie gute Möglichkeiten, den Studierenden einen Überblick über den Forschungsstand zu vermitteln. Diese bereits heute vielfach erreichte Vermittlungsleistung wird nun im Sinne des «Zürcher Frameworks» zusätzlich noch explizit als wesentliche Etappe im Forschungsprozess thematisiert und auf der Metaebene charakterisiert. Dank dieser Verdeutlichung und Einbettung erkennen die Studierenden die Verbindung von Lehre und Forschung und lernen die Bedeutung einer analytischen und an einer Fragestellung orientierten Aufarbeitung eines Forschungsstandes kennen.

Zum anderen können Dozierende in ihrer Vorlesung explizieren, wie sie selber forschend tätig ist: Sie können beispielsweise zeigen, wie sie sich selber einen Überblick über den Forschungsstand verschafft haben und wie sie das erreichte Wissen für sich organisieren. Auch Hinweise zur konkreten Arbeitsweise und auf die in der Disziplin bedeutendsten Zeitschriften sind in einer Vorlesung ideal vermittelbar.

Seminare dagegen bieten mehr Möglichkeit zum Dialog und haben daher stärker die Funktion, den Austausch über Forschung und Wissenschaft zu ermöglichen und studentische Forschungsarbeiten – auch nur in Ausschnitten – zur Diskussion zu stellen. Laborkurse wiederum können andere Forschungsaufgaben ins Zentrum rücken und Gelegenheit zur übenden Praxis bieten.

In diesem Sinne können die einzelnen Veranstaltungsformate im Rahmen des «Zürcher Frameworks» danach charakterisiert werden, in welcher Art und Weise sie dazu geeignet sind, das explizite Verständnis des Forschungsprozesses insgesamt zu fördern, aber auch je den Erwerb bestimmter Teilkompetenzen zu unterstützen, die sich aus diesen Forschungsetappen ergeben.

Die explizite Orientierung an Forschungsprozessen und -aufgaben ermöglicht das Erstellen eines gemeinsamen Verständnisrahmens über mehrere Veranstaltungen hinweg: Eine derartige Gesamtsicht hilft klären, welche Ansprüche bezüglich Studienziel – eigenständiges wissenschaftliches Arbeiten von Studierenden – im Studium insgesamt und je in den einzelnen Studienelementen eingelöst werden. Aufbau und Entwicklung von Forschungskompetenz setzt eine – in einem Studienprogramm sorgfältig kombinierte – Vielfalt von Veranstaltungsformaten voraus, weil jede Veranstaltungsform andere Möglichkeiten bietet, den Erwerb von Forschungskompetenz zu unterstützen. Module sind hier damit Studieneinheiten, die dank kluger Komposition einen spezifischen Beitrag zur Ausbildung einer – insgesamt: komplexen – Forschungskompetenz leisten.

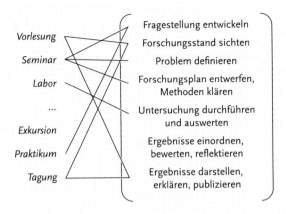

Vorlesung	Fragestellung entwickeln
Seminar	Forschungsstand sichten
Labor	Problem definieren
...	Forschungsplan entwerfen, Methoden klären
Exkursion	Untersuchung durchführen und auswerten
Praktikum	Ergebnisse einordnen, bewerten, reflektieren
Tagung	Ergebnisse darstellen, erklären, publizieren

Abb. 3: Lehrformate und ihr Beitrag zum Erwerb von Forschungskompetenzen

2.2 Studienprogramme als Komposition

Ist Forschendes Tun ein zentraler Referenzpunkt des Studiums, so sollen Studierende während ihres Studiums genügend Möglichkeiten finden, diese Tätigkeit auch einzuüben. Ein Studienprogramm zeigt sich also als sorgfältige Komposition, die dies ermöglicht und die Verbindung der einzelnen Elemente klärt. In welcher Art dies konkretisiert werden kann, lässt sich in einer gestuften Studienarchitektur gut verdeutlichen.

In einem beispielsweise durch Bachelor und Master gestuften Studienmodell unterscheiden sich die einzelnen Studienstufen gerade in der unterschiedlichen Bedeutung, die einzelnen von den Etappen des Forschungsprozesses abgeleiteten Studienaufgaben zugewiesen werden. Studienstufen sind demnach durch ihre je unterschiedlich anspruchsvollen oder je unterschiedlich vertieft bearbeiteten Kompetenzen beschreibbar, wobei sich diese Beschreibung je disziplinspezifisch zeigen wird.

Damit unterstützt die Stufung den systematischen Aufbau einer wissenschaftlich fundierten und wissenschaftlichen Werten verpflichteten Herangehensweise, die gleichzeitig wichtige Voraussetzung bildet für lebenslanges Lernen und wissenschaftliche Weiterbildung.

Mit dieser Unterteilung in Studienstufen ist auch das Problem entschärft, dass der Forschungsprozess komplex ist und daher für das Erlernen seiner Bewältigung in überschaubare und bewältigbare Einheiten zerlegt werden muss. Die Stufung hilft

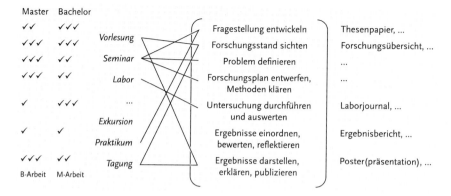

Master	Bachelor			
✓✓	✓✓✓	Vorlesung	Fragestellung entwickeln	Thesenpapier, ...
✓✓✓	✓✓✓		Forschungsstand sichten	Forschungsübersicht, ...
✓✓✓	✓✓	Seminar	Problem definieren	...
✓✓✓	✓✓	Labor	Forschungsplan entwerfen, Methoden klären	...
✓	✓✓✓	...	Untersuchung durchführen und auswerten	Laborjournal, ...
		Exkursion		
✓	✓	Praktikum	Ergebnisse einordnen, bewerten, reflektieren	Ergebnisbericht, ...
✓✓✓	✓✓	Tagung	Ergebnisse darstellen, erklären, publizieren	Poster(präsentation), ...
B-Arbeit	M-Arbeit			

Abb. 4: Studienstufen mit unterschiedlichen Schwerpunktsetzungen

somit, die für den Lernprozess sperrige Komplexität von Forschung zu entschärfen. Diese Komplexität kann – zum Zwecke des Lernens – in zweierlei Hinsicht reduziert werden: Durch die Fokussierung auf einzelne Teilaufgaben (einzelne Etappen des Forschungsprozesses) oder durch die Eingrenzung der Forschungsfrage. Damit wird es auch möglich, Forschung bereits bei Studienbeginn zur orientierenden Leitidee zu machen und eine schliesslich umfassende Forschungskompetenz systematisch aufzubauen. Gleichzeitig sind damit Grundcharakteristika von Forschung berücksichtigt und die zentralen Merkmale des wissenschaftlichen Arbeitens gewahrt.

Die Arbeiten zum Abschluss der Studienstufen integrieren Teilkompetenzen und sind Nachweise dafür, dass Forschungskompetenz insgesamt auf der jeweiligen Qualifikationsstufe tatsächlich erworben wurde. Dies macht darauf aufmerksam, dass die Chronologie eines Studiums sorgfältig zu beachten ist.

Besondere Erwähnung verdient der Aspekt der wissenschaftlichen Gemeinschaft. Ein zentrales Kriterium von Wissenschaftlichkeit ist der offene und nach gewissen Regeln ablaufende Austausch über Forschung, Forschungsprozesse und Forschungsergebnisse. Die «wissenschaftliche Öffentlichkeit» umfasst zwar prinzipiell alle interessierten Wissenschaftlerinnen und Wissenschaftler, wird aber in Studienzusammenhängen stufengerecht «reduziert» resp. kontinuierlich ausgeweitet: So beschränken sich in einer ersten Studienphase (Bachelor) Austausch und Reflexion in der wissenschaftlichen Community hauptsächlich auf den Austausch mit den Dozierenden (als selber in Forschung involvierte Repräsentantinnen und Repräsentanten der Fachgemeinschaft) und auf den Austausch mit der Peer-Gruppe (Mitstudierende). Entsprechend sind die eigenen Forschungsarbeiten (erste wissenschaftliche Erkundungen) hauptsächlich auf die eigene Studiengruppe ausgerichtet.

In einer zweiten Studienphase (Master) bilden die Mitstudierenden weiterhin eine wichtige Austausch- und Diskussionsgruppe, gleichzeitig werden nun systematische Kontakte zu einer breiteren wissenschaftlichen Öffentlichkeit etabliert: Über die Veröffentlichung eigener Forschungsbeiträge oder die Teilnahme an wissenschaftlichen Tagungen und Kongressen.

Die Doktoratsphase ist insbesondere durch ein eigenständiges Forschungsprojekt charakterisiert, das einen originären Beitrag zum wissenschaftlichen Wissen darstellt. Die Diskussionsgruppe ist hier – neben den Mitstudierenden, die weiterhin wichtige Austausche ermöglichen – die internationale Fachöffentlichkeit: Hier wird der Beitrag veröffentlicht, hier wird er zur Diskussion gestellt und hier muss er auch «verteidigt» werden.

2.3 Die Universität als Bildungseinrichtung

Lehrveranstaltungen und Studienprogramme sind eingebettet in die Universität, in ihre Kultur und Struktur, in ihr Selbstverständnis und in ihre Lebenswelt. Die Universität ermöglicht und ermuntert in je eigener Charakteristik die beabsichtigte Forschungsorientierung des Lernens und Lehrens.

Das «Zürcher Framework» thematisiert daher auch die Rolle der Universität für die systematische Verknüpfung von Forschung und Lehre. Zu einer solchen systematischen Zugangsweise gehört beispielsweise, dass die angestrebte Verknüpfung von Studium und Forschung im Leitbild verankert ist. Dazu gehört aber auch eine angemessene Infrastruktur, die als Lernumgebung so gestaltet und mit Möglichkeiten ausgestattet ist, dass die Studierenden und Dozierenden eingeladen sind und darin gefördert werden, gemeinsam Fragen zu erforschen und zu bearbeiten.

Zudem kann auch die Integration von Studierenden in Forschung gezielt angeregt werden. Studienprogrammen beispielsweise, die diesen Einbezug systematisch vorsehen, können zusätzliche Geldmittel abrufen; Professorinnen und Professoren, die Studierende zentral in ihre eigenen Forschungsprojekte einbeziehen, erhalten zusätzliche Ressourcen oder spezifische Unterstützung.

Auch wird eine Universität, die sich systematisch um die systematische Verknüpfung von Lehre und Forschung bemüht, ihre Instrumente der Qualitätsentwicklung entsprechend ausrichten. So werden beispielsweise regelmässige studentische Rückmeldungen eingeholt, die zeigen, inwiefern sich die Forschungsorientierung in den studentischen Studienerfahrungen und in den erworbenen Forschungskompetenzen wiederfinden.

Und schließlich zeigt sich diese Verknüpfung von Lehre und Forschung insbesondere bei den Dozierenden, die gleichzeitig in Forschung involviert sind. Die forschungsorientierte Lehre ist letztlich die zentrale Begründung für diese anspruchsvolle Aufgabenkoppelung auf personaler Ebene.

3   Nutzen des Frameworks

Frameworks beabsichtigen, so haben wir einleitend festgehalten, orientierende Referenzpunkte zu klären und in einen Gesamtzusammenhang einzubetten. Sie sollen gleichzeitig Anregung zu eigenen Überlegungen sein und Verknüpfungsmöglichkeiten mit der eigenen Praxis bieten. Gerade in dieser Orientierung auf praktische Nutzbarkeit hin unterscheidet sich unser Beitrag von anderen Zugängen und Aufarbeitungen, die ebenfalls die Verknüpfung von Lehre und Forschung thematisieren. Denn diese bieten – so unsere Einschätzung – oftmals kaum Anknüpfungspunkte zur Gestaltung der eigenen Lehrpraxis oder aber sie beschränken sich auf die Auflistung von Einzelbeispielen, ohne die Referenzpunkte zu deren Vorortung in einem grösseren Ganzen zu klären.

Die praktische Funktion des «Zürcher Frameworks», die bereits weiter oben am Beispiel der Funktion einer Vorlesung oder der Unterschiedlichkeit der Studienstufen illustriert wurde, soll abschließend an einigen weiteren Beispielen verdeutlicht werden.[7]

Das «Zürcher Framework» unterscheidet verschiedene Ebenen von Lehre und ermöglicht damit, Verantwortlichkeiten zu klären. Von Dozierenden beispielsweise wird hauptsächlich erwartet, ihre Lehrveranstaltungen und die begleitende Betreuung von Studierenden in guter Qualität zu gestalten. Das Framework zeigt einige Anhaltspunkte für die entsprechende Planung der Lehre inkl. der Leistungsnachweise. Für die Studienprogrammverantwortlichen werden Möglichkeiten zur Überprüfung der Studiengangskomposition insgesamt sichtbar, zudem erhalten sie ein Modell zur Verortung gemeinsamer Referenzpunkte zur Hand, mit welchem sie alle an einem Studienprogramm beteiligten Dozierenden besser zueinander in einen Dialog bringen oder mit welchem sie die Studierenden über den Studiengang, seine Zielsetzungen und seine Teilanforderungen informieren können.

---

7   Selbstverständlich sind verschiedene Fragen disziplinspezifisch zu erörtern. Unser Framework hat indessen gerade den Anspruch, dies auch zu ermöglichen und diese Diskussion zu rahmen.

Peter Tremp/Thomas Hildbrand

Damit bietet das «Zürcher Framework» auch Hinweise für die inhaltliche Ausgestaltung von hochschuldidaktischen Weiterbildungsangeboten für Dozierende an Universitäten, indem beispielsweise in Kursen zu Auftritt und Präsentation nicht lediglich «Frontal-Präsentationen» eingeübt werden, sondern gerade auch die Bedeutung der Vorlesung im Hinblick auf die Darstellung der eigenen Forschungspraxis für die Studierenden erörtert wird. So wird beispielsweise auch geklärt, wie die Explizierung der eigenen (bewährten) Praxis anregend gelingen kann, wie die Einübung der Studierenden in diese Praxis (in anderen Lehr-/Lernformaten) realisiert werden kann etc. Damit wird didaktische Weiterbildung zur akademischen Weiterbildung, weil gleichzeitig das Selbstverständnis von Universität in der gelebten und gestalteten Einheit von Lehre und Forschung diskutierbar wird (vgl. Tremp 2011b).

«Didaktische Professionalität» würden wir mit diesem Framework also in einer doppelten Orientierung charakterisieren:[8]

Gute Dozierende können – auf der Handlungsebene – dieses Modell tatsächlich realisieren: Dank flexiblem Handeln und komplexer Routine. Sie kennen Möglichkeiten und Wege, eine Lernumgebung für Studierende zu schaffen, die der Zielsetzung entspricht, die Studierenden im Aufbau einer wissenschaftlichen Kompetenz und also in der Entwicklung zu akademischen Persönlichkeiten zu unterstützen.

Und: Gute Dozierende können – auf der Reflexionsebene – dieses Handeln explizieren und argumentativ stützen: als begründete Entscheidungen mit systematischen Erklärungen. Diese Reflexionsebene schliesst Kenntnisse der entsprechen-

---

8   Boyers Report hat nicht nur die Frage der Verknüpfung von Lehre und Forschung angeregt, sondern insbesondere auch ein Nachdenken über die akademische Tätigkeit und ihre Qualitätsansprüche. Unter dem (ergänzten) Begriff der «Scholarship of Teaching and Learning» hat sich seitdem im englischsprachigen Gebiet eine breite Debatte entwickelt, die dazu beigetragen hat zu klären, was didaktische Professionalität bedeuten kann.
Trigwell et.al. (2000) beispielsweise unterscheiden in ihrem Modell vier Dimensionen, die eine «Scholarship of Teaching and Learning» umfasst: «Informed Dimension», «Reflection Dimension», «Communication Dimension» und «Conception Dimension». Solche Konzepte finden inzwischen auch Anwendungen etwa in der hochschuldidaktischen Weiterbildung, aber auch im Bereich akademischer Laufbahnen oder Mittelvergabe. Zentral beabsichtigt ist die Optimierung von Lernumgebungen zum Zwecke eines nachhaltigen studentischen Lernens.
Diese Optimierung der Lernumgebung ist auch die Absicht hinter unserem Framework. Dieses orientiert sich nicht in erster Linie an «Scholarship of Teaching and Learning» als Qualitätsanspruch, sondern zielt auf ein Lehrmodell. Dieses allerdings teilt wesentliche Aspekte des «Scholarship-Ansatzes» (etwa Lernprozess-Orientierung).

Handlungsebene: Flexibles Handeln, komplexe Routine
Reflexionsebene: Begründete Entscheidungen, systematische Erklärungen

Abb. 5: Didaktische Professionalität: Reflexion und Handeln

den didaktischen Literatur ebenso mit ein wie den Austausch mit Peers und Studierenden über Fragen des Lehrens und Lernens.[9]

Das «Zürcher Framework» ermöglicht zudem, weitere Fragen zu Studienstruktur und Studienreform zu integrieren. So kann beispielsweise der Übergang von einer Studienstufe in die nächste (beispielsweise von der Bachelorstufe in die Masterstufe) unter dieser Perspektive «Forschungsorientierung» erörtert werden: in Studienprogramm aufgenommen wird, wer sich mit einer gut begründeten Forschungsfrage bewirbt, die im Laufe des Studiums dann auch tatsächlich bearbeitet werden soll.

Die Offenheit des Frameworks lässt zudem Raum für weitere Anliegen und Zielsetzungen eines Studiums (beispielsweise «Employablity», «Self-Authorship», lebenslanges Lernen etc.). Es ist sogar zu vermuten, dass gerade diese Forschungsorientierung solche Zielsetzungen nachhaltig unterstützt.

Selbstverständlich: Die hier vorgeschlagene Ausrichtung an den Etappen des Forschungsprozesses und den einzelnen Forschungsaktivitäten darf nicht als mechanistisch umsetzbares oder additives Konzept verstanden werden, das methodisches Handwerk mit «universitärer Bildung» verwechselt. Vielmehr verstehen wir unser «Zürcher Framework» als orientierende Referenzpunkte für die dialogische Erörterung und Weiterentwicklung der (eigenen) Lehrpraxis. Ob dies gelingt und

---

9   Dies schliesst auch ein, was Kreber für das Konzept von «Scholarship of Teaching and Learning» anmahnt: Dieses dürfe nicht missverstanden werden als methodische Effizienz. Vielmehr geht es auch darum, einen kritischen Blick darauf zu werfen, was wir hier denn überhaupt tun (Kreber 2005).

PETER TREMP/THOMAS HILDBRAND

ob dies wirklich dank dem Framework besser gelingt, muss sich erst noch weisen. Bisherige Präsentationen ermuntern uns jedoch, diesen Weg weiterzugehen. Erste Rückmeldungen bestätigen, was wir beabsichtigen: Das Framework bietet anregende Präzisierungen eines allgemeinen (und traditionellen) Prinzips zum Zwecke der Lehr- und Studienentwicklung und lädt zum Mitdenken und Umsetzen ein.

Literatur

Boyer, Ernest L. (1990). Scholarship reconsidered. Priorities of the Professoriate. New Jersey: The Carnegie Foundation for the Advancement of Teaching.

Brew, Angela (2006). Research and Teaching. Beyond the Divide. Hampshire, New York: Palgrave Macmillan.

Brinckmann, Hans, Omar, Garcia et al. (2002). Die Einheit von Forschung und Lehre: Über die Zukunft der Universität. Wetzlar: Büchse der Pandora.

Bundesassistentenkonferenz (2009/1970). Forschendes lernen – Wissenschaftliches Prüfen. Ergebnisse der Arbeit des Ausschusses für Hochschuldidaktik. Bielefeld: UniversitätsVerlagWebler.

Eugster, Balthasar (2011). Die Einheit von Forschung und Lehre. Eine Anmassung. In Weil, Markus, Schiefner, Mandy, Eugster, Balthasar & Futter, Kathrin. Aktionsfelder der Hochschuldidaktik: Von der Weiterbildung zum Diskurs. Münster: Waxmann. S. 237–250.

Huber, Ludwig, Hellmer, Julia & Schneider, Friederike (2009). Forschendes lernen im Studium. Aktuelle Konzepte und Erfahrungen. Bielefeld: UniversitätsVerlag Webler.

Jenkins, Alan, Healey, Mick (2005). Institutional strategies to link teaching and research. http://www.heacademy.ac.uk

Kreber, Caroline (2000). How University Teaching Award Winners Conceptualise Academic Work: Some further thoughts in the meaning of Scholarship. In Teaching in Higher Education 5 (1), S. 61–78.

Kreber, Caroline (2005). Charting a critical course on the Scholarship of university teaching movement. In Studies in Higher Education, 30 (4), S. 389–405.

Kreber, Caroline (2011). Educational development for critically reflective teaching: The challenge of challenging conceptions. In Weil, Markus, Schiefner, Mandy, Eugster, Balthasar & Futter, Kathrin. Aktionsfelder der Hochschuldidaktik: Von der Weiterbildung zum Diskurs. Münster: Waxmann. S. 93–107.

Markowitsch, Jörg (2001). Praktisches akademisches Wissen: Werte und Bedingungen praxisbezogener Hochschulbildung. Wien: WUV-Universitäts-Verlag.

Meier, Frank & Schimank, Uwe (2009). Matthäus schlägt Humboldt? New Public Management und die Einheit von Forschung und Lehre. In Beiträge zur Hochschulforschung, 31 (1), S. 42–61.

Paletschek, Sylvia (2002). Die Erfindung der Humboldtschen Universität. Die Konstruktion der deutschen Universitätsidee in der ersten Hälfte des 20. Jahrhundert. In Historische Anthropologie, 10, S. 183–205.

Schelsky, Helmut (1963). Einsamkeit und Freiheit. Reinbek bei Hamburg: Rowohlt.

Schimank, Uwe & Winnes, Markus (2001). Jenseits von Humboldt? Muster und Entwicklungspfade des Verhältnisses von Forschung und Lehre in verschiedenen europäischen Hochschulsystemen. Leviathan, Zeitschrift für Sozialwissenschaft, Sonderheft 20, S. 295–325.

Tremp, Peter (2005). Verknüpfung von Lehre und Forschung: Eine universitäre Tradition als didaktische Herausforderung. In Beiträge zur Lehrerbildung, 23 (3), S. 339–348.

Tremp, Peter (2011). Universitäres Fachstudium: Wissenschaftliche Kompetenzen – modularisierte Strukturen – forschungsorientierte Lehre. In Wolfgang Hackl & Ulrike Tanzer. Germanistikstudium in Modulen. Curricula zwischen Berufsorientierung und Fachstudium (=STIMULUS. Mitteilungen der Österreichischen Gesellschaft für Germanistik 2010). Wien: Praesens. S. 14–33.

Tremp, Peter (2012 im Druck). Universitäre Didaktik: Einige Überlegungen zu Lehrkompetenzen an Universitäten. In Rudolf Egger & Marianne Merkt (Hrsg.). Lernwelt Universität. Die Entwicklung von Lehrkompetenz in der Hochschule. Wiesbaden: VS Verlag (= Lernweltforschung, Band 8).

Trigwell, Keith, Martin, Elaine, Benjamin, Joan & Prosser, Michael (2000). Scholarship of Teaching: a Model. In Higher Education Research & Development, 19(2), S. 155–168.

Trowler, Paul & Wareham, Terry (2008). Tribes, territories, research and teaching: Enhancing the teaching-research nexus. The Higher Education Academy.

Welbers, Ulrich (2009). Humboldts Herz: Zur Anatomie eines Bildungsideals. In Schneider, Ralf, Szczyrba, Birgit, Welbers, Ulrich & Wildt, Johannes. Wandel der Lehr- und Lernkulturen. Bielefeld: W.- Bertelsmann. S. 21–41.

Welbers, Ulrich (2011). Forschendes Lernen als Verfahren von Menschwerdung und Wissenschaft: Eine Verzauberung. In Weil, Markus, Schiefner, Mandy, Eugster, Balthasar & Futter, Kathrin. Aktionsfelder der Hochschuldidaktik: Von der Weiterbildung zum Diskurs. Münster: Waxmann. S. 77–91.

III Strukturierung und Chronologie: Studienstufen – Studienphasen – Module

Einleitung

PETER TREMP

Unterricht ist ein zeitliches Verfahren (vgl. Prange 1986). Was auch immer in Bildungseinrichtungen gelehrt, erklärt oder vorgeführt wird: Es muss in eine Zeitreihe gebracht werden.

Lehrplanung beinhaltet also wesentlich Zeitplanung. Dies hat bereits Trapp vor über 200 Jahren als Programm formuliert: «Zu diesem Ende muss man alle Gegenstände des Unterrichts in ihre Bestandteile zerlegt, vor sich haben, um einem jeden dieser Theile die nöthige Zeit zuzumessen, auch zugleich die Ordnung zu bestimmen, worin sie aufeinander folgen müssen.» (Trapp 1787, S. 184). Entsprechend hat die Didaktik eine Reihe von Schemen entwickelt, welche diese zeitliche Artikulation hervorheben und didaktische Funktionen einzelnen Unterrichtsphasen zuordnen: Von der Einführung über die Vertiefung bis zur einübenden Anwendung ebenso wie beispielsweise die ‹Sieben Schritte› im problemorientierten Unterricht.

Ausgewählte Unterrichtssequenzen kennen seit langem eine vielfältige und versierte Praxis. So lassen sich zum Beispiel für den Beginn einer Lektion verschiedene Formen des Einstiegs unterscheiden, die je nach Zielsetzung angewendet werden und zu den weiteren Phasen des Lernprozesses überleiten.

Diese Verzeitigung und notwendige zeitliche Planung zeigt sich nicht nur in der einzelnen Lektion, sondern auf allen Ebenen des Lehrhandelns: von der einzelnen Lehrsequenz bis hin zur Strukturierung von Bildungsverläufen. Institutionell organisiertes Lehren und Lernen in modernen Gesellschaften zeigt gerade diese strukturelle Besonderheit, dass das Lernen als zeitlich langer Aufbauprozess konzipiert ist. Heute wird dies gelernt, morgen das, und beides steht in einem langfristigen Planungshorizont (vgl. Herrlitz 1984).

Strukturierung und zeitliche Reihung sind also traditionelle Themen der Didaktik, doch finden sich dennoch kaum versierte Begründungen für die zeitliche Komposition von Studiengängen. Vielmehr scheint es, dass die traditionelle Praxis hauptsächliche Leitlinie bildet.

Dabei sind die Fragen ebenso plausibel wie einfach: Wie lässt sich ein Studium in sinnvolle Einheiten unterteilen? Wie lassen sich diese Einheiten sinnvoll aneinander reihen? Wie soll ein Studium beginnen und welche Wege sind erfolgsversprechende Vorstrukturierungen?

Mit der Bologna-Reform haben sich zwei Strukturelemente für Studiengänge etabliert: Die Unterteilung in Studienstufen (Bachelor, Master, Doktorat mit ihren Beschreibungen in Umfang und Hauptzielsetzungen) sowie die Modularisierung als Lehr-Lern-Einheiten. Damit sind Strukturelemente etabliert, welche die einzelnen Lehrveranstaltungen integrieren und zu neuen Einheiten des Studiums werden, von denen aus das Studium gedacht und geplant wird.

Modularisierung

Modularisierung kann als Prinzip der Strukturierung und Sequenzierung von Bildungsangeboten beschrieben werden (Tremp 2006), wobei die einzelnen Einheiten – Module – eine doppelte Bedeutung haben: Für sich und für ein grösseres Ganzes, auch in anderen Kontexten.

„Allgemein betrachtet kennzeichnet der Begriff der Modularisierung ein Prinzip, das den organisatorischen, zeitlichen und inhaltlichen Aufbau und Ablauf von Bildungsgängen und Ausbildungsverläufen – tendenziell und je nach Ausprägung mehr oder weniger – öffnet und flexibilisiert und der Gestaltungsmöglichkeit der Lernenden übergibt." (Frommberger 2005, S. 193–194)

Die Suche nach der optimalen inneren Ordnung der Lerngegenstände rückt nun bei der Modularisierung in den Hintergrund. Zwar können typische Pfade entstehen, diese sind aber nicht a priori festgelegt. Prinzipiell können damit unterschiedliche Ordnungskriterien gleichzeitig realisiert und miteinander kombiniert werden.

Modularisierung kann allerdings in unterschiedlicher Flexibilität realisiert werden resp. durch ein unterschiedliches Maß an Vorgaben und Zuordnungen geregelt sein. Dies betrifft zum einen eine inhaltliche Zuordnung, dies betrifft zum anderen die zeitliche Zuordnung und also die Platzierung von Modulen in bestimmten Studienphasen oder Modulreihen.

Modularisierung als Strukturierungsprinzip findet heute verbreitet Anwendung. Dies hat bereits vor wenigen Jahren die Schweizer «Curricula-Studie» (vgl. Hildbrand, Tremp et.al. 2008) gezeigt, die aber gleichzeitig darauf hingewiesen hat, dass das Prinzip der Modularisierung bisweilen durch ein Lehrgangsprinzip[1] überformt wird.

Hier zeigt sich, dass „Modularisierung von Studiengängen" in unseren Hochschulen erst eine kurze Geschichte kennt. Notwendig sind deshalb anregende Illustrationen und Good Practice-Beispiele, damit innovative Lösungen sichtbar und damit diskutierbar werden – über den einzelnen Studiengang und die einzelne Hochschule hinaus. Notwendig sind aber insbesondere auch systematische Vergleiche und Vergleichskriterien.

Studienphasen und Studienstufen

Im Gegensatz zu den Modulen sind Studienphasen und Studienstufen bereits vor der Bologna-Reform in einigen Studienprogrammen bekannt. Studienphasen können nun als Zwischenform verstanden werden, indem sie einige Module in einem bestimmten zeitlichen Abschnitt bündeln und gleichzeitig Teil einer Bologna-harmonisierten Studienstufe sind. Studienphasen machen dann Sinn, wenn mit diesen eine spezifische Zielsetzung erreicht werden soll resp. eine bestimmte Herausforderung bearbeitet wird. Dazu gehören beispielsweise die Studieneingangsphase oder die Phase der Diplomarbeit.

Die Studieneingangsphase kann als Antwort auf die Frage verstanden werden, wie der Beginn eines Studiums gestaltet sein soll (vgl. Tremp & Schiefner 2010). Die Studieneingangsphase ist eine Phase des Übergangs und thematisiert als solche gleichzeitig Differenzen und Verbindungen: Übergänge unterstellen Unterschiedlichkeit, die sich bearbeiten lässt. Den Studieneinstieg als Übergang zu thematisieren bedeutet, die Unterschiede zwischen den Lernumgebungen Universität und Gymnasium zu klären und gleichzeitig Angebote zu erörtern, welche die Differenz zur herausfordernden – und vor allem: lösbaren – Aufgabe macht.

Diese Herausforderungen[2] beziehen sich insbesondere auf drei Felder:

Studienwahl und Studienerwartungen: Der Übergang und Einstieg ins Studium ist dann Erfolg versprechender, wenn die Studien(fach)wahl informiert erfolgt und die Erwartungen und Anforderungen an ein Studium geklärt sind. Dieser Prozess be-

---

1 Das «Lehrgangprinzip» lässt sich dadurch charakterisieren, dass ein Lehrgang eine klare Abfolge der einzelnen Teile kennt – die Reihung ist hier weitgehend vorgeschrieben, die Module haben Pflicht-Charakter – und also die einzelnen Teile nur eine Bedeutung haben, wenn das Ganze absolviert wird.

2 Studien zur Studieneingangsphase belegen die besonderen Herausforderungen des Einstiegs. Vgl. zum Beispiel die zusammenfassenden Berichte der entsprechenden Projekte in Australien („First Year Experience and Curriculum Design", vgl. Australian Learning and Teaching Council) oder in England (vgl. The Higher Education Academy).

ginnt mit ersten Kontaktnahmen zwischen der Universität und künftigen Studierenden, er wird begleitet von Informations- und Beratungsangeboten und unterstützt von spezifischen Aktivitäten während des ersten Studiensemesters.

Engagement, Involvement, soziale Dimension: Das Studium versetzt Studierende in ein neues Lernumfeld. Mit dem Studienbeginn einher geht die Aufgabe, eine „studentische Identität" zu entwickeln, in Kontakt zu treten mit Peers und Dozierenden zum Zwecke des wissenschaftlichen Austauschs, insgesamt also: als Person am neuen Ort anzukommen, sich dazu gehörig zu fühlen.

Leistungseinschätzung, fachliche und überfachliche Kompetenzen: Ein erfolgreiches Studium setzt einige Kompetenzen bereits voraus und setzt gleichzeitig auf die Bereitschaft und das Interesse, diese weiter zu entwickeln. Dazu gehört eine akzentuierte Allgemeinbildung sowie eine Reihe von überfachlichen Kompetenzen. Dazu gehören insbesondere auch Möglichkeiten der Überprüfung der eigenen Kompetenzen, also eine Lernprozess-orientierte Selbsteinschätzung.

Studienphasen und Studienstufen sind Ausdifferenzierungen, die je auf eine spezifische Frage antworten. Sie kennen also spezifische Besonderheiten, die hier Berücksichtigung finden. Diese Berücksichtigung kann auf verschiedenen Ebenen erfolgen: Von der Gestaltung einzelner Lehrveranstaltungen bis hin zu spezifischen außer-curricularen Aktivitäten.

Für die Hochschuldidaktik stellt sich damit beispielsweise die Frage, welche Lehr-Lern-Settings zu diesen spezifischen Konstellationen passen. Und konkreter beispielsweise, welche spezifischen Gütekriterien für eine Vorlesung gelten, die in der Studieneingangsphase positioniert ist.

Ausgehend von einigen Herausforderungen, wie sie auch oben beschrieben sind, hat beispielsweise das „Institute für Teaching and Learning" der University of Sydney einige Hinweise für Dozierende verfasst „to find ways of enhancing the first year experience of our students" (vgl. http://www.itl.usyd.edu.au/).

Mit der fundierten Erörterung der didaktischen Strukturierung und zeitlichen Reihung von Studienangeboten und der Erarbeitung innovativer Lösungen leistet die Hochschuldidaktik damit einen wesentlichen Beitrag zur Weiterentwicklung der Universität als Bildungseinrichtung.

Literatur

Frommberger, Dietmar (2005). Modularisierung als Standardisierungsprinzip. Eine Analyse zum „Mainstream" der administrativen Steuerung von Lernprozessen und Lernergebnissen in Bildungs- und Berufsbildungssystemen. In Schweizerische Zeitschrift für Bildungswissenschaften, 27 (2), S. 193–206.

Herrlitz, Hans-Georg, Hopf, Wulf, Titze, Hartmut (1984). Institutionalisierung des öffentlichen Schulsystems. In Lenzen, Dieter (Hrsg.). Enzyklopädie Erziehungswissenschaft, Handbuch und Lexikon der Erziehung in 11 Bänden und einem Register-Band. Band 5. Stuttgart: Klett-Cotta. S. 55–71.

Hildbrand, Thomas, Tremp, Peter, Jäger, Désirée & Tückmantel, Sandra (2008). Die Curricula-Reform an Schweizer Hochschulen. Stand und Perspektiven der Umsetzung der Bologna-Reform anhand ausgewählter Aspekte. Bern: CRUS 2008 (=Arbeitsberichte zur Umsetzung der Bologna-Deklaration in der Schweiz, 13).

Prange, Klaus (1986). Bauformen des Unterrichts. Eine Didaktik für Lehrer. Bad Heilbrunn: Klinkhardt .

Trapp, Ernst Christian (1787). Vom Unterricht überhaupt. In Campe, Joachim Heinrich. Allgemeine Revision des gesamten Schul- und Erziehungswesens von einer Gesellschaft praktischer Erzieher. Wien und Wolfenbüttel: Campe, Band 8 (Faksimile, Vaduz: Topos 1979).

Tremp, Peter (2006). Modularisierung als curriculares Ordnungsprinzip in der Lehrerinnen- und Lehrerbildung. In Beiträge zur Lehrerbildung, 24 (3), S. 286–294.

Tremp, Peter & Schiefner, Mandy (2010). Studieneingangsphase: Übergänge gestalten – Studieneinstieg erleichtern. Arbeitspapier Universität Zürich.

Selbststudium initiieren, begleiten und mit dem Kontaktstudium verzahnen

Eva-Maria Schumacher

Zusammenfassung

Das Selbststudium als Teil des Workload hat in modularisierten Studiengängen eine besondere Bedeutung. Aktuelle Untersuchungen zeigen, dass der Workload des Selbststudiums nur begrenzt und dann vor allem am Ende eines Moduls zur Vorbereitung von Prüfungen genutzt wird. In diesem Artikel werden das Selbststudium und seine didaktischen Funktionen näher betrachtet und die Verzahnungsmöglichkeiten von Kontakt- und Selbststudium vorgestellt. Neben Modellen für das begleitete und unbegleitete Selbststudium werden Aufgaben der Begleitung, des Lerncoachings und der Lernzielkontrollen vorgestellt. Im Anschluss wird diskutiert, was nötig ist, um das Selbststudium im Rahmen der Studiengangentwicklung mehr zu integrieren.

Gliederung
1 Einführung
2 Das Selbststudium
3 Verzahnung von Kontakt- und Selbststudium
4 Modelle für das begleitete Selbststudium
5 Lerncoaching
6 Konsequenzen für die Studiengangentwicklung

1   Einführung

Der Bologna-Prozess hat neben weiteren Neuerungen zur Einführung gestufter Studiengänge geführt, bei denen der zeitliche Aufwand des gesamten Studiums betrachtet wird und im so genannten Workload berechnet wird. Studierende sollen pro Jahr 1800 Arbeitsstunden, die in das Credit-Bewertungssystem umgerechnet werden, für das Studium aufbringen. In diesen Stunden sind sowohl die Präsenzveranstaltungen (in diesem Artikel werden sie in Abgrenzung zum Selbststudium Kontaktstudium genannt) sowie alle Tätigkeiten wie Vor- und Nachbereitung der Veranstaltungen, Prüfungen und Prüfungsvorbereitung und weitere Aspekte, die das Selbststudium betreffen, enthalten. Das Verhältnis von Kontakt- und Selbststudium liegt je nach Hochschule zwischen 40–60 %. Das heißt der Workloadanteil für das Selbststudium ist in manchen Studiengängen höher als der des Kontaktstudiums. Die didaktische Gestaltung des Selbststudiums durch Lehrende und die Nutzung der Studierenden zum kontinuierlichen Lernen bleibt weiterhin eine Herausforderung. Auch in der Literatur lassen sich bisher nur wenige Veröffentlichungen finden (vgl. Keller, Zumsteg et. al. 2004; Landwehr & Müller 2008). Die Untersuchung ZEITLast (Schulmeister & Metzger 2011) ist eines der wenigen Vorhaben, das sich mit dem Selbststudium beschäftigt und das viele Ergebnisse der Workload-Untersuchung von Blüthmann u. a. (2006) bestätigt. Das Selbststudium wird weiterhin, außer zur Prüfungsvorbereitung, kaum genutzt, und Studierende haben gleichzeitig ein subjektives Belastungsempfinden bezüglich des Studiums.

Dieser Artikel will, ausgehend von diesen Untersuchungsergebnissen, aufzeigen, wie das Selbststudium sinnvollerweise in den Studienverlauf integriert und mit dem Kontaktstudium verzahnt werden kann. Dazu werden Modelle für das begleitete Selbststudium und die Konsequenzen für Lehrende hinsichtlich der Organisation und Betreuung vorgestellt. Derzeit gibt es viele Initiativen von Lehrenden auf einer eher individuellen Ebene, das Selbststudium mit dem Kontaktstudium zu verbinden. Häufig stoßen Lehrende dabei auf unterschiedliche Grenzen und Widerstände: Studierende sind es nicht gewohnt und Kolleginnen bzw. Kollegen handhaben das Selbststudium komplett anders als sie selbst oder gar nicht. Insofern wird am Ende aufgezeigt, wie wichtig es ist, im Rahmen der Studiengangentwicklung gemeinsam ein Verständnis über das Selbststudium zu entwickeln und das Ergebnis zu kommunizieren. Lehrende brauchen didaktische Modelle, die sie – in Absprachen im Kollegenkreis und sinnvoll in die Module integriert – zur Gestaltung des Selbststudiums nutzen können. Dass dieses bezüglich Vorbereitung, Begleitung, Betreuung und Lernerfolgskontrolle unterschiedlich aufwändig ist, scheint klar. Es stellt sich die Frage, inwiefern Lehrende hierfür ihre Zeit und ihr

Engagement investieren und ob bzw. wie das begleitete Selbststudium an das Lehrdeputat angerechnet wird.

2 Das Selbststudium

Die Untersuchung ZEITLast von Schulmeister, Metzger u. a. (2011), an der verschiedene Hochschulen beteiligt waren, zeigt unter anderem anhand der Ergebnisse eines Online-Zeiterfassungsbogens, dass der Workload für das Selbststudium einerseits nicht im vorgesehenen Umfang für das Studium genutzt wird und dass andererseits das subjektive Belastungsempfinden durch die Studierenden eher hoch ist. Die Studiengangverläufe und die Prüfungsorganisation führen nach diesen Untersuchungsergebnissen dazu, dass das Selbststudium vor allem für das umgangssprachlich genannte Bulimie-Lernen zu den Prüfungszeiten genutzt wird. Das heißt, das Selbststudium findet punktuell in Prüfungszeiträumen statt und in manchen Monaten gar nicht.

„Eine kontinuierliche Unterrichtsvor- und -nachbereitung im Rahmen des Selbststudiums zur notwendigen Vertiefung und Vernetzung der vermittelten Inhalte findet jedenfalls bei vielen Studierenden kaum statt. Das ECTS-System scheint zum bulimischen ‚Lernsystem' beizutragen… Die Lehrorganisation ist nicht angetan, das Selbststudium zu unterstützen, und die punktuellen und summativen Prüfungen können ein kontinuierliches Lernen nicht motivieren. Dies erkennen die Studierenden und richten ihr Studierverhalten darauf aus." (Metzger 2010, S. 296 f.).

Studierende fühlen sich subjektiv belastet. Gleichzeitig lässt sich feststellen, dass sie sich der Vorgaben, die Bologna mit sich bringt, häufig nicht bewusst sind. Ihnen ist auch oft nicht klar ist, wie viel Zeit sie tatsächlich mit Studieren verbringen.

Ausgehend von den Untersuchungsergebnissen sucht ZEITLast Anregungen, wie auf diese Phänomene durch didaktische und lehrorganisatorische Umstellungen reagiert werden kann. Beispiele sind die Einführung von Blockunterricht, die Flexibilisierung durch E-Learning-Angebote sowie die Verteilung von Lehr- und Prüfungsanforderungen über den Zeitraum des Semesters.

An vielen Hochschulen gibt es derzeit, gerade auch im Rahmen der Reakkreditierungen, Bestrebungen über Studienverlaufspläne, hochschuldidaktische Maßnahmen und die Veränderung der Prüfungsordnungen, die Studierbarkeit zu erhöhen und das Selbststudium stärker in den didaktischen und organisatorischen Blick zu nehmen. Gerade in der Konzeption von Studiengängen ist eine einheitliche Vorstellung von dem, was das Selbststudium eigentlich ist und wie es in die Lehre integriert werden kann, ob es begleitet oder unbegleitet stattfindet und welche Lernerfolgskontrollen zum Einsatz kommen, äußerst wichtig. Aus diesem Grund werden im Folgenden das Selbststudium und seine didaktischen Funktionen näher betrachtet.

Definition Selbststudium

Der Begriff des Selbststudiums ist nicht einheitlich definiert und wird häufig in Zusammenhang mit den Begriffen selbstorganisiertes, selbstverantwortliches oder selbstbestimmtes Lernen gebracht.

„Bei der Konzeption und Ausrichtung von Studiengängen nach den Richtlinien der Bologna-Reform gilt also wie oben erwähnt die gesamte Lernzeit als Mass für die Berechnung der Studienleistungen. Um die Lernzeit in Kontaktveranstaltungen von anderen Formen der Lernzeit abzugrenzen, wurde der Begriff ‚Selbststudium' in diesem Zusammenhang vermehrt verwendet. Er umfasst begleitetes und individuelles Selbststudium sowie das freie Selbststudium." (Keller, Zumstag u. a. 2004, S. 7).

Diese drei Formen des Selbststudiums beinhalten diese Ziele: Beim begleiteten Selbststudium erteilen Lehrende Lern- und Arbeitsaufträge, die in einem direkten Zusammenhang mit den Zielen der Veranstaltung und des Moduls stehen. Das individuelle Selbststudium deckt die Lernzeit ab, die für die individuelle Vor- und Nachbereitung sowie für die Prüfungsvorbereitung selbstverantwortlich genutzt wird. Das freie Selbststudium umfasst alle Aktivitäten, bei denen die Studierenden sich mit frei gewählten Themen und Zielen beschäftigen oder an ihrem Lernportfolio arbeiten.

Insgesamt lassen sich in der Literatur zwei Tendenzen feststellen: Das Selbststudium kann einerseits durch Lehrende didaktisch gestaltet und mit dem Kontaktstudium verzahnt werden oder es wird ein Teil als freie Lernzeit definiert, bei dem sich Studierende frei und selbstorganisiert mit Themen, wie etwa beim Forschenden Lernen, auseinandersetzen. Darüber hinaus wird alles umfasst, was Studieren ausmacht, wie etwa Recherchieren oder sich Organisieren. Die Züricher Hochschule für angewandte Wissenschaften hatte bis vor einiger Zeit einen Flyer für Studierende ins Internet gestellt, in dem verdeutlicht wurde, wie Kontakt- und Selbststudium zueinander stehen und welche Anforderungen beide Formen beinhalten. Dabei wurde von 1/3 Kontakt-, 1/3 begleitetem Selbststudium und 1/3 individuellem Selbststudium gesprochen und den Studierenden transparent gemacht, was wo zu tun ist (http://www.zhwin.ch/studium). Viele Hochschulen entwickeln derzeit ein Selbstverständnis und kommunizieren dies, wie auch das Beispiel der Universität Bielefeld zeigt (Universität Bielefeld 2011).

Landwehr und Müller (2008, S. 27) unterscheiden zwischen geleitetem Selbststudium, individuellem und freiem Selbststudium. Das geleitete Selbststudium kann dabei begleitet oder unbegleitet sein. Das Kontaktstudium zusammen mit dem begleitet-angeleiteten Selbststudium wird als modulbezogene Präsenzzeit der Lehrenden, auch Kontaktzeit genannt, definiert. Die Zeit für das Kontaktstudium wird zuzüglich dem begleitet-angeleiteten, unbegleitet-angeleiteten sowie individuellen Selbststudium als modulbezogene Arbeitszeit der Studierenden definiert. Nimmt man das freie Selbststudium hinzu, kommt die Summe der Arbeitszeit für das gesamte Studium zustande.

Zusammenfassend kann man das Selbststudium als das begleitete und unbegleitete Selbstlernen von Studierenden oder Studierendengruppen im Rahmen eines Studiengangs bezeichnen. Ziele des Selbststudiums sind unter anderem individuelles, kooperatives und problemorientiert/situiertes Lernen im Rahmen identifizierbarer Ziele und Ergebniserwartungen, selbstverantwortliches Lernen auf eigenen Wegen im Rahmen eines mehr oder weniger vorgegebenen zeitlichen und sozialen Rahmens, eigene Lernfortschritte erkennen, die Regulierung von Verstehen und Verarbeitungstiefe, der Aufbau und die Erweiterung der eigenen Lernkompetenzen (Lernstrategien) sowie Anstrengungs-, Motivations-, Emotions-, Wissens- und Zeitmanagement.

Beim Selbststudium werden die Studierenden zu den Hauptakteuren. Die Lehrenden werden vom Wissensvermittler zum Lerncoach, indem sie Wissens- und Lerninhalte für das Selbststudium auswählen, Ziele und Standards festlegen, lernproduktive Settings von Aufgaben, Organisationsformen und Lernhilfen als angeleitetes bis eigenständiges oder freies Selbststudium gestalten und Formen der Lernbegleitung und des Lerncoachings anbieten oder vorgeben. Sie fördern Studierende in ihrer Lernkompetenz, initiieren formatives und summatives Feedback und passen die Selbststudienformen den Prüfungsformen an. Hier zeigt sich, dass das Selbststudium eine Menge an auch unsichtbarer Arbeit in sich birgt und von Lehrenden ein gewisses Maß an didaktischer Kompetenz verlangt, bevor Studierende in diesen Lernsettings oder Lernumgebungen aktiv werden können. Die Betreuung darin und der Umgang mit Lernwiderständen oder den Lernerfolgskontrollen kommen ebenfalls hinzu.

Folgende Aufgaben lassen sich für Lehrende und Studierende zusammenfassend darstellen (Abb. 1):

Elemente von Selbststudium	Aufgabe Lehrende	Aufgabe Studierende
Kernprozesse	ermöglichen, fördern, anregen besprechen, analysieren, evaluieren	selbständig Wissen und Fähigkeiten aufbauen Ergebnisse produzieren und bewerten
Ziele/Produkt Anspruchsniveau	grobe Ziele vorgeben das Anspruchsniveau vorgeben und erläutern Zielerreichung überprüfen	die Zielvorgabe verstehen eigene Schwerpunkte setzen Anspruchsniveau verstehen und einhalten
Inhalte	allgemeine und konkrete Aufgaben Verknüpfungen anregen	Inhalte wählen Inhalte verstehen Inhalte einbringen
Rahmenbedingungen und Lernverlauf	Präsenz, zeitlichen Aufwand, Testat vorgeben begleiten im Rahmen von Sitzungen, Lernkonferenzen oder E-online-Kommunikation	zur Kenntnis nehmen und einhalten individuell gestalten innerhalb eines vorgegebenen Rahmens Begleitung wahrnehmen und nutzen
Hindernisse	Lernprobleme erkennen und ansprechen	Lernprobleme wahrnehmen, ansprechen und bearbeiten
Voraussetzungen	Voraussetzungen in den Bereichen Inhalt, Methodik und Lernkompetenzen sicherstellen anregen, Verknüpfungen zwischen vorhandenen Fähigkeiten und Fragestellung zu erstellen	vorhandene Kompetenzen aktivieren und einsetzen
Kommunikation	Kommunikation zielorientiert und sach- und personenbezogen gestalten	

Abb. 1: Aufgaben von Lehrenden und Studierenden im Selbststudium

3 Verzahnung von Kontakt und Selbststudium

Die Verzahnung von Kontakt- und Selbststudium stellt eine besondere Herausforderung dar, gerade auch, wenn es darum geht, einen didaktischen roten Faden durch den gesamten Workload zu ziehen. Dabei wurden in der Praxis im Laufe der Zeit verschiedene Verzahnungsmodelle entwickelt. Diese werden im Folgenden vorgestellt. Sie können bei der Planung von Lehrveranstaltungen, aber auch bei der Konzeption von Modulen und Studiengängen hilfreich sein. Das Selbststudium kann in der Verzahnung zum Kontaktstudium, also zu den Lehrveranstaltungen in der Präsenz, stehen oder unabhängig und selbstständig davon erfolgen (Abb. 2).

EVA-MARIA SCHUMACHER

Es gibt verschiedene Verzahnungsmodelle, die unterschiedliche Konsequenzen für die Gesamtorganisation, Vorbereitung und Betreuung haben.

Grundmodell: Idealtypische Verzahnung mit zeitlicher Versetzung

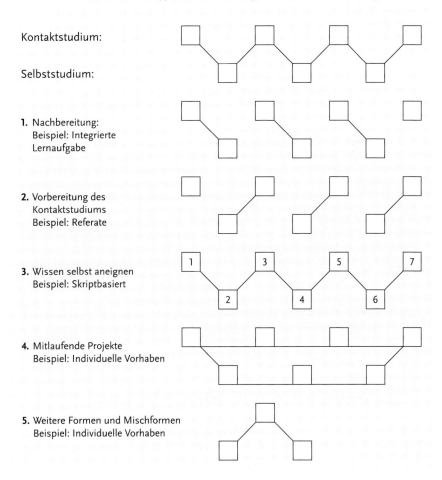

Kontaktstudium:

Selbststudium:

1. Nachbereitung:
   Beispiel: Integrierte
   Lernaufgabe

2. Vorbereitung des
   Kontaktstudiums
   Beispiel: Referate

3. Wissen selbst aneignen
   Beispiel: Skriptbasiert

4. Mitlaufende Projekte
   Beispiel: Individuelle Vorhaben

5. Weitere Formen und Mischformen
   Beispiel: Individuelle Vorhaben

Abb. 2: Verzahnung von Kontakt- und Selbststudium

Das Grundmodell beschreibt die idealtypische Vorstellung einer Verzahnung von Kontakt- und Selbststudium mit zeitlicher Versetzung. Ideal ist es deshalb, weil hier die Möglichkeit besteht, Aufträge in das Selbststudium zu geben, die dann wieder im Kontaktstudium, also der nächsten Präsenzveranstaltung, aufgegriffen werden können.

1. Das Modell Nachbereitung ist eine sehr häufige Form des Selbststudiums. Hier werden vertiefende, nachbereitende oder anwendungsbezogene Aufgaben gestellt, die sich direkt auf die Lehrveranstaltung beziehen. Lernzielkontrollen durch die Lehrenden finden entweder gar nicht, online oder beispielsweise zu Beginn der nächsten Sitzung statt.

2. Das Modell Vorbereitung des Kontakts entspricht in klassischerweise der universitären Lehre. Studierende bereiten ein Referat für eine Sitzung vor oder lesen einen Text. Die Lernzielkontrolle findet vorbereitend in der Sprechstunde und anschließend in der Sitzung selbst statt.

3. Das Modell Wissen selbst aneignen nutzt den Workload konsequent als Phase der Wissensaneignung. Die Lehrform Lernteamcoaching kann hierfür als Beispiel dienen. Lernende eigenen sich anhand von Lernbriefen Inhalte an, besprechen diese und weitere Aufgaben in Lernteams und treffen sich im dritten Schritt zum Lernteamcoaching mit dem Lehrenden, der nun als Lerncoach agiert (vgl. Bock, Igler & Schumacher 2006). Inhalte aus dem Selbststudium werden im Kontaktstudium nicht mehr aufgegriffen. Der Lehrende betreut die Lernenden im Rahmen des begleiteten Selbststudiums komplett im Selbststudium. Dies hat natürlich enorme zeitliche, räumliche und organisatorische Konsequenzen für die Betreuung.

4. Das Modell Mitlaufende Projekte nutzt das Selbststudium, um parallel zur Lehrveranstaltung Aufträge an die Lernenden zu geben. Dies können Recherche- oder Projektaufträge oder aber eigene Forschungsvorhaben sein. Die Betreuung findet nach Bedarf und zumeist in der Sprechstunde statt. Am Ende der Lehrveranstaltung werden die Ergebnisse in das Kontaktstudium eingebunden.

5. Darüber hinaus gibt es eine Anzahl an Mischformen mit unterschiedlichen Verzahnungen, wie etwa in Modulen, denen eine Selbststudienphase vorangeschoben wird oder bei Blockveranstaltungen.

4 Modelle für das begleitete Selbststudium

Landwehr und Müller (2008) haben eine der wenigen Publikationen über das Selbststudium veröffentlicht und schlagen acht Modelle für das begleitete Selbststudium vor. Bei näherer Betrachtung wird dabei deutlich, dass es sich zum Teil um didaktische Modelle handelt, die aus der handlungsorientierten Didaktik bekannt sind und nun für das Selbststudium eingesetzt werden. Jedes Modell verfolgt eine unterschiedliche Zielsetzung und umfasst eine mehr oder weniger umfangreiche Lerncoachingphase.

1. Die Integrierten Lernaufgaben setzen direkt am Kontaktstudium an und fordern durch gezielt ausgewählte Arbeitsaufträge die Vor- oder Nachbereitung einer Lehrveranstaltung. Landwehr und Müller (2008) verweisen darauf, dass diese wenig aufwändige Form des Selbststudiums an Hausaufgaben erinnert und so wenig zum selbstorganisierten und selbstverantwortlichen Lernen beiträgt. Gleichzeitig ist dies die am wenigsten aufwändige Form, die dem ersten Modell der Verzahnung entspricht.

2. Beim Skriptbasierten Selbststudium lesen Lernende Texte, die im Kontaktstudium vorgestellt oder diskutiert werden. Eine besondere Form dieses Modells ist das Lernteamcoaching, das zum Ziel hat, dass sich alle Lernenden das gleiche Wissen aneignen und dem oben dargestellten Dreischritt (Selbst-, Teamlernen und Lernteamcoaching) folgt. Die Studierenden sollen hier neben den Fachkompetenzen auch Selbstlern- und Teamkompetenzen einüben – wesentliche Kompetenzen, die sie für ein erfolgreiches Studium brauchen.

3. Beim Social-Support-Modell wird das Selbststudium hauptsächlich für Studiengänge mit Praxis- oder Praktikumsphasen genutzt. Studierende sollen sich hier nach unterschiedlichen Interessen und Vorkenntnissen zusammenschließen und voneinander lernen. Das Lerncoaching hat starke supervisorische Anteile, da der Transfer zwischen Hochschule und Praxisfeld begleitet werden muss. Dieses Modell wird gerade zum Ende des Studiums während der Phase der Abschlussarbeit eingesetzt, indem sich Studierende nach Fragestellungen und Forschungskenntnissen sozusagen kollegial und informell in unterschiedlichen Konstellationen gegenseitig unterstützen.

4. Bei den Leitprogrammen ist die Nähe zu Fernstudienangeboten erkennbar. Hier werden wesentliche Inhalte aus Modulen, die nicht im Kontaktstudium behandelt werden können oder sollen, zu einem mehr oder weniger umfangreichen Lernpaket, häufig mit E-Learning-Unterstützung, geschnürt, das die Studierenden selbständig abarbeiten. Dabei werden verschiedene Materialien und Lernzielkontrollen miteinander verbunden. Die Erstellung von Leitprogrammen ist sehr aufwändig. Gleichzeitig können sie aber von Modul zu Modul zum Einsatz kommen. Die Erfahrung im E-Learning-Bereich zeigt, dass

auch hier Lerncoachingphasen zur Betreuung und Lernerfolgskontrolle notwendig sind. Diese können digital oder analog sein.

5. Das Problembasierte oder -orientierte Lernen ist mit seinem Siebensprung ein Klassiker der handlungsorientierten Didaktik. Hier werden anhand eines Falls das eigentliche Problem sowie die Ziele definiert, die abgearbeitet werden, um zu Schlussfolgerungen zu kommen. Hauptziele sind die Förderung von Problemlösekompetenzen und interdisziplinärem Denken. Dieses Modell verdeutlicht nochmals die Möglichkeiten der Verzahnung von Kontakt- und Selbststudium.

6. Bei den Individuellen Vorhaben wählen die Studierenden Themen aus, die sie individuell bearbeiten, beispielsweise im Rahmen des Forschenden Lernens (vgl. Tremp & Reiber 2007). Hier kommt das Verzahnungsmodell vier zum Tragen, indem die Vorhaben parallel zum Kontaktstudium laufen und die Betreuung in Kolloquien oder in der Sprechstunde stattfindet.

7. Lern- und Übungsprojekte schließen alle Aufträge ein, in denen Studierende das Gelernte anwenden, üben oder beispielsweise rechnen sollen. Hier kommen häufig Fallstudien oder Übungsprojekte zum Einsatz, die eine besondere Motivation für das Selbststudium bedeuten können, da sie einen hohen Praxisanteil haben. Auch hier stellt sich die Frage, an welchen Stellen Lernerfolgskontrollen, etwa durch Meilensteine, eingeführt werden können.

8. Echtprojekte setzen an der Schnittstelle zwischen Hochschule und Praxis an und zeichnen sich darin aus, dass das Übungsfeld echt ist. Gerade in ingenieur- und sozialwissenschaftlichen Studiengängen gibt es häufig Wirtschafts- und Praxiskontakte, die spannende Aufträge mit sich bringen. Die Herausforderung stellt sich hier in der Betreuung: die Projekte stehen unter einem gewissen Erfolgsdruck, was die Zusammenarbeit und das Ergebnis angehen. Deshalb stellen sich hier die Fragen, wie die Betreuung und das Lerncoaching aussehen können, wenn der Lehrende nicht nur Prüfer ist, sondern auch den Spagat zwischen Lernbegleiter und Auftragsvermittler meistern muss. Zu den Echtprojekten zählen auch im Rahmen der Universitäten das wissenschaftliche Organisieren und Durchführen von Tagungen.

EVA-MARIA SCHUMACHER

5 Lerncoaching

Wie die bisherigen Darstellungen zeigen, ist gerade das Selbststudium mit einem enormen Aufwand verbunden, wenn es didaktisch eingebunden sein soll und die Lehrenden als Lerncoach agieren wollen (Schumacher 2006). Ihre Aufgaben im Rahmen des Selbststudiums lassen sich in folgende Phasen einteilen:

1. Konzeption und Vorbereitung: Lehrveranstaltung planen, Verzahnung festlegen, Material für das Selbststudium auswählen und aufbereiten, Betreuung und Förderung von notwendigen Lernstrategien festlegen
2. Initiierung: Arbeitsaufträge und Arbeitsweise klären
3. Realisierung: Lerncoaching, Feedback und Lernerfolgskontrollen durchführen
4. Präsenz: Ergebnisse präsentieren und beurteilen, Lernprozess reflektieren
5. Reflexion: Auswertung der Erfahrungen für das eigene Lehrportfolio und für weitere Veranstaltungen

In der Realisierungsphase gibt es unterschiedliche Formen von Betreuung und Lerncoaching. Landwehr und Müller (2008) unterscheiden das fragengeleitete, offene und supervisorische Lerncoaching. Beim fragengeleiteten Lerncoaching formulieren Studierende ihren Unterstützungsbedarf selbst zu inhaltlichen oder prozessbezogenen Schwierigkeiten. Beim offenen Lerncoaching formuliert der Lerncoach die Problemdiagnose aufgrund der Beobachtungen im Lernprozess und initiiert daraufhin ein Problemlösegespräch. Das supervisorische Lerncoaching kommt als Praxisberatung vor allem bei den berufsfeldbezogenen Praxisaufträgen und Echtprojekten zum Einsatz. Themen und Anliegen bei allen Lerncoachingformen können die Sachebene, Methoden-, Kommunikationsebene, die Personenbezogene Ebene oder die Kontextebene sein, je nachdem, welche Art von Fragen oder Schwierigkeiten Studierende oder Studierendenteams haben.

Die summativen und formativen Lernerfolgskontrollen sind beim Lerncoaching und im Selbststudium von besonderer Bedeutung, nicht nur um die Selbstlernkompetenz zu fördern. Sie können je nach Zielsetzung, Rahmenbedingungen und Gruppengröße sehr verschieden gewählt werden und sollten auch hier im Studiengang aufeinander abgestimmt werden. Teilweise ergeben sie sich natürlich auch aus der Definition von Leistungsnachweisen.

Die folgende Tabelle gibt einen Überblick über Kriterien für die Gestaltung von Lernerfolgskontrollen (Tab. 1). Lehrende können hier festlegen, wann und wie Lernerfolgskontrollen durchgeführt werden. Je größer die Studierendengruppen werden, desto schwieriger ist es natürlich mit der persönlichen Betreuung. Am Beispiel einer BWL-Übung mit 40 Studierenden könnte eine Lernerfolgskontrolle so aussehen: Studierende sollen allein eine Fallstudie bearbeiten und die Lösung auf eine Lernplattform stellen. Wenn diese bis zu einem bestimmten Zeitpunkt eingestellt wurde, wird eine Musterlösung freigeschaltet. Oder die/der Lehrende greift in der nächsten Übung zwei Lösungen anonymisiert auf und führt dort eine exemplarische Lernerfolgskontrolle im Plenum durch.

Übersicht an Lernerfolgskontrollen

Tab. 1: Kriterien für die Gestaltung von Lernerfolgskontrollen

WANN			
Summativ			Formativ
Nach Bedarf			Meilensteine
Im Kontakt			Im Selbststudium
WER			
Individuum			Gruppe
Selbstkontrolle			Fremdkontrolle
Peer-Review			Lehrenden-Review
WAS			
Fachkompetenzen			Schlüsselkompetenzen
Individuell			Musterlösung
alle			exemplarisch
Ergebnis			Prozess
creditrelevant			creditunrelevant
WIE			
online			Face-to-face
anonym			persönlich
freiwillig			Pflicht
mündlich			schriftlich
Frei gestaltbar			Mit Kriterien
Mit Bewertung			Ohne Bewertung

6 Konsequenzen für die Studiengangentwicklung

Wie der Artikel aufzeigt, steckt im Selbststudium ein großes Potential und zugleich eine Menge Arbeit. Wie das Selbststudium genutzt und mit dem Kontaktstudium verzahnt wird, hängt stark von den Gepflogenheiten der Fakultät, denen des Studiengangs und nicht zuletzt von den Lerngewohnheiten der Studierenden ab. Für die Studiengangentwicklung ist es notwendig, eine gemeinsame Vorstellung darüber zu entwickeln, was das Selbststudium bedeutet und welche didaktischen Funktionen damit verbunden sind. Diese müssen dann im Studiengang kommuniziert (und natürlich auch gelebt) werden. Die Unterscheidung zwischen individuell/unbegleitetem und angeleitet/begleitetem Selbststudium sollte definiert und genauer ausgeführt werden. Darüber hinaus braucht es eine Verständigung im Studiengang darüber, ob und wie umfangreich Lernende im Rahmen des Selbststudiums begleitet und betreut werden und wie dies im Lehrdeputat berücksichtigt werden kann.

Der Artikel hat verschiedene Modelle und Verfahren vorgestellt, die sowohl im Kontaktstudium als auch im Selbststudium eingesetzt und miteinander verzahnt werden können. Die Autorinnen und Autoren der ZEITLast-Untersuchung empfehlen darüber hinaus die Einführung von Blockunterricht, die Flexibilisierung durch E-Learning-Angebote sowie die Verteilung von Lehr- und Prüfungsanforderungen über den ganzen Zeitraum des Semesters. In einem weiteren Schritt sollte sicherlich genauer betrachtet werden, wie die Diskrepanz des subjektiven Belastungsempfindens der Studierenden und die niedrige Workload-Nutzung des Selbststudiums in Einklang gebracht werden können.

Lehrende sollten ermutigt werden, den Workload des Selbststudiums stärker in die Lehre einzubeziehen. Gleichzeitig wird immer wieder deutlich, dass gerade dieses Thema zentral für die strukturbildenden Maßnahmen im Rahmen der Studiengangentwicklung sind, um einen langfristigen Lernkulturwandel zu gewährleisten. Ganz sicher geht es in nächster Zukunft nicht darum, das gesamte Selbststudium plötzlich didaktisch voll auszugestalten. Eine Diskussion und eine Vereinbarung darüber, was Studieren und Selbststudium bedeutet und welche roten Fäden und didaktische Modelle in den einzelnen Modulen im Studiengang sinnvoll in Korrelation zu den Kompetenzzielen zum Einsatz kommen sollen, wäre schon ein großer Schritt in die richtige Richtung. Das setzt intensive Auseinandersetzungen, Kooperationsbereitschaft sowie hochschuldidaktische Personalentwicklung in den Fakultäten voraus.

Literatur

Bock, Silke, Igler, Bodo, Schumacher, Eva-Maria (2006). Lernteamcoaching. Schlüsselkompetenzen in Vorlesungen vermitteln. Erfahrungen aus einem Projekt im Studiengang Informatik der FH Gießen-Friedberg. In Müller, Eckehard u. a. (Hrsg.). SQ-Forum. Schlüsselqualifikationen in Lehre, Forschung und Praxis, 2, S. 3.

Blüthmann, Irmela, Ficzko, Markus & Thiel, Felicitas (2006). Fragebogeninventar zur Erfassung der studienbezogenen Lernzeit (FELZ) in den Bachelorstudiengängen. In Behrendt, Brigitte, Voss, Hans-Peter & Wildt, Johannes. Neues Handbuch Hochschullehre. I 2.6. Berlin: Raabe.

Landwehr, Norbert, Müller, Elisabeth & Mutzner, Heinz (2008). Begleitetes Selbststudium. Didaktische Grundlagen und Umsetzungshilfen. Bern: hep.

Metzger, Christiane (2010). ZEITLast: Lehrzeit und Lernzeit. Studierbarkeit von BA-/BSc-Studiengängen als Adaption von Lehrorganisation und Zeitmanagement unter Berücksichtigung von Fächerkultur und neuen Technologien. In Seiler Schiedt, Eva, Mandel, Schewa & Rutishauser, Manuel (Hrsg.). Digitale Medien für Lehre und Forschung. Münster: Waxmann. S. 287–302.

Schulmeister, Rolf & Metzger, Christiane (2011). Die Workload im Bachelor: Zeitbudget und Studierverhalten. Eine empirische Studie. Münster: Waxmann.

Schumacher, Eva-Maria (2006). LernCoaching. In Berendt, Brigitte, Tremp, Peter, Voss, Hans-Peter & Wildt, Johannes (Hrsg.). Neues Handbuch Hochschullehre (A 3.5). Berlin: Raabe.

Tremp, Peter & Reiber, Karin (2007). Eulen nach Athen! Forschendes Lernen als Bildungsprinzip. In Behrendt, Brigitte, Tremp, Peter, Voss, Hans-Peter & Wildt, Johannes (Hrsg.). Neues Handbuch Hochschullehre (A 3.6). Berlin: Raabe.

Internetquellen

Universität Bielefeld (Hrsg.): Was heißt Selbststudium? Bielefeld o.J.. Online verfügbar unter: http://www.uni-bielefeld.de/Universitaet/Studium/SL_K5/angebote_lehrende/Lehren-Lernen/Materialien/Selbststudium.pdf [03.11.2011].

Flyer Selbststudium http://www.zhwin.ch/studium [03.01.2008].

Keller, H.-J., Zumsteg, B., Vontobel, P. & Suter, P. (Hrsg.). Begleitetes Selbststudium und Selbststudium an FH. E-Learning Dossier. o.O. 2008. Online verfügbar unter: http://www.phzh.ch/webautor-data/1416/CSPC_eDossier_04.pdf. [03.11.2011].

Nano- und Materialwissenschaften B.Sc. – Entwicklung eines Studiengangs

Christian Willems

Zusammenfassung

Im Rahmen dieses Beitrags wird die Entwicklung des Bachelor-Studiengangs Nano- und Materialwissenschaften B.Sc. an der Fachhochschule Gelsenkirchen, Abteilung Recklinghausen, beschrieben. Dazu wird kurz auf die fachlichen Hintergründe sowie mögliche Berufsfelder von Absolventen eingegangen. Wichtige Erfahrungen aus dem voraus gegangenen Diplomstudiengang Materialtechnik und Randbedingungen, die sich z. B. aus Forderungen nach der Berufsfähigkeit der Absolventen ergeben, sowie hochschuldidaktische Einflussfaktoren sind in die Entwicklung des Curriculums und seine Umsetzung in die Lehre eingeflossen. Neben der Vermittlung von notwendigem Fachwissen liegt ein besonderer Schwerpunkt dieses Curriculums auf zusätzlichen, auch fachintegrierten Angeboten zum Erwerb von Schlüsselkompetenzen, um Absolventen für ihre zukünftigen beruflichen Aufgaben zu befähigen.

Gliederung

1 Einleitung
2 Erfahrungen aus dem Diplomstudiengang Materialtechnik
3 Randbedingungen und hochschuldidaktische Herausforderungen
4 Entwicklung des Studienganges Nano- und Materialwissenschaften B.Sc.
5 Erste Erfahrungen

1   Einleitung

Menschlicher Fortschritt war schon immer an die Entwicklung von Materialien gekoppelt – und ist es heute mehr denn je. Wir leben in einer Welt der Materialien. Automobile, Mobiltelefon, Computer – ohne moderne Werkstoffe und Methoden der Materialwissenschaften und -technik gäbe es sie nicht. Auch aus den Bereichen Energie-, Mikrosystem- und Medizintechnik sind materialwissenschaftliche Produkte wie Nano- und Biomaterialien, Verbund- und Funktionswerkstoffe, Chemosensoren oder Verfahren der Oberflächen-, Dünnschicht- und Solartechnik nicht mehr wegzudenken. Olympiasiege, die internationale Weltraumstation, Skateboard oder Mountainbike wären ohne Hochleistungsmaterialien nicht möglich. Nano- und Materialwissenschaften gehören zu den Schlüsseldisziplinen des 21. Jahrhunderts und dienen der Entwicklung neuer Technologien und Produkte. Typische Berufsfelder finden sich in Branchen der Energie-, Solar- und Elektrotechnik, Automobilindustrie, Leicht-, Maschinen- und Anlagenbau, Luft- und Raumfahrttechnik, Materialforschung/-entwicklung, Werkstoff-Informatik/Simulation, Qualitätsmanagement, Unternehmensberatungen, Versicherungen, Vertrieb/ Technisches Marketing und bei der Gründung eines eigenes Unternehmen.

Zur Beantwortung dringender Fragestellungen unserer Zukunft werden deshalb gut ausgebildete Menschen, die auch Erfahrung in der Entwicklung und Anwendung von Hochleistungsmaterialien haben, als Problemlöser benötigt. Dem steigenden Bedarf an Hochschulabsolventen der Materialtechnik und der Materialwissenschaft mit exzellenten Berufsaussichten begegnet die Fachhochschule Gelsenkirchen mit dem hier vorzustellenden materialwissenschaftlich-/technischen Studium an der Fachhochschulabteilung in Recklinghausen.

2 Erfahrungen aus dem Diplomstudiengang Materialtechnik

Im ausgelaufenen Diplomstudiengang Materialtechnik wurde seit Jahren die studienbegleitende Entwicklung von Schlüsselkompetenzen lückenlos für alle Semester im freien Wahlbereich beginnend mit der Orientierungseinheit (Einstieg ins Studium), über Erstsemestertutorien (Organisation des Studiums, Lern- und Arbeitstechniken, Kommunikation), Tutorenausbildung (Visualisieren, Präsentieren, Moderieren, Seminargestaltung, Arbeiten mit Gruppen, Interaktion), Projekt- und Veranstaltungsmanagement (Organisation und Umsetzung von Projekten, Gruppen- und Teamarbeit, Reflexion der Teamentwicklung), Ziel-, Zeit- und Selbstmanagement (Organisation, Führung der eigenen Person), Laborpraxis (Projektarbeit in Gruppen, Projektmanagement), Technisches Management (Kommunikation und Führung in Organisationen) bis zum Studienabschluss angeboten, damit Studierende neben der Fachkompetenz weitere berufsbefähigende Kompetenzen erwerben konnten.

Außerdem wurden Assessment-Center entwickelt, angeboten und durchgeführt, die Studierenden als Informationsquelle zu Selbstbild und Fremdbild sowie zur

Reflexion der eigenen Kompetenzen dienen und in persönliche Entwicklungspläne sowie Bewerbungsstrategien einfließen.

Für das neu zu entwickelnde Curriculum war vorgesehen, dieses Angebot – dort wo möglich auch erweitert – nicht nur als add-on-Veranstaltungen sondern auch in Pflicht- und Wahlpflichtveranstaltungen fachintegriert anzubieten.

3 Randbedingungen und hochschuldidaktische Herausforderungen

Zur Zeit der Entwicklung und Akkreditierung dieses Studiengangs verfügte der Fachbereich über 16 Professuren (davon eine unbesetzt) aus vier verschiedenen Grundrichtungen: Chemie, Molekulare Biologie, Mathematik/Informatik, Maschinenbau/Werkstofftechnik. In den Übergang von zwei auslaufenden Diplomstudiengängen (Materialtechnik und Chemie) auf drei neue Bachelor- (Nano-und Materialwissenschaften, Chemie sowie Molekulare Biologie) und zwei neue Master-Studiengänge (Polymerwissenschaften und Molekulare Biologie) mit insgesamt ca. 130 Studierenden pro Erstsemester fiel zeitgleich – initiiert durch die Lissabonstrategie und den Bolognaprozess – die Novellierung des Hochschulgesetzes NRW.

Begriffe wie Demografie, Lebenslanges Lernen, Employability, Internationalisierung, W-Besoldung, Berufungswellen oder Professionalisierung der Leitungsebenen bestimmten ergänzt von der Auseinandersetzung mit Aspekten zu Qualität der Lehre, Akkreditierung, Evaluation, Schlüsselkompetenzen, Performanz, Kompetenz, aktivierende Lehre, shift from teaching to learning, Professionalisierung der Lehre, Lerncoaching, Lernteamcoaching, Konstruktivismus, Transaktionsanalyse, Themenzentrierter Interaktion, Gestaltarbeit, Gruppendynamik, Systemik, Neurolinguistisches Programmieren, Lernforschung, Lerntheorien, Lehrkompetenz, Lehrportfolio, kollegiale Beratung, Lehr-Lern-Verträge, Prüfungsformen, Plagiate usw. im Rahmen der hochschuldidaktischen Diskussion und Weiterbildung ebenfalls die Entwicklung des Studiengangs Nano- und Materialwissenschaften (vgl. Kapitel 4 – Einleitung in diesem Band).

4 Entwicklung des Studiengangs Nano- und Materialwissenschaften B.Sc.

Auf der Grundlage der Randbedingungen und hochschuldidaktischen Herausforderungen wurden nach eingehenden Diskussionen durch die Fachvertreter die Ziele und das Profil des dreijährigen Studiengangs Nano- und Materialwissenschaften B.Sc. für eine Anfängerzahl von 20 Studierenden parallel zu den Studiengängen Chemie B.Sc. und Molekulare Biologie B.Sc. definiert. Aus Kapazitätsgründen wurde eine möglichst große Überdeckung der Angebote für alle drei Studiengänge im ersten Studienjahr angestrebt, wobei jede Fachrichtung mindestens in einem grundlegenden Fachmodul prominent vertreten sein sollte. Dies bot auch für Studiengangwechsler den Vorteil geringer Nacharbeit. Die Studierenden sollten, wie es im Qualifikationsrahmen für Deutsche Hochschulabschlüsse auf Bachelor-Ebene (vgl. HRK 2005) gefordert wird, (je nach Profilbildung und Berufswunsch) ihr Wissen und Verstehen (Kenntnisse) verbreitern und vertiefen sowie ihre instrumentalen, systemischen und kommunikativen Kompetenzen durch geeignete Formen der Lehrveranstaltungsgestaltung in den in Abb. 1 beschrieben Themenfeldern erwerben. Im Anschluss wurde die Grobstruktur des Kompetenzerwerbs während der verschiedenen Studienjahre/-semester diskutiert und festgelegt, Abb. 2. Wichtig war, dass das Studium einen roten Faden bezüglich des fachlichen, methodischen und sozial-kommunikativen Kompetenzerwerbs aufweist.

Kentnisse über ...	speziell ...
Handlungsfelder	Materialwissenschaftliche Branchen, Aufgaben, Tätigkeitsfelder
Grundlagen, Methoden, Kompetenzen	Mathematisch-naturwissenschaftliche Grundlagen und materialwissenschaftliches Arbeiten, Schlüsselkompetenzen für Materialwissenschaftler
Werkstoffgruppen, Herstellung, Be- und Verarbeitung	Werkstoffe, Werkstoffverbunde und Verbundwerkstoffe, Ober-/Grenzflächeneigenschaften und Modifikationen, Supramolekulare Strukturen, Funktionswerkstoffe und funktionale Beschichtungen, nanoskalige Materialien, materialwissenschaftliche Tätigkeitsfelder der Nanotechnologie
Werkstoffeigenschaften, Auswahl und Entwicklung	Analytik, Charakterisierung und Beurteilung von Materialeigenschaften, Qualitätsmanagement, Prüfmethodenentwicklung, Schadensanalyse, Materialauswahl, Entwicklung neuer Materialien

Abb. 1: Themenfelder zur Entwicklung der Kompetenzprofile

Abb. 3 gibt die Aufteilung der Pflicht- und Wahlpflicht-Module im Grundstudium wieder. Die Wahlpflicht-Module ab dem dritten Semester ermöglichen den Studierenden einen ersten Schritt zur persönlichen Profilbildung. Abb. 4 gibt die Aufteilung der Pflicht- und Wahlpflicht-Module im Hauptstudium wieder. Aus den Wahlpflichtkatalogen müssen vier Module aus dem Katalog 1 (fachbezogene Module) und ein Modul aus dem Katalog 2 (nicht-fachbezogene Module) gewählt werden. Studierende, die mehr Module belegen, können sich die Teilnahme anerkennen oder als zusätzliches Wahlfach abprüfen lassen, wobei diese Note nicht in den Notendurchschnitt eingeht. Diese Vorgehensweise ermöglicht den Studierenden weitere Schritte zur persönlichen Profilbildung. Außerdem ist das Studium so an-

CHRISTIAN WILLEMS

gelegt, dass von den Studierenden eine zunehmende Selbstständigkeit, Verantwortungsübernahme und Reflexion ihres Handelns gefordert wird.

Orientierungseinheit: Was ist eigentlich „Studieren"? Kennenlernen des Fachbereichs, Ziele, Zeit- und Selbstmanagement im Studium

1						Naturwissenschaftlich-methodische Grundlagen und Fachkompetenzen, Erwerb von Schlüsselkompetenzen, Einführung in das wissenschaftliche Arbeiten, Miniprojekte, Berufsfelder
2						
3						Materialwissenschaftlich-methodische Grundlagen sowie Vertiefung von Fachkompetenzen, persönliche Profilbildung, weiterer Erwerb von Schlüsselkompetenzen, Projekte, Berufsorientierung
4						
5						Entwicklung eines fachlichen Profils, wissenschaftliches Arbeiten, Anwenden und weiterer Erwerb von Schlüsselkompetenzen, Berufswahl
6						

Abb. 2: Grobstruktur des Kompetenzerwerbs im Curriculum

1	Struktur und Eigenschaften der Materie	Allgemeine Chemie	Physik	Mathematik	Informatik	Grundlagen und Methoden der Nano- und Materialwissenschaften
2	Analytische Chemie				QM & Arbeitssicherheit	
3	Grundlagen der anorganischen Chemie	Grundlagen der organischen Chemie	WP-Modul 1A, 1B	Prüfverfahren	Technisches Englisch	Metallische Wekstoffe und Nanotechnologie
4	Anorganische nichtmetallische Werkstoffe und Nanocomposite	Kunststoffe und Nanocomposite	WP-Modul 2A, 2B	Werkstoffcharakterisierung	Laborprojekt Nano-Mat	Oberflächen und nanoskalige Funktionsmaterialien
WP	Wahlpflichtmodule 1A, 2A: 1 A – Instrumentelle Analytik 2 A – REM und Schadensanalyse			Wahlpflichtmodule 1B, 2B: 1B – Physikalische Chemie, Kinetik 2B – Physikalische Chemie, Thermodynamik		

Abb. 3: Grundstudium, erstes und zweites Studienjahr mit Wahlpflichtmodulen

5	Praxisphase	Laborpraxis Nano- und Materialwissenschaften	Wahlpflichtmodul 1 Katalog 1	Wahlpflichtmodul 2 Katalog 1	Wahlpflichtmodul 3 Katalog 1	Wahlpflichtmodul Katalog 2
6		Praxisseminar	Bachelorarbeit		Wahlpflichtmodul 4 Katalog 1	
WP	Wahlpflichtkatalog 1 Pulvermetallurgie, Teilchen- und Schichtverbunde Faserverbundwerkstoffe Neue Materialien, Werkstoffauswahl und –entwicklung Biomaterialien Oberflächen- und Nanotechnologie Chemische Nanotechnologie					
WP	Wahlpflichtkatalog 2 Grundlagen der Betriebswirtschaftslehre Statistische Methoden des Qualitätsmanagements Managementtechniken Fremdsprache + Landeskunde Arbeitssicherheit und Gefahrstoffe					

Abb. 4: Hauptstudium, drittes Studienjahr mit Wahlpflichtkatalogen

Abb. 5 gibt die Aufteilung bezüglich der Integration des Schlüsselkompetenzerwerbs in Fachlehrveranstaltungen des Curriculums wieder.

5 Erste Erfahrungen

Durch die intensive Betreuung der Studierenden während der Orientierungseinheit und im ersten Studienjahr, mit einer starken Orientierung auf den fachlich-methodischen und sozial-kommunikativen Kompetenzerwerb, wird die Selbständigkeit, Eigeninitiative und Selbstlernfähigkeit gefördert. Die guten Erfahrungen aus dem Diplomstudiengang lassen sich trotz verkürzter und weniger persönlichkeitsbildender Studiendauer übertragen. Die konsequente Ausrichtung am roten Faden ermöglicht ein zügiges Studieren. Schwierigkeiten ergeben sich meist aufgrund fehlender Vorkenntnisse, die zur Verlängerung des Studiums oder in seltenen Fällen zum Abbruch führen. Die Studierenden finden relativ zügig Stellen in der Wirtschaft zur Durchführung der Praxisphase- bzw. Bachelorarbeit. Die Quote der Absolventen, die ein anschließendes Masterstudium statt den sofortigen Berufseintritt anstrebt, liegt derzeit bei ca. 70 %.

1	Einführung in das Studium NMW, Berufsfelder, Ziele, Zeit- und Selbstmanagement im Studium, Werkstoffgruppen und Lebenswelt, Kommunikation, Präsentation und Visualisierung von Arbeitsergebnissen (Tafelarbeit, Flip Chart, Mind Mapping), Lernmethoden
2	Einführung in das wissenschaftlche Arbeiten, Informationsbeschaffung und Literaturrecherche, Methoden des wissenschaftlichen Arbeitens und der Dokumentation (Protokolle, Kurzberichte, wissenschaftliches Schreiben), Präsentation, seminaristische Lehrveranstaltungen, Übungen und Praktikum in kleinen Gruppen, Teamteaching, Lerncoaching, Miniprojekte
3	Vertiefung 2. Semester, Seminarvortrag (Power Point), praktische Arbeiten im Labor, Lerncoaching
4	Grundlagen des Projektmanagements, Kleingruppenarbeit, Moderationstechniken und Moderation von Gruppen, Grundlagen der Gruppen- und Teamarbeit, Kommunikation und Führung in Gruppen und Teams, Methoden der angewandten Problemlösung und Entscheidungsfindung, Informationsbeschaffung und Literaturrecherche, Aufgaben/Fragestellungen der Nano- und Materialwissenschaften, Literatur, Versuchsplanung, Umgang mit gängigen Laborgeräten, Ergebnisse auswerten, dokumentieren und präsentieren, Konzeption wissenschaftlicher Berichte, moderierte Gruppenarbeiten, Ergebnispräsentationen, Diskussion
5	Systematische und selbstorganisierte Bearbeitung wissenschaftlicher Fragestellungen in Gruppen- und Teamarbeit incl. Berichterstellung und Dokumentation, Präsentation und Diskussion der Ergebnisse, Planung und Durchführung (hochschul-)öffentlicher Veranstaltungen (Kolloquium) in Team- und Gruppenarbeit incl. Berichterstellung und Dokumentation, Präsentation und Diskussion der Ergebnisse planen und im Kontakt mit Vertretern der Wirtschaft erfolgreich verteidigen
6	Bachelor-Arbeit, Präsentation und Diskussion der Ergebnisse mit Vertretern der Wirtschaft

Abb. 5: Integration des Schlüsselkompetenzerwerbs in Fachlehrveranstaltungen des Curriculums

Literatur

HRK (2005). Qualifikationsrahmen für Deutsche Hochschulabschlüsse. Bonn. Online verfügbar unter: http://www.hrk.de/de/download/dateien/QRfinal2005.pdf [04.01.2012]

Der Einstieg ins Studium als Gemeinschaftsaufgabe: Das Leuphana Semester

KARIN BECK/CRISTINA BLOHM/ANDREAS JÜRGENS/
SVEN PRIEN-RIBCKE

Zusammenfassung

Dieser Beitrag stellt das erste Semester der Leuphana-Universität in Lüneburg vor, das für alle Erstsemester fächerübergreifend gemeinsam organisiert und angeboten wird. Es besteht aus drei überfachlichen und zwei fachlichen Modulen und soll den Einstieg in das universitäre Lernen erleichtern.

Gliederung:

1 Ziel und Aufbau des Leuphana-Semesters
2 Das Modul „Wissenschaft trägt Verantwortung"
3 Das Modul „Wissenschaft nutzt Methoden"
   3.1 Modulteil: Fächerübergreifende Methoden
   3.2 Die drei Bereiche
      3.2.1 Forschungsmethoden für alle
      3.2.2 Statistik für alle
      3.2.3 Mathematik für alle
4 Das Modul „Wissenschaft macht Geschichte"

Am Leuphana College gibt es seit 2007 ein überfachlich organisiertes erstes Semester. Hier studieren alle Erstsemester in drei überfachlichen Modulen gemeinsam und in zwei fachlichen Modulen nach Majors (Hauptfächern) getrennt. Das Leuphana Semester soll dem Einstieg in das universitäre Lernen, dem kritischen und selbstständigen Denken und einem inter- und transdisziplinären Verständnis von Wissenschaft dienen. Im Anschluss an das Leuphana Semester (30CP) studieren alle Bachelorstudierenden am Leuphana College in einem Major (90CP), einem Minor (30CP) und dem fächerübergreifenden Komplementärstudium (30CP).

1   Ziel und Aufbau des Leuphana Semesters

Das Leuphana Semester an der Leuphana Universität Lüneburg geht von der Grundannahme aus, dass der Einstieg in die Universität eine besonders wichtige und entscheidende Phase für die Studierenden ist. Das erste Semester wird als Übergangphase verstanden: Die Studierenden kommen aus der Denkhaltung der Schule. Dort ging es darum, aufbereitetes Wissen zu lernen und richtig wiederzugeben. Der Wissenserwerb diente hier auch der Sicherheit und der Orientierung in der Welt. Diese Grundlage ist von großer Bedeutung für die Wissenschaft, muss aber überwunden und weiterentwickelt werden. Denn in der Wissenschaft ist es zentral, bestehende Selbstverständlichkeiten zu hinterfragen und immer wieder neu zu denken. Die Unsicherheit wissenschaftlichen Wissens ist für Studierende, gerade am Anfang des Studiums, schwer zu ertragen. Das Leuphana Semester konfrontiert sie aber von Anfang an mit den Tiefen und Untiefen der Wissenschaft. Ziel ist es dabei, den Studierenden innerhalb dieser Welt genug Halt, Unterstützung und Methoden an die Hand zu geben, um in diesen schwierigen Fahrwassern selbstbewusst und souverän zu navigieren. Das Leuphana Semester ist konzipiert als Einstieg in die Wissenschaft an sich. Dieser Einstieg erfolgt zeitgleich mit der Einführung in die Einzelwissenschaften, allerdings nimmt der überfachliche Bereich größeren Raum ein.

Das Leuphana Semester gliedert sich in vier Module: Wissenschaft trägt Verantwortung (10CP), Wissenschaft nutzt Methoden (fächerübergreifend 5CP, fachspezifisch 5CP), Wissenschaft macht Geschichte (5CP) sowie das fachspezifische Modul Wissenschaft kennt disziplinäre Grenzen (5CP).

Aus organisatorischen und didaktischen Gründen haben die Module jeweils einen eigenen Tag in der Woche, wobei das Modul „Wissenschaft nutzt Methoden" als Doppelmodul organisiert ist und daher auf zwei Tage verteilt ist.

Interdisziplinarität und Transdisziplinarität sollen im Leuphana Semester nicht abstrakte Vokabeln sein, die als Buzzwörter in Diskussionsveranstaltungen verwendet werden, sondern für die Studierenden von Anfang an die Grundlage und Realität ihres wissenschaftlichen Arbeitens sein. Daher ist der Schwerpunkt des fächerübergreifenden Moduls „Wissenschaft trägt Verantwortung" auf die Orientierung in der Gesellschaft außerhalb des „Elfenbeinturms" orientiert, während sich das Modul „Wissenschaft macht Geschichte" auf die grundsätzliche Haltung des Hinterfragens, Infragestellens und der tiefgehenden Neugier der Wissenschaft konzentriert. Dass sich wissenschaftliches Denken und wissenschaftliche Vorgehensweisen von den Vorgehensweisen des Alltags grundsätzlich unterscheiden, ist das zentrale Thema des Moduls „Wissenschaft nutzt Methoden". Dabei geht es um

Karin Beck/Cristina Blohm/Andreas Jürgens/Sven Prien-Ribcke

grundsätzliche Vorgehensweisen und Verfahren, die allgemein Wissenschaft von Alltagsdenken unterscheidet und nicht nur fachspezifisch ist.

Was diese allgemeinen Grundsätze der Wissenschaft für das jeweilige Fach bedeuten und wie das Fach sich spezifisch gestaltet, ist das Thema des Moduls „Wissenschaft kennt disziplinäre Grenzen". Dieses Modul wird von den einzelnen Fächern organisiert und orientiert sich an der fachspezifischen Didaktik. Daher konzentriert sich dieser Artikel auf die fächerübergreifenden Module.

Alle Module haben eine oder einen Modulverantwortlichen Professor oder Professorin und als Modulkoordination eine wissenschaftliche Mitarbeiterin oder einen Mitarbeiter. Dieses Team arbeitet eng zusammen, um eine Abstimmung der Module aufeinander im Sinne der Ziele des Leuphana Semesters zu ermöglichen. Um die Lehrenden bei der Bewältigung dieser Anforderungen zu unterstützen, veranstaltet das Leuphana College alljährlich einen mehrtägigen Lehrenden-Workshop, auf dem Modullehrende für die didaktische Konzeption ihrer Seminare durch Vorträge und Gruppenarbeiten didaktische Empfehlungen und Anregungen erhalten.

Im Folgenden werden die fächerübergreifenden Module im Einzelnen vorgestellt:

2 Das Modul „Wissenschaft trägt Verantwortung"

Welche Fragen stellen uns die Probleme von morgen? Das Modul „Wissenschaft trägt Verantwortung" lädt die Erstsemester-Studierenden dazu ein, das Leitbild einer nachhaltigen Entwicklung aus wissenschaftlicher Perspektive auszuleuchten.

Eine Ringvorlesung und begleitende Tutorien stecken den inhaltlichen Rahmen des Moduls ab: Sie führen in das vielschichtige Thema der nachhaltigen Entwicklung ein und statten die Studierenden im Leuphana Semester mit dem ersten Rüstzeug aus, um an der interdisziplinären Global-Change-Forschung teilhaben zu können. In der Vorlesung treffen die Studierenden auf Lehrende, die mit ihnen die Perspektiven wechseln – zwischen einzelnen Fachrichtungen und der zivilgesellschaftlichen Praxis.

In den Projektseminaren des Moduls erkunden die Studierenden im Sinne des Forschenden Lernens erstmals Forschungsgelände: In überschaubaren Projekten erproben sie eigenständige Thesen zur nachhaltigen Entwicklung, die mit der Konferenzwoche zum Ende des Semesters auch ein hochschulöffentliches Forum finden. Das Finale des Leuphana Semesters ist zugleich die Gelegenheit, sich mit Gästen aus Politik, Wissenschaft und Zivilgesellschaft über die Möglichkeiten und Grenzen der Zukunftsgestaltung auszutauschen.

Zwei didaktische Kernelemente prägen das Verantwortungsmodul: (1) Die Analogie zum Prozess der universitären Wissensgenerierung und (2) der Projektcharakter der Seminare.

Zu (1): Die Lehr-/Lernformate des Moduls lassen sich idealtypisch den drei Phasen des Wissenschaftsprozesses zuordnen: Während die Ringvorlesung und die Tutorien für den eher klassischen Wissenserwerb stehen, lehnen sich die Projektseminare an die Phase der eigentlichen Wissensgenerierung an. Indem die Studierenden im Seminar ein erstes, überschaubares Forschungsprojekt in Angriff nehmen, erkunden sie mit Unterstützung der Lehrenden die Perspektive und Haltung von Forschungsakteuren. Die Konferenzwoche schließlich greift die kommunikative Phase des Wissenschaftsprozesses auf: Jede Projektgruppe präsentiert die eigenen Forschungsergebnisse und stellt sich damit der hochschulöffentlichen Kritik.

Zu (2): Die Seminare gewinnen ihr projektorientiertes Profil durch ein hohes Maß an selbstgesteuerter Gruppenarbeit, die mit der Herausforderung einer nachhaltigen Entwicklung in einen realen Problemkontext eingebettet ist. Ein zu erstellender Projektbericht gibt dabei zwei wesentliche Arbeitsphasen vor: (a) Die Planung des Forschungsprojektes von der Findung einer konkreten Fragestellung über das Forschungsdesign bis hin zu einem Arbeits- und Zeitplan. (b) Die Realisierung des Projekts samt Ergebnisdarstellung und Reflexion der Forschungswege und –resultate. Mit der Konferenzwoche lernen die Studierenden nicht nur ein gängiges Format der gemeinsamen Reflexion kennen, sie ist zugleich eine Quelle für potentielle Eigenmotivation, da sie eine Form der Produktorientierung mit sich bringt. Nicht zuletzt bietet die Konferenz die Möglichkeit, Prüfungen in quasi-realistischen Kontexten zu organisieren.

Die didaktischen Kernelemente des Moduls verändern fraglos die Rolle der Lehrenden. Die/der Dozent/in klassischer Prägung wird im Modul „Wissenschaft trägt Verantwortung" im Idealfall zum Arrangeur gelingender Selbstlernprozesse.

3   Das Modul „Wissenschaft nutzt Methoden"

Das Modul „Wissenschaft nutzt Methoden" besteht aus zwei konsekutiven und aufeinander aufbauenden Modulteilen. In den ersten sieben Vorlesungswochen des Wintersemesters erlernen die Studierenden die fächerübergreifenden Methoden (Teil I) und in der zweiten Hälfte die fachspezifischen Methoden (Teil II). Die Gestaltung der fachspezifischen Veranstaltungen obliegt der Verantwortung der Major (Hauptfächer).

3.1 Modulteil I: Fächerübergreifende Methoden

Dieser Modulteil umfasst in den ersten sieben Wochen des Semesters die Lehre der Methoden, mit denen in der Wissenschaft Daten und Erkenntnisse erlangt und Ergebnisse gemessen werden. Es gliedert sich in die Bereiche „Forschungsmethoden für alle", „Statistik für alle" und „Mathematik für alle". Die Studierenden belegen nach Vorgabe des jeweiligen Majors zwei der drei Bereiche. Es wird jedoch empfohlen, alle drei Bereiche zu besuchen. Die erworbenen Kenntnisse werden in den majorspezifischen Veranstaltungen des Folgemoduls „Wissenschaft nutzt Methoden II, fachspezifisch" vertieft und weiterentwickelt. Anwendung finden die erworbenen Methodenkenntnisse selbstverstänlich auch in den anderen Modulen des Leuphana Semesters und bilden außerdem die Basis für die Arbeit im gesamten weiteren Studium.

In Vorlesungen, vertiefenden Seminaren und Tutorien erarbeiten die Studierenden Grundlagen in den Methoden der empirischen Forschung, der Statistik oder der Mathematik. Insgesamt sind für das Modul „Wissenschaft nutzt Methoden I" vier Semesterwochenstunden (SWS) vorgesehen. Hierbei ist zu beachten, dass diese vier SWS in einem halben Semester absolviert werden. Das Modul „Wissenschaft nutzt Methoden I" wird mit einer Klausur zu den zwei vorgegebenen Bereichen in der achten Vorlesungswoche abgeschlossen.

3.2 Die drei Bereiche

3.2.1 Forschungsmethoden für alle

Im Bereich Forschungsmethoden entwickeln die Studierenden ein grundlegendes Verständnis für Vorgehensweisen in der empirischen Forschung: Die Dozentinnen und Dozenten stellen wesentliche wissenschaftliche Methoden und Ansätze aus verschiedenen Disziplinen vor dem Hintergrund ihrer jeweiligen fachlichen Perspektive vor und veranschaulichen ihre Anwendung mit Beispielen aus der Praxis.

In diesem Bereich werden eine Ringvorlesung und ca. 30 Begleitseminare angeboten. Die Vorträge der Ringvorlesung halten ausgewiesene Fachexpertinnen und Fachexperten unserer Universität zu folgenden Themen:

- Überblick (Einführung in und Grundlagen der empirischer Forschung)
- Methode „Beobachten"
- Methode „Testen und Messen"
- Methode „Text- und Inhaltsanalyse
- Methode „Experiment"
- Wissenschaftstheoretische Grundlagen

Die Begleitseminare dienen zur Verinnerlichung und Vertiefung der Inhalte aus der Vorlesung sowie der Anwendung der einzelnen Methoden im Rahmen der wissenschaftlichen Richtung und des Forschungsfeldes des/der jeweiligen Dozenten/in. Die Studierenden lernen somit fachbezogene Methoden mit übergreifenden wissenschaftlichen Perspektiven in Beziehung zu setzen.

3.2.2 Statistik für alle

Statistische Informationen (Graphen, Kennzahlen etc.) sind wesentliche Bausteine zur Untermauerung von Argumenten, sei es im beruflichen, politischen aber auch im privaten Bereich. Zeitungen und andere gesellschaftlich wichtige Medien bleiben ohne das Verständnis für Zahlen und Graphen der deskriptiven Statistik unverständlich. Vorkenntnisse der deskriptiven Statistik (Mittelwerte, Streuung etc.) sind zudem eine notwendige Voraussetzung für eine darauf aufbauende schließende Statistik (Hypothesentests etc.). In einer zweistündigen Vorlesung werden die statistischen Grundlagen vorgestellt und in begleitenden Übungen vertieft. Vor diesem Hintergrund und dem allgemeinen Ziel, in einer Welt rapide zunehmender Informationsmengen Werkzeuge zum Verständnis zentraler Aussagen und Tendenzen bereit zu stellen, sind die wichtigsten Vorlesungsthemen folgende:

- Allgemeine Grundlagen
- Darstellungsmöglichkeiten von Daten
- Statistische Analyse mehrerer Merkmale
- Einführung in die Schließende Statistik

Den Studierenden steht ein vorlesungsbegleitendes Skriptum zur Verfügung, welches ihnen helfen soll, den Blick auf das Wesentliche, auf das Verständnis der Methoden und ihrer Anwendungen zu erleichtern. Für den problemorientierten Einstieg und den Umgang mit dem Computer als Hilfsmittel werden Tabellenkalkulatoren (wie z. B. Excel), SPSS (Statistical Package for the Social Sciences) und andere Programmpakete verwendet.

Begleitend zu der Vorlesung finden ca. 50 Tutorien statt, in denen die Studierenden die Möglichkeit haben, die Inhalte der Vorlesung zu vertiefen und an Beispielen zu üben.

3.2.3 Mathematik für alle

In diesem Bereich findet eine vierstündige Vorlesung mit integrierten Übungsphasen statt. Ziel ist es, den Studierenden die Grundgedanken und Methoden der Mathematik vorzustellen. Zu den Feldern gehören:

- Kryptographie
- Codierung

Karin Beck/Cristina Blohm/Andreas Jürgens/Sven Prien-Ribcke

- Graphentheorie
- Funktionen und Analysis
- Optimierung
- Prozesse
- Computer
- Numerik

Die Präsenzlehre wird ergänzt durch eine Unterstützung von Tutorinnen und Tutoren auf der Lernplattform Moodle. In diesem Kurs werden wöchentlich Beispielaufgaben mit einer Musterlösung vorgestellt. Studentische Tutorinnen und Tutoren beantworten Fragen der Studierenden zu den verschiedenen Lösungswegen. Die Studierenden können ihre Aufgaben mit einer Software selbstständig auf Richtigkeit prüfen.

Über ein Repetitorium, das am Samstag in der siebten Semesterwoche angeboten wird, haben die Studierenden zusätzlich die Möglichkeit, sich systematisch und angeleitet auf die Klausur vorzubereiten. Die Folien der Vorlesung nebst interaktiven Dateien und Informationen werden auf einer extra entwickelten Homepage angeboten.

4 Das Modul „Wissenschaft macht Geschichte"

Im Rahmen des Leuphana Semesters dient das Lehrangebot des Moduls „Wissenschaft macht Geschichte" der geisteswissenschaftlichen Reflexion eines jährlich wechselnden Semesterthemas. Hierbei soll insbesondere das Wissen der Studierenden in den Bereichen Geistesgeschichte, Kulturgeschichte und Technikgeschichte erweitert und vertieft werden. In der praktischen Auseinandersetzung mit grundlegenden Diskursen unserer Gesellschaft werden Problemlagen unter Berücksichtigung ihrer Historizität erarbeitet, kontextualisiert und interpretiert. Neben dem Erwerb von themenspezifischem Fachwissen liegt ein zweiter inhaltlicher Schwerpunkt auf der Vermittlung von klassischen Techniken des wissenschaftlichen Arbeitens. Auf der Grundlage einer Hausarbeit und eines Essays sollen die Studierenden am Ende des Semesters nachweisen, dass sie in der Lage sind, ein eigenes Erkenntnisinteresse bzw. eine eigene Position zu entwickeln, mit Argumenten abzusichern und schriftlich zu verteidigen. Das Ziel des Moduls besteht also nicht lediglich in der Vermittlung von Spezialwissen, sondern in einer Einführung in das geisteswissenschaftliche Denken und Studieren, worüber Wissenschaft als Denk- und Lebensform erfahrbar gemacht werden soll.

Innerhalb des Moduls ist der akademische Unterricht in drei Veranstaltungsformate gegliedert: In den Vorträgen der Ringvorlesung wird unter Hinzuziehung auswärtiger Gastredner den Studierenden die diskursive Breite des Semesterthemas vorgeführt. In den Seminaren wird ein Einblick in die Tiefe gegeben, in der die akademische Auseinandersetzung mit einem Thema erfolgt. Die von fortgeschrittenen Studierenden geleiteten Tutorien dienen der Einübung von Arbeitstechniken und der praktischen Hilfestellung bei der Studienorganisation.

Aus dem interdisziplinären und didaktisch innovativen Anspruch des Leuphana Colleges, die Studierenden im ersten Semester in die Welt der Wissenschaft und nicht in einzelne Wissenschaften einzuführen, folgen für das Modul „Wissenschaft macht Geschichte" vor allem zwei didaktische Konsequenzen. Zum einen wird das Semesterthema multiperspektivisch behandelt, zum anderen sind die Lehrenden aufgefordert, ihre fachlichen Kompetenzen auf eine Art zu vermitteln, die in den Studierenden Enthusiasmus für die Wissenschaft auslöst.

Multiperspektivität: der mit der Abhaltung von Seminaren befasste Lehrkörper umfasst Vertreter einer Vielzahl an geistes- resp. kulturwissenschaftlicher Fächer: Historiker, Theologen, Philosophen, Kunsthistoriker, Literaturwissenschaftler, daneben auch Soziologen, Politologen, Psychologen etc. Diese disziplinäre Vielfalt spiegelt sich auch in den Vorträgen der Ringvorlesung wieder, in denen fachlich differenzierte Blickwinkel auf das Semesterthema präsentiert werden. Insofern stellt das Lehrangebot des Moduls ein Abbild des Pluralismus der geistes- resp. kulturwissenschaftlichen Methoden, Zugänge und Theorien dar. Damit verbunden ist eine intellektuelle Herausforderung an die Studierenden: Orientierung durch Wissen ist nur um den Preis der Orientierung im Wissen zu erwerben; die Orientierung im Wissen erfordert die Verbindung von reproduktivem Lernen und konstruktivem „selbst denken".

Enthusiasmus: die Lehrenden des Moduls „Wissenschaft macht Geschichte" stehen bei der didaktischen Konzeption ihrer Seminare vor einer doppelten Herausforderung: Einerseits richten sie sich aufgrund der Besonderheit des Leuphana Semesters an eine fachlich heterogen zusammengesetzte Gruppe von Studierenden. So können beispielsweise an einem literaturwissenschaftlichen Seminar zu dem Semesterthema „Gesundheit und Krankheit" sowohl Studierende der Umweltwissenschaften, der Wirtschaftsinformatik als auch der Kulturwissenschaften teilnehmen. Zum anderen erschöpft sich die Aufgabe der Lehrenden nicht in der Vermittlung von Spezialwissen, sondern sie sollen ihr Seminarthema in einen breiteren intellektuellen Horizont stellen, so den Studierenden größere wissenschaftliche Zusammenhänge transparent machen und darüber hinaus Interesse und Neugier an der Wissenschaft schlechthin wecken. Die begeistert lehrende Persönlichkeit, die es vermag, jungen Studierenden den Blick zu öffnen für die historische Gewordenheit von Welt und die Wichtigkeit und den Wert einer die Alltagsgewissheit infrage stellenden und die Alltäglichkeit transzendierenden Reflexivität, bleibt hierbei das angestrebte Ideal.

Literatur

HRK (2010). Kreative Vielfalt. Bonn: HRK.
Leuphana College (2012). Broschüre. Online verfügbar http://www.leuphana.de/ fileadmin/user_upload/college/files/Flyer_Allgemein/College_Broschuere_Bachelor.pdf [31.01.2012].
Leuphana College (2012). Startwochen. Online verfügbar http://www.leuphana.de/ fileadmin/user_upload/college/Startwoche/Startwoche_10/Startwoche2010_Praesentation_College.pdf [31.01.2012].

IV   Besondere Elemente im Studium

Einleitung

TOBINA BRINKER

Employability, Praxisorientierung und Schlüsselkompetenzen sind drei Schlagworte, die bei der Studienganggestaltung nach der Bologna-Reform immer bedeutsamer werden (Bürger & Teichler 2004, S. 25).

Employability oder auch Beschäftigungsfähigkeit wird kontrovers diskutiert von der reinen Passung an die Anforderungen der Unternehmen bis zur Persönlichkeitsentwicklung und -entfaltung. Inwieweit Beschäftigungsfähigkeit tatsächlich schon in Studiengängen gefördert wird, zeigt ein aktueller Beitrag aus Studierendensicht. Die Studierendenbefragung an der Universität Augsburg weist auf, dass die Kompetenzen wie Fachwissen, Eigenverantwortung und Selbstständigkeit im Mittelpunkt des Studiums stehen, während Teamarbeit und Kooperation sowie praktische Erfahrungen und Internationalität eher weniger gefördert werden (Lödermann & Scharrer 2011, S. 210).

Praxisorientierung im Studium soll eine bessere Qualifizierung für berufliche Aufgaben bewirken. Wichtig dazu ist nicht nur die Erfahrung in der beruflichen Praxis, sondern die begleitende Aufarbeitung während des Studiums, die Auseinandersetzung und Bearbeitung von Praxisproblemen und auch die Diskussion über den Bezug und die Auswirkungen auf gesellschaftspolitisches Handeln und weitere Lebensbereiche (Bürger & Teichler 2004, S. 30). Die Einrichtung und der Aufbau von Karrierezentren an Hochschulen ist eine Möglichkeit zur Förderung der Praxisorientierung, die Integration von begleitenden Praxisphasen sowie die Bearbeitung von Praxisproblemen sind weitere Bausteine zur Förderung des Praxisbezuges.

2007 fordert die deutsche Hochschulrektorenkonferenz die Ausgestaltung der „Studiengänge mit jeweils sinnvollem Arbeitsmarktbezug und einschließlich der Schlüsselkompetenzen im Dialog mit Arbeitgebern und Absolventen". Von den Hochschulen erwartet die HRK den Paradigmenwechsel vom Lehren zum Lernen und die konsequente Kompetenzorientierung bei der Studiengangentwicklung.

„Die Studienreform muss einhergehen mit einer Erneuerung der Lehr- und Lernformen in der fachwissenschaftlichen Lehre und in der Vermittlung von Schlüsselkompetenzen". (HRK 2007b)

Nicht nur die HRK, sondern auch das Bundesministerium (BMBF), die Bundesvereinigung der Deutschen Arbeitgeberverbände (BDA), der Bundesverband der Deutschen Industrie (BDI) und die Kultusministerkonferenz (KMK) fordern von allen Hochschulen, die Studierenden fit zu machen für den Job, die „Arbeitsmarktkompetenzen" zu stärken und Persönlichkeiten auszubilden. Dazu gehören fachliche und methodische Kompetenzen ebenso wie personale und soziale. Zentrales Ziel des Bologna-Prozesses ist die Beschäftigungsfähigkeit zu stärken. (HRK 2007a)

Hochschulabsolventinnen und -absolventen müssen schon in der Bachelorstufe, dem ersten berufsqualifizierenden Hochschulabschluss, die notwendigen Methoden- und Schlüsselkompetenzen integrativ vermittelt bekommen, aber immer als Ergänzung zur fachwissenschaftlichen Qualifikation. Eine „hohe Qualitätskultur in Studium und Lehre, die sich auch um die grundsätzliche Beschäftigungs- und Arbeitsmarktfähigkeit („employability") der Hochschulabsolventen kümmert", ist auch ein wichtiges Thema für Unternehmen, da diese auf die solide Hochschulausbildung ihrer späteren Fach- und Führungskräfte achten. „Marktwert und Karrierechancen hängen im späteren Beruf von eben diesen Schlüsselkompetenzen mit" ab (Zervakis 2010, S. 18).

Der Kompetenzerwerb zeichnet sich aus durch eine breite wissenschaftlich fundierte Grundausbildung, die Sensibilisierung für Arbeitsmarkt- und Praxisanforderungen sowie durch außerfachliche bzw. fächerübergreifende Schlüsselqualifikationen (lange Praktika und Projekte...) und so genannte SoftSkills (Kommunikation, Teamfähigkeit...) und akademische Persönlichkeitsbildung (Authentizität, Auftreten...) (Zervakis 2010, S. 18).

Die Berufsverbände wie der Verband Deutscher Ingenieure (VDI), der Verband Deutscher Maschinen- und Anlagenbauer (VDMA), der Verband Deutscher Elektroingenieure (VDE) u. a. fordern von den Hochschulen möglichst viele Schlüsselkompetenzen im Studium zu fördern. Sowohl auf der Tagung „Schlüsselkomplikationen plus" (in Anlehnung an die Ausschreibung des Stifterverbandes Schlüsselqualifikationen plus) des Netzwerks hdw nrw im November 2007 in Dortmund (Brinker & Müller 2008, S. 14f) als auch auf dem Fachbereichstag Maschinenbau 2009 in Bochum wurden so zahlreiche Anforderungen an die Absolventinnen und Absolventen von Hochschulen formuliert, die im geringen Zeitfenster eines Studiums gar nicht alle entwickelt werden können, da Kompetenzer-

TOBINA BRINKER

werb ein kontinuierlicher und lebensbegleitender Prozess ist (Brinker & Willems 2009).

Der Praxischeck 2011 des Centrums für Hochschulentwicklung (CHE, Federkeil 2011) mit dem Titel „Wie gut fördern die neuen Bachelor- und Master-Studiengänge die Beschäftigungsfähigkeit?" zeigt u. a. folgende Ergebnisse:

Die neuen BA- und MA-Studiengänge an deutschen Hochschulen fördern bei weitem nicht durchgängig die Beschäftigungsfähigkeit. Im Vergleich schneiden BA-Studiengänge besser ab als MA-Studiengänge und Fachhochschulen besser als Universitäten, weil Fachhochschulen von ihrer Ausrichtung her schon immer einen hohen Praxisbezug bieten. Defizite sind hochschulübergreifend bei der Vermittlung methodischer und sozialer Kompetenzen festgestellt worden.

v. Richthofen führte 2007 eine Befragung der Studierenden, Absolventen und Arbeitgeber durch und formulierte Anforderungen an neue Studiengänge:

- Überarbeitung der Curricula zur besseren Förderung von Schlüsselkompetenzen,
- Einführung neuer Lehrmethoden zur Integration von Schlüsselkompetenzen in die Lehre,
- Erweiterung des Weiterbildungsangebots,
- Kontinuierliche Befragung der Studierenden und der Absolventen,
- Sicherung und Erweiterung des außerfachlichen Lernangebots.

Die nachfolgenden Beiträge zeigen Möglichkeiten der Integration von Praxisphasen und der Förderung von Schlüsselkompetenzen im Studium beispielhaft auf.

Literatur

Brinker, Tobina & Willems, Christian (2009). Wie lehrt man Berufsfähigkeit? Vortrag auf dem Fachbereichstag Maschinenbau am 6. und 7. November 2009 in Bochum.

Brinker, Tobina & Müller, Eckehard (Hrsg., 2008). Wer, wo, wie und wie viele Schlüsselkompetenzen? Wege und Erfahrungen aus der Praxis an Hochschulen. Bochum: HS Bochum, IZK.

Bürger, Sandra & Teichler, Ulrich (2004). Besondere Komponenten der Studiengangsentwicklung. In Benz, Winfried, Kohler, Jürgen & Landfried, Klaus. Handbuch Qualität in Studium und Lehre, Bereich E 3.1. Berlin: Raabe.

Federkeil, Gero (2011). Wie gut fördern die neuen Bachelor- und Master-Studiengänge die Beschäftigungsfähigkeit? Gütersloh: CHE.

Hochschulrektorenkonferenz (2007a). Online verfügbar http://www.hrk.de/de/presse/95_3839.php [31.01.2012].

Hochschulrektorenkonferenz (2007b). Online verfügbar http://www.hrk.de/109_3705.php?datum=103.%20Senat%20am%2013.%20Februar%202007 [31.01.2012].

Lödermann, Anne-Marie & Scharrer, Katharina (2011). Aneignung beschäftigungsrelevanter Kompetenzen an der Universität – Bewertung aus Studierendensicht. Das Hochschulwesen, 6, S. 210–215.

v. Richthofen, Anja (2007). Verbesserung der Handlungskompetenz von Hochschulabsolventen. In Benz, Winfried , Kohler, Jürgen & Landfried, Klaus. Handbuch Qualität in Studium und Lehre, Bereich E 3.5. Berlin: Raabe.

Zervakis, Peter A. (2010). „Aufbrechen liebgewonnener Gewohnheiten." ACADEMIA,1,17–19.

Tobina Brinker

Optimierter Ablauf obligatorischer Praxisphasen und Nutzung zur Verbesserung von Schlüsselqualifikationen in Bachelor-Studiengängen gemäß aktueller Bologna-Vorgaben

HELMUT ADELHOFER

Zusammenfassung

Die Hochschulen kommen ihrem Bildungsauftrag nach berufsqualifizierenden Abschlüssen bei heute vielfach auf sechs Semester verkürzten Bachelor-Studiengängen oft nur unzureichend nach, weil hierfür die Möglichkeiten des besonders an deutschen Fachhochschulen obligatorischen Praktischen Studiensemesters, das zu wichtigen Einsichten der Studierenden für ihre spätere berufliche Tätigkeit führen soll, nicht ausgeschöpft werden. Die Ermittlung der dabei gezeigten individuellen studentischen Leistungen nach ECTS-Standards wird häufig immer noch mangels geeigneter Evaluationsmethoden durch ein verallgemeinerndes Testat über die Ableistung ersetzt, ohne eine qualifizierte Rückmeldung über Stärken und Defizite der Studierenden und mögliche Verbesserungen im heute unverzichtbaren Bereich ihrer personalen und sozial-kommunikativen Kompetenzen.

Ein innovativer methodischer Ansatz zur Professionalisierung von Praxisphasen an außer-universitären Lernorten erlaubt erstmals eine mehrdimensionale individuelle Leistungsbeurteilung mit hoher prognostischer Validität. Dabei wird die bisher wenig beachtete Potenzialausschöpfung von Praxisphasen zur Verbesserung studentischer Schlüsselqualifikationen (soft-skills) nachhaltig gesteigert. Der Autor berichtet über ein lokal gut übertragbares fachübergreifendes hochschul-didaktisches Förderprojekt des Ministeriums für Bildung, Forschung und Kunst, Baden-Württemberg, das sog. 3-Phasen-Konzept (3-P-K), das seit 2005 an der Hochschule Karlsruhe – T&W und seit 2007 an der HFTL- Leipzig bisher in über 800 Praktika erfolgreich eingesetzt wurde.

Gliederung

1   Einleitung

Praxisphasen sollen nicht nur vorhandenes hochschulisches Bestandswissen im Umfeld eines realen Unternehmens erproben und vertiefen, sondern den Studierenden helfen, die eigenen Fähigkeiten und Bereiche für Verbesserungen durch Selbsterfahrung zu erkennen. Die während des Praktikums gezeigten individuellen studentischen Leistungen sollen abprüfbar sein und nach dem europaweiten ECTS-Standard bewertet werden können. Doch während der Zielerreichungsgrad von definierten Projektaufgaben und die zugehörigen Praxisberichte durch Soll/Ist-Vergleiche gut bewertbar sind, gestaltet sich die Einschätzung jeweils gezeigter Problemlösungs- und Handlungskompetenz wegen fehlender klar indizierter Messfühler schwierig und wird deshalb selten in die Gesamteinschätzung einbezogen. Eine unbenotete reine Teilnahmebestätigung ist aber nicht akkreditierungskonform!

Die bereits hohe Arbeitsbelastung und die häufige Nicht-Verfügbarkeit von Lehrkräften mit guter Qualifikation für die Vermittlung sozialer Kompetenzen erlaubt gerade im Umfeld technisch wissenschaftlicher Fakultäten üblicherweise nicht die angemessene Integration in den Verlauf des Studiums von Anfang an. Arbeitgeber der Wirtschaft und ihre Verbände betonen immer wieder die Gleichwertigkeit von professionellem technischen Wissen und Schlüsselkompetenzen und die Notwendigkeit ihrer ständigen Weiterentwicklung als eine unabdingbare Voraussetzung für den effizienten Einsatz von Hochschulabsolventen sowie den Aufbau einer erfolgreichen beruflichen Karriere. Dies gilt besonders für neu in den Beruf eintretende Bachelors (siehe Stellungnahme VDI, HRK, Stifterverband Bonn 15.9.09 u. VDI Berlin 19.10.11). Den Hochschulen wird vorgeworfen, diesen wiederholten Forderungen nicht genügend Gewicht beizumessen, wodurch kostenintensiver Nachbesserungsbedarf bei den Absolventen bereits nach ihrer Einstellung und vor ihrem effizienten Einsatz in den Betrieben entsteht, den man nicht länger hinzunehmen bereit und in der Lage ist.

Die Auseinandersetzung über die Vielfalt von Schlüsselqualifikationen und das Wissen um ihre Bedeutung im heutigen globalen Wettbewerb ist durchaus nicht neu und wird immer wieder aus verschiedenen Blickwinkeln diskutiert. Auch die alte Kontroverse um die virulente Frage des Berufspraxisbezugs des Hochschulstudiums besteht weiter: „Inwieweit sind die hochschulischen Ausbildungsleistungen utilitaristisch aus den Anforderungen von Wirtschaft und Beschäftigungssystem abzuleiten, wie locker und flexibel muss das Verhältnis von Studium und Beruf gedacht werden?" (Schaeper & Briedis 2004, S. 1). Gerade für die deutschen Fachhochschulen ist der intensive Praxisbezug ein Alleinstellungsmerkmal von exorbitanter Relevanz.

Schlüsselkompetenzen sind diesem in symbiotischer Näherung verbunden und dürfen deshalb nicht wegdiskutiert werden. Bei fehlender Ausprägung führt dies im lebensbegleitenden beruflichen Entwicklungsprozess von Absolventen zu reduzierten Möglichkeiten. Die drängende Frage ist nun, wie kann man curriculare Inhalte und bestehende Abläufe möglichst kurzfristig zum Nutzen aller Beteiligten im Rahmen des Studiums optimieren?

2 Überlegungen zum Bewertungskonstrukt für Praxisphasen

Obligatorische Praxisphasen sollen primär zur Erhöhung der Berufsbefähigung (Employability) dienen. Dabei können idealerweise nicht nur die individuellen Kompetenzprofile der Studierenden betrachtet werden, sondern durch zielgerichtete Reflexion auch Defizite der Hochschulen in deren Curricula und notwendige konsequente Veränderungen in erkannten Bereichen für Verbesserung im Hinblick auf aktuelle Akkreditierungsanforderungen sichtbar gemacht werden. Die meisten Bachelor-Studierenden haben keine oder kaum praktische Berufserfahrungen, bevor sie ihr Studium beginnen. Praxisphasen bieten somit eine herausragende Gelegenheit vor ihrem Berufseintritt das reale Arbeitsumfeld eines Unternehmens außerhalb der Hochschule ohne berufliche Konsequenzen bei

OPTIMIERTER ABLAUF OBLIGATORISCHER PRAXISPHASEN UND NUTZUNG ZUR VERBESSERUNG VON SCHLÜSSELQUALIFIKATIONEN IN BACHELOR- STUDIENGÄNGEN

165

Fehlverhalten kennen zu lernen und ihnen dabei, neben den projektbezogenen fachlichen und prozessoralen Notwendigkeiten, die Einsicht in Ursache und Wirkung, in den Zweck des eigenen und des Verhaltens anderer sowie in die wichtige Rolle angemessener Kommunikation als conditio sine qua non für die Entfaltung sozialer Kompetenzen zu eröffnen. Professionell angelegte Praxisphasen folgen einem Schema mit hohem Realitätsbezug und vergleichbaren Charakteristika und sind deshalb für eine vertiefende akademisch-praktische Vermittlung besonders gut geeignet. Die verantwortlich Lehrenden der Hochschule erhalten dabei über ihre eigenen Studierenden im Kontext von Projekt, Bericht, Kolloquium und im Rahmen einer konstruktiven Auseinandersetzung mit den Betreuenden in den Unternehmen bei der Vorbereitung und Durchführung die Möglichkeit einer aktuellen und diversifizierten Praxisannäherung, die eine kontinuierliche Anpassung der von ihnen vermittelten Lehrinhalte erlaubt.

Innerhalb der Konzeption des gesamten Bewertungskonstrukts des 3-P-K verlangt die Einschätzung der individuellen studentischen Leistung durch die Betreuenden der Unternehmen im Rahmen eines Praktikantenzeugnisses eine besonders kritische und analytische Betrachtung. Nur der fachliche Teil der Projektaufgabe erschließt sich den fachkundigen Betreuenden leicht durch einen Soll/Ist-Vergleich im Sinne eines Zielerreichungsgrades. Ablauf und Struktur von Praxisphasen mit einer unübersehbaren Anzahl wirkender Agenzien würde bei der bestehenden Inhomogenität der aktuell agierenden Personen jedoch über den Zielerreichungsgrad allein keine verwertbare Abbildung der gesuchten Verhaltens- und Persönlichkeitsmerkmale zulassen. Die Beurteilung von sozialen Kompetenzen gilt allgemein als schwer darstellbar und wird nur über geeignete Operationalisierung überhaupt möglich. Das neuartige Praktikantenzeugnis wird damit zum Kernstück des Drei-Phasen-Konzepts und versucht alle erforderlichen Elemente für eine valide und faire Einschätzung zu integrieren (siehe 3.2). Die Postulate und Grundrisse der Testtheorien (vgl. Wottawa 1980, Fischer 1974) sollten dabei eingehalten und die Messmethoden der Psychologie als Meinungsgegenstände des sozialen Feldes innerhalb des Prozesses der Eindrucksbildung (vgl. Bergler 1975) beachtet werden, besonders im Hinblick auf die konstatierte bestehende Kommunikationsproblematik als wichtigstes Element sozialer Kompetenz.

In Praxisphasen müssen wir uns auf die so genannte Kasuistik (die Beobachtung und Beschreibung von Einzelfällen) beschränken, deren Wert für die Veranschaulichung und Erkundungszwecke unbestritten ist, wenn auch generalisierbare Aussagen nicht möglich sind (vgl. Heller & Rosemann 1974). Mit dem kasuistischen Kategoriesystem zur Beschreibung und Beurteilung von Interaktionen konnten nach Bales (1951) bei geschulten Beobachtergruppen hohe Reliabilitätskoeffizienten von 0,75 bis 0,95 erzielt werden (intra-individuelle Reliabilitätskontrolle). Von dieser Voraussetzung können wir bei Praxisphasen aber nicht ausgehen, da jedes Praktikum in seiner Gesamtheit ein Unikat darstellt und die unterschiedlichen Qualifikationen der beobachtenden Betreuenden aus den Unternehmen nicht hinreichend genau eingeschätzt werden können. Deshalb kommt die Methode der Zufallsbeobachtung (vgl. Thomae 1970) der Situation im Praktikum am nächsten. Durch Methoden-Kombination kann die Validität eines Verfahrens in einer der Zielsetzung adäquaten Weise zusätzlich gesteigert werden, in dem wir im vorliegenden Fall Arbeitsproben (Praktikum und Bericht) mit einem strukturierten Interview (Kolloquium) verknüpfen. Die Mehrdimensionalität der Einzelergebnisse erhöht die prognostische Validität so weit, dass die Bereiche für Verbesserungen hinreichend genau erkennbar sind. Ohne diese wichtige Ingredienz entfällt für die Studierenden die Möglichkeit, durch Besuch geeigneter Seminare zur Weiterbildung erkannte Schwachstellen zu beseitigen und damit die Chancen für einen späteren beruflichen Erfolg nachhaltig zu erhöhen. Als Bestandteil der Anforderungen von Akkreditierungsagenturen sind Schlüsselqualifikationen und der Grad ihrer funktionalen Ausprägung in den Studienzielen und Lernergebnissen für Bachelor- und Master-Studiengänge für die Ingenieurwissenschaften beschrieben (vgl. ASIIN e. V. 2011). Häufig sind sie leider nicht umfassend Bestandteil aktueller Curricula der Hochschulen und werden auch bei der Akkreditierung oft nicht angemessen berücksichtigt.

3 Verbesserung von Ablauf und Soft-Skills-Erwerb in Praxis-Phasen an externen Lernorten

3.1 Die Segmente des 3-P-K für den Ablauf der Praxis-Phasen I bis III

Phase I:
- Auswahl, administrative Voraussetzungen/Genehmigung studiengerechter Praxis-Projekte durch die Fakultät gem. Bologna-Akkreditierungsforderungen (95 Tage, zielführend gemäß gewähltem Studiengang, Definition der Aufgabe, Einhaltung wissenschaftlicher Standards)
- Vorbereitungs-Seminar (2 Wochen). Basis: Wesentliche Aspekte aus Soziologie, Psychologie, Kommunikation, Projektmanagement (vgl. IGIP-Curriculum 2005), evtl. externe Fachkräfte, anonyme studentische Selbsteinschätzung nach Q-Sort-Methode (vgl. Heyde & Schäfer 2002)
- Genehmigung/Freigabe für den Beginn des Praktikums durch die Fakultät

Phase II:

- Start Praxis-Projekt, Supervision Firmen-Betreuende & Leitung Praktikanten-amt Hochschule
- Verpflichtende Teilnahme am Projekt-Status-Meeting an der Hochschule nach ca. 4–5 Wochen: Die Studierenden präsentieren ihren Projektstatus: Fortschritt, Probleme, Ausblick. Zeitrahmen je 5 Minuten. Falls nötig: Individuelle Hilfestellung durch die Leitung des Praktikantenamts
- Schriftliche Einschätzung der kasuistisch beobachteten Stärken und Bereiche für Verbesserung durch Firmen-Betreuende, Ankreuzen der im Projekt gezeigten Ausprägung in 5 Verhaltensdimensionen, skaliert nach dem Prinzip des Weniger/Mehr (1–4), bestehend aus 16 formulierten Attitüden und 16 Charakteristika. Basis: Praktikantenzeugnis, durch die Hochschule entwickelter Formularsatz (siehe auch 3.2)
- Abgabe Praxis-Report der Studierenden früh im Folge-Semester an die Fakultät der Hochschule zur Benotung durch den/die verantwortlichen Lehrenden. Anmeldung zum Kolloquium im Praktikantenamt

Phase III:

- Kolloquium und ECTS-Grading durch Fakultät der Hochschule
- Präsentation, Verteidigung, Diskussion wissenschaftlicher Inhalte des Projekts auf Basis des benoteten Praxis-Reports (Prüfungsprivileg verantw. Lehrende). Praktikantenamtsleitung stellt Qualitätsniveau sicher: Prinzip Wandernde Kohorte gem. aktueller Akkreditierungsvorgaben
- Gesamtnote durch verantwortliche Lehrende und Praktikantenamtsleitung gemäß einer speziellen Leistungstabelle und Einbezug des Ergebnisses aus dem Praktikantenzeugnis der Firmenbetreuung (Gewichtung 20 %). ECTS-Grading gemäß Zuordnung A-E der vergleichbaren Kohorte
- Die Gesamtnote für die Praxisphase (lokale und ECTS-Note, z. B. 2C) wird zusammen mit Projekt-Abstrakt Teil des Diploma Supplements zur Vorlage mit Bewerbungsunterlagen für den späteren Berufseintritt

3.2 Das Praktikantenzeugnis als Grundlage der Einschätzung individueller Soft-Skills

Die Entwicklung des Frage- und Beurteilungsformulars, welches durch die Betreuenden aufgrund von Beobachtungen während der Praxisphase abschließend ausgefüllt werden soll, folgt der Absicht, einen möglichst realistischen Eindruck über die fachlichen Leistungen der Studierenden, ihre dabei gezeigten Verhaltensdimensionen und den Grad ihrer Ausprägung zu erhalten. Dies erfolgt sowohl in schriftlicher als auch in skalierter Form nach dem Prinzip des Weniger oder Mehr (vgl. Guilford 1954). Nach Graumann (1966) sollte bei der Benutzung eines Beobachtungssystems besonders dem so genannten Problem des Umfangs Beachtung geschenkt werden. Hierbei ist zu entscheiden, ob das Gesamtverhalten oder nur bestimmte Verhaltensdimensionen erfasst werden sollen, wobei die identifizierten adäquaten Bereiche beobachtungsrelevant berücksichtigt sein müssen (siehe auch 2.). Intensives beidseitiges Feedback erlaubt nicht nur die Interpretation und Diskussion der von den Betreuenden bereits vorgenommenen Einschätzung, sondern gibt auch den Studierenden die Möglichkeit, sich über ihre Erfahrungen im Unternehmen schriftlich zu äußern. Dies kann später der Hochschule wichtige Hinweise für die weitere Optimierung der Qualität und Betreuung zukünftiger Projekte liefern. Das Praktikantenzeugnis erfasst die folgenden Bereiche:

- die gezeigte fachliche Qualifikation bezogen auf die gestellte Projekt-Aufgabe (Sachkompetenz)
- die Fähigkeit zur Situations-Diagnose (Lösungskompetenz)
- Umfang und Vielseitigkeit des Verhaltensrepertoires (Sozialkompetenz) und die
- Fähigkeit, Situationen zu beeinflussen (Handlungskompetenz)

Die Evaluation spiegelt die subjektive Meinung der Betreuenden wieder und ist in keiner Weise eine wissenschaftliche Expertise, besonders weil wir nicht genug über die jeweiligen Fähigkeiten der Betreuenden zur Abgabe solcher Beurteilungen wissen. Als Hilfestellung erhalten sie rechtzeitig zu Beginn des Praktikums Hinweise zu möglichen Beurteilungsfehlern (vgl. Hofer 1969 und Tismer & Erlemeier 1973). Die Einschätzung soll die beobachteten Stärken und Bereiche für Verbesserungen aufzeigen, welche für die spätere berufliche Karriere der Studierenden relevant sein können. Wegen nur bedingter Relativierbarkeit fließt das Ergebnis deshalb nur mit 20 % in die Gesamtbewertung der Praxisphase ein, erhöht jedoch deutlich deren Validität durch das Erkennen von Widersprüchen innerhalb der Mehrdimensionalität von Projekt, Bericht und Kolloquium.

Das Praktikantenzeugnis besteht aus sieben Seiten:
- Die Frontseite enthält alle Stammdaten. Mit Unterschrift der Studierenden, der Betreuenden und des nächst höheren Vorgesetzten wird das Zeugnis zu einem offiziellen Dokument und ersetzt die bisher übliche Arbeitsbescheinigung (Abb. 1).

Ihr Anprechpartner:
Fakultät für Maschinenbau
Praktikantenamt
Prof. Hartmut Dalluhn
Sekretariat:
Tel. : 0721 - 925 - 1914
Fax : 0721 - 925 - 1915
Email: lolita.lengenfelder@hs-karlsruhe.de

Hochschule Karlsruhe
Technik und Wirtschaft
UNIVERSITY OF APPLIED SCIENCES

Moltkestraße 30
76133 Karlsruhe
Germany
Postfach 2440
76012 Karlsruhe

PRAKTIKANTENZEUGNIS *)

Name	Musterman
Vorname	Max
Geburtsdatum	01.01.1980 Matr.Nr. 047111

Studiengang MASCHINENBAU
- Diplom ☒
- Bachelor ☐
- Master ☐

Vertiefungsrichtung	Allgemeiner Maschinenbau

Art des Praktikums
- Projektsemester ☒   Präsenztage 116 (min. 95)
- Thesis ☐

Dauer des Praktikums (Zeitraum)
07.02.2005 - 29.07.2005
* 9 Tage Urlaub, 1 Tag Schule

Einsatzbereich (Abteilungsbezeichnung)
Product Engineering

BetreuerIn
Carsten W.

___29.07.2005___
Datum

Firma
(Stempel)

JOHN L   WERKE MANNHEIM
ZWEIGN-   ...COMPANY
Personalabteilung

M. Musterman
Unterschrift PraktikantIn

Unterschrift BetreuerIn

Unterschrift nächsth. Führungskraft oder Personalabteilung

*) Bitte Felder über TAB-Taste ausfüllen   Seite ☐ von 7

Abb. 1: Frontseite des Praktikantenzeugnisses (fiktive Daten)

HELMUT ADELHOFER

(Bitte handschriftlich)
Praktikantenzeugnis für

Herrn / Frau: Musterman

Fakultät für Maschinenbau

Hochschule Karlsruhe
Technik und Wirtschaft
UNIVERSITY OF APPLIED SCIENCES

Beurteilung (Teil 2 von 2)

Kreuzen Sie bitte den Grad der gezeigten Ausprägung an. Seien Sie kritisch und nutzen Sie die Bandbreite zur Differenzierung um etwaige Lernfelder zu identifizieren.

		1	2	3	4
4) Team- und Kundenorientierung					
a) Integrationsfähigkeit	*Integriert sich ins Arbeitsumfeld und findet Akzeptanz unter Kollegen und Vorgesetzten*	☐	☒	☐	☐
b) Kontaktfähigkeit	*Knüpft und pflegt Kontakte selbstständig*	☒	☐	☐	☐
c) Zusammenarbeit / Interkulturelle Kompetenz	*Arbeitet sach- und zielorientiert mit anderen zusammen, stellt sich auf unterschiedliche Personengruppen / Mentalitäten ein*	☐	☐	☒	☐
5) Kommunikationsfähigkeit					
a) Persönliches Auftreten	*Tritt verbindlich und angemessen auf, ist glaubwürdig*	☐	☐	☒	☐
b) Argumentationsvermögen/ Sprachlicher Ausdruck	*Argumentiert und spricht schlüssig und klar. Verfügt über eine sichere Wortwahl und strukturierte Ausdrucksweise*	☐	☒	☐	☐
c) Dialog- und Konfliktfähigkeit	*Spricht Probleme offen an, läßt andere Meinungen zu, hat Mut zur konstruktiven Auseinandersetzung*	☐	☐	☒	☐

1 = ist sehr stark vorhanden
2 = ist stark vorhanden
3 = ist vorhanden
4 = wenig ausgeprägt

Abb. 2: Verhaltensdimensionen der Kompetenzbereiche 4) und 5)

- Seite zwei: Projekt-Beschreibung mit aktuellem Inhalt bei Beendigung der Praxisphase. Oftmals weicht diese von der ursprünglichen Aufgabenstellung situationsbedingt erheblich ab.
- Seite drei: Kurze schriftliche Zusammenfassung der gezeigten Leistung durch die Betreuenden.
- Seiten vier & fünf: Enthält die zu beurteilenden Verhaltensdimensionen. Betreuende geben ihre Einschätzung als Grad der Ausprägung gezeigter Fähigkeiten durch Ankreuzen auf der vorgegebenen Skala (1- 4) an. Die Seite 5 von 7 ist beispielhaft in Abb. 2 dargestellt (fiktive Bewertung).
- Seite sechs: Feedback (Teil 1.). Hier geben die Studierenden ihre Meinung über die Praxisphase wieder: besonders gute und weniger gute Erfahrungen, Vorschläge für Verbesserungen und zukünftige eigene berufliche Pläne (z. B. Möglichkeit der Einstellung nach Ende des Studiums).
- Seite sieben: Feedback (Teil 2.). Ergebnis Gespräch Betreuende/Studierende. Die Betreuenden erläutern ihre Beurteilung und geben Empfehlungen zur weiteren Verbesserung. Als Zeichen für beidseitiges Einverständnis mit der Bewertung und den Feedback-Resultaten unterschreiben beide Partner das Zeugnis. Im Falle unterschiedlicher Meinungen mit einem deutlich erhöhten Konfliktpotenzial wird das Management der Betreuenden eingeschaltet, das jedoch in jedem Fall das Praktikantenzeugnis auch abzeichnen muss. Damit wird es zum offiziellen Dokument!

Die Analyse individueller Beurteilungen von 107 Studierenden (zwei Semester) in Praxisphasen durch die externen Betreuenden der unterschiedlichen Firmen zeigt beispielhaft Abb. 3 für den Kompetenzbereich Kommunikationsfähigkeit. Erfahrungsgemäß neigen Betreuende (oftmals selbst Ingenieure), z. B. bei der Beurteilung junger zukünftiger Ingenieurinnen und Ingenieure zu eher freundlichen Bewertungen. Deshalb muss jeweils der Übergang von Note 1 nach 2 und 2 nach 3 als Indikator beachtet werden, der auf Bereiche für Verbesserungen hinweist (die Note 4 wurde in allen Verhaltensdimensionen nie vergeben)! Im Beispiel werden besonders im Argumentationsvermögen und Sprachlichen Ausdruck Defizite deutlich, aus denen auch die Hochschule die Notwendigkeit von curricularen Maßnahmen ableiten kann.

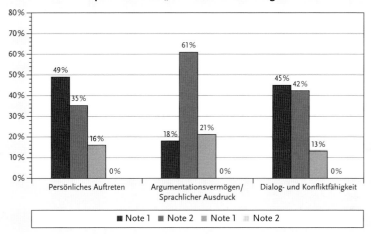

Abb. 3: Ergebnisse Kommunikationsfähigkeit 5. a,b,c der Abb. 2 von 107 Studierenden in 2 Semester

4 Notenverteilung einer untersuchten Kohorte und ECTS-Grading für Praxis-Phasen

Abb. 4 demonstriert, dass die Notenverteilung (N=107) nach Abschluss der Phasen I bis III des 3-P-K einer Gauß-Verteilung entspricht mit pro Semester (Kohorte) unterschiedlichem Verlauf und nicht, wie beim heute noch vielfach üblichen Bestanden, einer nivellierenden geraden Linie. Individuelle fundierte Hinweise auf Schwachstellen an die Studierenden sind damit erstmalig möglich.

Abgeleitet aus der vorhandenen Datenbasis ist die Umwandlung in das äquivalente Bologna gemäße ECTS-Grading A-E mit Hilfe eines neu erstellten Software-Programms nun leicht vorzunehmen (Abb. 5, Ergebnisse eines Semesters). Außerdem ist jetzt die kontinuierliche Überprüfung der Gesamtleistung nach dem Prinzip der wandernden Kohorte möglich. Diese Bologna-Forderung sollte zum Vergleich jeweils über Kohorten aus mindestens zwei bis drei Jahren erfolgen um eine qualitative Degradation durch geeignete Maßnahmen rechtzeitig zu verhindern.

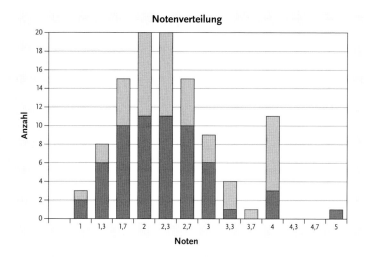

Abb. 4: Fak. Maschinenbau WS 04/05 (rot) und SS 05 (blau), N=106 +1, $\overline{X}$=2,4

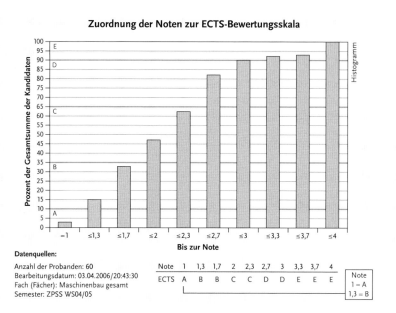

Abb. 5: ECTS-Grading für Winter-Semester WS 04/05 (N=60)

5 Schlussbemerkung

Studierende müssen für die Ableistung obligatorischer Praxisphasen mehr als ein halbes Jahr ihrer Zeit im Rahmen des ersten akademischen berufsbefähigenden Bachelor-Studiums aufwenden. Zusätzlich zur Erprobung und Vertiefung hochschulischen Bestandswissens werden umfangreiche Erkenntnisse über den Umfang und die Vielseitigkeit ihres individuellen Verhaltensrepertoires, über Stärken und Schwachstellen im Bereich von Sach-, Problemlösungs- und Handlungskompetenzen gewonnen, die für ihre spätere berufliche Entwicklung von großer Bedeutung sein können. Dazu kommt die ausgeprägte skeptische Sichtweise von zukünftigen Arbeitgebern im Hinblick auf die Berufbcfähigung von fertigen Bachelors im globalen Einsatzfeld, wodurch die Relevanz von an außer-universitären Lernorten gesammelten Erfahrungen heute zu Recht höchste Bedeutung erfährt. Hierzu gehören auch die durch den Mobilitätsaspekt im Bologna-Prozess beförderten Praktika im Ausland auf der Basis von ECTS-Standards. Der Nutzen relativ kurzer Praxiseinschübe innerhalb eines sechssemestrigen Bachelor-Studienganges darf hinterfragt werden. Hier ist eine besonders fundierte professionelle Abwicklung gefordert.

Es ist schwer verständlich, warum sich immer noch Hochschulen entgegen akkreditierungsgemäßer Anforderung mit einer Arbeitsbescheinigung oder einem undifferenzierten und gleichmachenden Bestanden für diesen wichtigen Studienabschnitt zufrieden geben und die Akkreditierungsagenturen dies oftmals nicht durch entsprechende Auflagen anmahnen. Es ist offensichtlich auch dem "System Hochschule" inhärenten Widerstand gegen Wandel geschuldet, dass sich hier eine Anpassung so schwierig gestaltete. Das Drei-Phasen-Konzept ist auf eine leichte fachübergreifende Übertragbarkeit angelegt und erlaubt die problemlose Adaption an hochschulspezifische Gegebenheiten. An allen Fachhochschulen Baden-Württembergs (begleitet durch Seminare) und jeweils zu Referenzzwecken in Berlin, Sachsen und Nordrhein-Westfalen wurde das 3-P-K durch den Autor vorgestellt. Wie die bisherigen Erfahrungen zeigen, wird das Konzept von den Studierenden sehr gut angenommen und kann aufgrund des hohen Praxisbezugs und der umfassenden Teilhabe bei der Auswahl, Durchführung und Evaluierung einer allgemeinen Unzufriedenheit mit Verschulungstendenzen, zu komprimierter Stoffvermittlung bei gleichzeitig verkürzter Dauer des Bachelor-Studiums ein Stück weit positiv entgegen wirken und damit zur qualitativen Verbesserung der Berufsbefähigung beitragen.[1]

---

1   Hinweis: Anforderung kostenlose 3-P-K Konzept-CD über fricke@uni-wuppertal.de

Literatur

Bales, Robert Freed (1951). Interaction process analysis. Cambridge: Elsevier.

Bergler, R. (1975). Das Eindruckdifferential. Stuttgart, München, Bern: Huber.

Fischer, Gerhard (1974). Einführung in die Theorie psychologischer Tests. Bern, Stuttgart, Wien: Huber.

Graumann, Carl Friedrich (1966). Grundzüge der Verhaltensbeobachtung. In Meyer, Ernst (Hrsg.). Fernsehen in der Lehrerbildung. München: Manz.

Guilford, C. F. (1954). Psychometric methods. New York: Mc Graw Hill. 2.Auflage.

Heller, Kurt & Rosemann, Bernhard (1974). Planung und Auswertung empirischer Untersuchungen. Stuttgart: Huber.

Heyde, G. & Schäfer, N.: Expert Appraisal. Ludwigsburg 2002 (unveröffentlicht).

Hofer, Manfred (1969). Die Schülerpersönlichkeit im Urteil des Lehrers. Weinheim: Beltz.

Schaeper, Hildegard & Briedis, Kolja (2004). Kompetenzen von Hochschulabsolventen, berufliche Anforderungen. In HIS Projektbericht.

Thomae, Hans (1970). Beobachtung und Beurteilung von Kindern und Jugendlichen. New York: Karger (9.Auflage).

Tismer, K. G. & Erlemeier, N. (1973). Einstellungen und Erwartungen bei Lehrern und ihre Auswirkung auf die Beurteilung und das Verhalten von Schülern. In Nickel,Horst & Langhorst, Erich (Hrsg.). Brennpunkte der pädagogischen Psychologie. Bern, Stuttgart: Huber.

Wottawa, Heinrich (1980). Grundriss der Testtheorie. München: Juventa.

Online-Veröffentlichungen

Internationale Gesellschaft für Ingenieurpädagogik IGIP (Hrsg., 2005): IGIP Curriculum. Villach. Online verfügbar unter: http://www.igip.org/pages/membership/curriculum.html [10.01.2012]

VDI, HRK, Stifterverband (Hrsg., 2009). Bonner Erklärung zur Qualität der Lehre in der Ingenieurausbildung. Bonn. Online verfügbar unter: http://www.vdi.de/uploads/media/Bonner_Erklaerung_VDI_HRK_Stifterverband_15.9.2009_01.pdf [10.01.2012]

VDI (Hrsg., 2011). Stellungnahme- Chancen von Bologna nutzen. Berlin. Online verfügbar unter: http://www.vdi.de/46153.0.html [10.01.2012]

ASIIN e. V. (Hrsg., 2011). Fachspezifisch Ergänzende Hinweise (Maschinenbau/ Verfahrenstechnik) für die Programmakkreditierung. Düsseldorf. Online verfügbar unter: http://www.ASIIN.de [10.01.2012]

Studium und Praktikum – die Relevanz des informellen und selbstgesteuerten Lernens für die Universität

Markus Weil/Balthasar Eugster

Zusammenfassung

In diesem Artikel geht es um die Frage, ob selbstgesteuertes und informelles Lernen – zum Beispiel während eines Praktikums – für das Universitätsstudium anschlussfähig gemacht werden kann oder soll. Sind in einem Studiengang beispielsweise Praktika vorgesehen, stellt sich durchaus die Frage nach der Funktion und Einbettung des dort intendierten Lehr-Lernprozesses in das Studium. Eine konzeptionelle Hilfestellung wird durch die Unterscheidung des Formalisierungsgrads (formell, informell) sowie der Lenkung von Lernprozessen (fremdgesteuert, selbstgesteuert) gegeben.

Informellem und selbstgesteuertem Lernen ist demnach ein eigener Wert zugemessen, den es im Studium nutzbar zu machen gilt. Gleichzeitig sind die Möglichkeiten zu erweitern, die Berufs- oder Forschungstätigkeiten für Studierende authentisch erlebbar zu machen.

Gliederung

1 Einleitung
2 Praktikum und Studienziele
3 Informelles Lernen im Kontext des Praktikums
4 Die Relevanz des selbstgesteuerten Lernens
5 Praktikums- und Studienlogik – Bausteine eines komplexen Zusammenspiels
6 Ausblick

1 Einleitung

Einer Bildungseinrichtung wie der Universität fällt es trotz Selbststudium, eigenständiger Forschungsarbeit und wissenschaftlichem Freidenkertum nicht immer leicht, informelles und selbstgesteuertes Lernen systematisch zu integrieren. Am Beispiel eines im Curriculum vorgesehenen Praktikums, aber auch bei Mobilitätsfenstern oder bei Tätigkeiten im Labor wird jedoch deutlich, wie zentral diese Lernformen sind. In der Curriculumsplanung sind informelles und selbstgesteuertes Lernen einerseits im Studium adäquat einzubetten, andererseits aber nicht mit Ansprüchen zu überfrachten. Die Diskussion führen wir im Folgenden anhand eines Modells der curricularen Einbettung aus: Während die Differenzierung von formellem und informellem Lernen die institutionelle Anbindung und damit die strukturelle Organisation von Lernprozessen in den Blick nimmt, fokussiert die Unterscheidung von Fremd- und Selbststeuerung auf die Lenkung in Lernprozessen. Beide Unterscheidungen – formell/informell, selbst-/fremdgesteuert – sind sowohl für die Lernprozesse im Studium als auch für solche im Praktikum zu treffen. Da die konkreten Organisations- und Steuerungsformen in Lernprozessen komplex und nicht immer ganz einfach zu entschlüsseln sind, lohnt sich ein genauerer Blick auf die Grenzlinien zwischen den klassischen und den weniger typischen Lernorten und -gefäßen im Universitätsstudium.

2 Praktikum und Studienziele

Der Begriff Praktikum unterliegt wie viele andere Termini der Schwierigkeit sowohl analytisch als auch alltagssprachlich gebraucht zu werden. Wir konzentrieren uns an dieser Stelle auf Praktika auf Universitätsstufe und lassen die Diskussion außen vor, ob und in welcher Form sich diese von Praktika anderer Hochschultypen unterscheiden. Aus der Perspektive einer Lehr-Lernkonzeption gehen wir davon aus, dass sich das Praktikum als „Berufswirklichkeit auf Zeit" (Böhm 1994, S. 550, Weil & Tremp 2010, S. 2) konzeptionell mit den Anforderungen eines Hochschulstudiums in Verbindung bringen lässt. „Ein Praktikum auf Universitätsstufe vorzusehen, scheint also besonders dann sinnvoll, wenn dadurch die Studienziele (besser) erreicht und unterstützt werden können." (Arbeitsstelle für Hochschuldidaktik 2010, S. 8)

Neben operativen Fragen (z. B.: Wie gestaltet sich das Praktikum? Wann wird das Praktikum im Studium zeitlich eingebunden?) (vgl. Weil & Tremp 2010, S. 5) sind vor allem konzeptionelle Überlegungen hilfreich, um sich der Frage nach der Relevanz des informellen und selbstgesteuerten Lernens in Studium und Praktikum zu nähern. Es geht darum, wie Handlung und Reflexion in Studium und Praktikum miteinander verknüpft werden. Die Bezeichnung „Lernort Praktikum" hat in diesem Zusammenhang das Potenzial, sowohl eine räumlich und rechtlich selbstständige Einheit, als auch eine spezifisch pädagogisch-didaktische Funktion bei der (Wissens-)Vermittlung zu beschreiben (in Anlehnung an Lernortdefinitionen aus der Berufsbildung vgl. Pätzold 1999, S. 285).

In Bezug auf eine pädagogisch-didaktische Funktion stellt sich die Frage, wie Erfahrungswissen in Bezug zu Theoriewissen gesetzt werden kann. Maßgeblich sind hier Gedanken zum Grad der Selbst- und Fremdsteuerung des Lehr-Lernprozesses sowie zum Formalisierungsgrad. Erschwerend kommt hinzu, dass sich neben der Logik der Universität oder des Studiums, bezogen auf das Praktikum, eine zweite Logik, nämlich die des Praktikumsortes stellt. Es ist zu klären, ob die Lehr-Lernprozesse im Praktikum überhaupt relevant sind für jene im Studium und deshalb aufeinander bezogen werden sollten. Wir plädieren dafür, diese Überlegung in die Curriculumsplanung einzubeziehen, ohne das Praktikum seitens des Studiums zu sehr zu formalisieren.

3 Informelles Lernen im Kontext des Praktikums

Die erste prinzipielle Unterscheidung bezieht sich auf den Formalisierungsgrad des Lernens, in das formelle, organisierte Lernen und das informelle Lernen über Erfahrungen in nicht institutionell organisierten Lernprozessen. Die dritte gebräuchliche Kategorie „non-formal" bezieht sich auf ein formales Lernsetting ohne anerkannten Abschluss und kann für den Universitätskontext ausgeblendet werden, da wir hier grundsätzlich von anerkannten Bildungsabschlüssen ausgehen.

Formelles und informelles Lernen betonen jeweils eine unterschiedliche Art von Wissen, die letztlich in der wissenschaftlichen Handlungskompetenz wieder verknüpft sind (siehe Abbildung 1). Die Studiengang- und Modulplanung systematisiert und gestaltet vor allem die organisierten Lehr-Lernprozesse meist mit dem wissenschaftlichen Theoriewissen als Ausgangspunkt. Mit der Orientierung an Lernzielen und Kompetenzen, aber auch mit der Einbettung von Lernsituationen im Praktikum, im Labor oder im Studienaustausch wird eine Verbindung zum wissenschaftlichen Erfahrungswissen gezogen.

Informelles Lernen bezeichnet den Lernprozess über Erfahrungen. Es wird weiter in implizites und reflexives Lernen unterschieden. Das informelle Lernen kommt ohne einen instruierenden Lehrprozess aus und orientiert sich an wissenschaftlichem Erfahrungswissen. Interessant ist hier die Frage, wie dieses Erfahrungswissen mit dem Theoriewissen im Hochschulstudium in Verbindung gebracht werden kann.

In einem vereinfachten Modell zur Unterscheidung von formellem und informellem Lernen führt die Kombination aus Theorie- und Erfahrungswissen zur wissenschaftlichen Handlungsfähigkeit. Dies sind die Verbindungslinien, die ebenfalls eine Verzahnung beider Lernformen aufzeigen (vgl. Arbeitsstelle für Hochschuldidaktik 2010, S. 14, Dehnbostel 2002, S. 37f.).

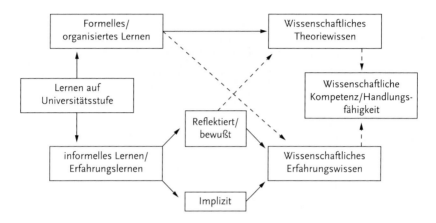

Abb. 1: Formelles und informelles Lernen auf Universitätsstufe, in Anlehnung an Dehnbostel (2002, S. 47)

In einem Studiengang müssen die erreichten wissenschaftlichen Fähigkeiten nachgewiesen werden. Aus dem beschriebenen Modell leiten sich für diese Kompetenznachweise mindestens zwei Schlussfolgerungen ab: Die Dynamik der im Modell nachgezeichneten Prozesse kommt nur zum Tragen, wenn die Leistungsnachweise so ausgestaltet sind, dass sie authentisches wissenschaftliches Handeln erfordern und dieses so differenziert wie möglich messbar machen. Da sowohl das formelle wie auch das informelle Lernen zu wissenschaftlichen Handlungsfähigkeiten führen können, stellt sich die Frage, ob und allenfalls wie die Leistungsnachweise die Unterschiedlichkeit dieser Wege berücksichtigen sollen und können.

Die Gegenüberstellung von formellem und informellem Lernen bietet bei aller Vereinfachung die Möglichkeit, Bereiche der Anbindung von Praktikum und Studium zu identifizieren. Dies soll allerdings nicht bedeuten, dass das Praktikum nur das informelle Lernen und das Studium nur das formelle Lernen im Blick hat. Vielmehr geht es darum, dass die Curriculums- und Modulplanung definiert, welche Komponenten im Praktikumsmodul formal erworben werden sollen und welche informell erworbenen Kompetenzen einbezogen werden können. Ebenso

Markus Weil/Balthasar Eugster

wichtig sind die Verbindungsmöglichkeiten der informellen und formellen Lernprozesse – beispielsweise durch Reflexion – ohne eine prinzipielle Formalisierung
und Reglementierung der Lehr-Lernprozesse zu stark zu betonen. Zentral ist die
Frage, wie das Lernen an die organisierten Lehr-Lernprozesse angebunden werden
kann und so zur wissenschaftlichen Handlungskompetenz führt (vgl. auch Molzberger 2007, S. 81).

4 Die Relevanz des selbstgesteuerten Lernens

Die zweite erwähnte Unterscheidung betrifft die Steuerung von Lernprozessen. Wo
und in welcher Organisationsform auch gelernt wird, Lernen bedarf der wirkungs-
vollen Aneinanderreihung einzelner Lernschritte. Es ist also grundlegend abhängig
von Steuerung, die sowohl von der Lehrperson wie auch vom Lernenden ausgehen
kann. So unterliegt Lernen als Veränderungsprozess auch in der Urheberschaft des
lernenden Subjekts den Grob- und Feinjustierungen eines kontinuierlichen Ziel-
abgleichs zwischen einzelnen Lernschritten. Exemplarisch zeigt sich dieser theoretische Zugang etwa im integrierenden Theorieansatz von Pintrich. Er stellt ein
Matrix-Modell zusammen, das aus vier Phasen (Forethought, planning, and acti-
vation; Monitoring; Control; Reaction and reflection) und vier Regulationsberei-
chen (Cognition; Motivation/Affect; Behavior; Context) 29 Komponenten selbstregulierten Lernens bestimmt (Pintrich 2004). Vom selbstständigen Setzen der Ziele
und von der Aktivierung des Vorwissens über die Selbstwahrnehmung und Über-
wachung der eigenen Anstrengungen bis hin zur abschließenden Bewertung der
Lernumgebung bewegt sich das lernende Subjekt durch die vielen Triangulations-
punkte des (Zeit-)Raumes selbstregulierten (oder: selbstgesteuerten) Lernens (siehe Abb. 2).

Diese Topographie der Selbststeuerung deutet an, welchen pädagogischen Stol-
persteinen achtsam auszuweichen ist. Nach unserer Einschätzung ist Selbststeuerung nur lernwirksam, wenn die Lernenden nicht ganz auf sich selber gestellt sind
(siehe etwa bei Gruber & Harteis 2008, S. 215ff. oder bei Brunstein & Spörer 2001,
S. 625ff.). Der Differenzierungsgrad von Pintrichs Modellkomponenten bringt es
auf den instruktionstheoretischen Punkt: solcherart vielschichtig kann autonomes
Lernen nur sein, wenn es in ein formelles Lernsetting eingebettet ist. Selbsttätige
Lernplanung, -durchführung und -überwachung bedürfen einer Art Rahmung, die
das lernreflexive Selbstbewusstsein wach hält und den selbstgesteuerten Lernprozess an andere Lernbewegungen anschlussfähig macht.

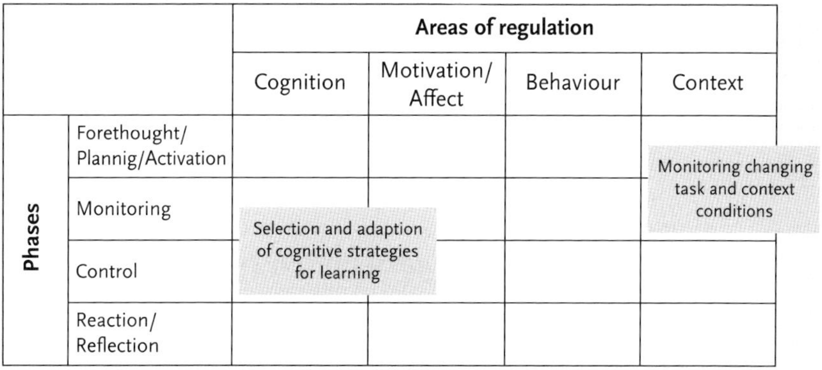
Areas of regulation
Cognition
Motivation/ Affect
Behaviour
Context
Phases
Forethought/ Plannig/Activation
Monitoring
Control
Reaction/ Reflection
Selection and adaption of cognitive strategies for learning
Monitoring changing task and context conditions

Abb. 2: Phasen und Bereiche selbstregulierten Lernens, Ausschnitt und Vereinfachung der Matrix nach Pintrich (2004, S. 390)

5 Praktikums- und Studienlogik – Bausteine eines komplexen Zusammenspiels

In einem Praktikum müssen und wollen sich Studierende auf die spezifischen Dynamiken und Gesetzmäßigkeiten des außeruniversitären Lernortes als Berufswirklichkeit auf Zeit einlassen. Dabei sind sie aber mit einer Verschachtelung der Lernprozesse konfrontiert. Neben den pädagogisch motivierten Studienzielen stehen die Ziele des Praktikumsbetriebs – und dazwischen die persönlichen Ziele der Studierenden (vgl. auch Egloff 2002). Es ist – aus einer Perspektive von Theoriemodellen selbstgesteuerten Lernens – nicht ganz einfach, angesichts solcher Lernkonstellationen die Anforderungen an die Studierenden adäquat zu formulieren und didaktisch zu modellieren. Im Praktikum lernen die Studierenden (auch) informell, indem sie sich so verhalten, wie es die Logik des Arbeitsprozesses am Praktikumsort von ihnen erfordert. Meist ist dabei nicht viel an Selbststeuerung möglich und angezeigt – beziehungsweise ist es eine typisch betriebliche/institutionelle Art der Selbststeuerung, die nicht per se dem selbstgesteuerten Lernen im Studium gleichzusetzen ist.

Während die Differenzierung von formellem und informellem Lernen die institutionelle Anbindung und damit die strukturelle Organisation von Lernprozessen in den Blick nimmt, fokussiert die Unterscheidung von Fremd- und Selbststeuerung auf die Zuschreibbarkeit von Momenten der Lenkung in Lernprozessen. Dabei ist informelles Lernen eben nicht immer selbstgesteuert und sind formelle Bildungskonstellationen zuweilen alles andere als vollständig fremdgeleitet. Welcher Steuerung die Lernbewegung sich verdankt, ist als analytische Fragestellung für die Beschreibung von komplexen Lehr-Lern-Arrangements äußerst aufschlussreich. Und es ist – so paradox dies anmuten muss – gerade die prinzipielle Unzulänglichkeit aller Modelle selbstgesteuerten Lernens, die dieses heuristische Potenzial der Theorieansätze ausmacht: Die Klärung des Verhältnisses von Fremd- und Selbstanteilen der Steuerung verweist auf die grundlegenden Fragen nach dem Wesen des Selbst und nach dem, was am Selbst die anderen Teile desselben Selbst steuern kann (Eugster 2004). Der Praktikumsbetrieb müsste in der Funktion im Universitätspraktikum gleichzeitig zu einem Lernort werden, welcher in einer Beziehung zum Studium steht (zur Wechselwirkung von Lernformen und Lernorten bzw. -räumen siehe bei Rohs 2010).

Ein Beispiel

Das Curriculum eines Bachelor-Studiengangs in Informatik sieht ein 12-wöchiges Praktikum in einem Unternehmen vor.

Die im Praktikum auszuführenden Arbeiten müssen einen klaren Projektcharakter aufweisen und einen Bezug zur Informatik haben. Der Praktikumsgeber (oder alternativ der/die Studierende) erstellt eine Projektbeschreibung.

Der Leistungsnachweis besteht aus einer Zwischenreflexion, einem Schlussbericht sowie einer Präsentation, die im Folgesemester stattfindet.

Am Beispiel zeigt sich zunächst eine direkte Vermittlung zwischen der Tätigkeitslogik am Arbeitsplatz und der Lehr-Lernlogik des Studiums. Die Studierenden müssen Ergebnisse der Praktikumsarbeit in einer klassischen Unterrichtsform darstellen (Berichte und vor allem Präsentationen). Es muss also eine Art Rückübersetzung der praktisch erlebten Handlungsvollzüge in die Stoffzusammenhänge des Studienverlaufs gelingen, um die Sinngehalte der Praxiserfahrungen für die weiteren Studienphasen nutzbar machen zu können.

Da die Tätigkeit im Praktikum zwingend als Projekt organisiert sein muss, werden formelle Aspekte von Lernprozessen unmittelbar mit eher informellen Lernmomenten in Arbeitstätigkeiten verknüpft. Als Teil eines Projektprozesses können so Arbeitsschritte bewusst als Lernschritte wahrgenommen und aus Sicht des Studiengangs formalisiert bzw. an theoretische Systematisierungen rückgekoppelt werden. Gerade diese Perspektivenwechsel zwischen Arbeits- und Lernschritten sind alles andere als trivial. Es braucht oft einiges an gezielter Einübung, um einzelne Abläufe und Prozessmechanismen überhaupt wahrnehmbar und beschreibbar zu machen.

Die damit verbundene Reflexion wiederum kann als Teil einer selbstregulativen, also selbstgesteuerten Lernbewegung verstanden werden. Auch am Arbeitsplatz selber werden Tätigkeiten durch den Projektcharakter des Praktikums in eine Balance zwischen Fremd- und Selbststeuerung gebracht. Es bleibt aber zu berücksichtigen, dass Selbststeuerung in Praktika nicht nach derselben Logik modelliert und lernförderlich ausgestaltet werden wie in Unterrichtsszenarien.

Eine detaillierte Analyse der eben beschriebenen Zusammenhänge müsste die genaue Lage eines solchen Praktikumskonzeptes innerhalb des vorgeschlagenen Koordinatensystems klären, um die Ausgestaltung der verschiedenen didaktischen Handlungsräume bei der Planung, Durchführung und Auswertung der Praktikumselemente zu gewährleisten.

Mögliche Leitfragen zur Klärung der Relevanz verschiedener Rahmungen von informellem und selbstgesteuerten Lernen in universitären Studiengängen könnten etwa die folgenden sein:

(1) Wie verhält sich das Lernen im Praktikum zum Theoriewissen?

Für die Studienganggestaltung liegt hierbei ein Fokus auf der Formulierung von Lernzielen für den Bereich des informellen Lernens, die sich auch im Leistungsnachweis oder Praktikumsbericht wieder abbilden. Es geht dabei immer auch um die Beschreibung unterschiedlicher Handlungsmuster. Erfahrungslernen und -wissen sind an andere Handlungen gebunden als die Manifestation von Theoriewissen, das sich in typischen wissenschaftlichen Handlungen wie etwa der Präsentation eines Papers auf einem Fachkongress zum Ausdruck bringt. Selbststeuerung von Lernprozessen schließt dann immer auch die differenzierte Reflexion und Beschreibung der eigenen Handlungsweisen mit ein. Für die Einbindung von Praktika in die Studiengänge könnte dies etwa bedeuten, dass Studierende nach einem Praktikum Problemstellungen selbstständig zu bearbeiten haben, welche die Modellierung von Handlungsabläufen der Berufs- oder Forschungspraxis erfordern.

(2) Wie verhält sich das Lernen im Studium zu Erfahrungswissen?

Das Curriculum und die Modulgestaltung berücksichtigen den Anteil an Erfahrungslernen und binden ihn über vorbereitende, begleitende oder nachbereitende Veranstaltungen ein. Zugleich ist Erfahrungswissen aber auch ein wichtiger Bestandteil für den Kontext, in welchem Theoriewissen generiert werden kann. So ist bei der Formulierung von Forschungsfragen oft gerade auch das Erfahrungswissen ein zentraler Referenzpunkt. Studierende sollten daher darin unterstützt werden, die Genese und Fundierung ihrer Vorgehensweisen und Handlungslogiken zu er-

MARKUS WEIL/BALTHASAR EUGSTER

gründen. Gerade die Übergänge zwischen den Lernorten Universität und Praktikumsort bieten dazu didaktisch vielfältig nutzbare Anknüpfungsstellen.

(3) Wie führen Erfahrungs- und Theoriewissen zum Kompetenzerwerb?

Wissenschaftliche Handlungsfähigkeit ist mehr als eine Handlungsroutine, nämlich eine bewusste Entscheidung, welche das universitäre Anspruchsniveau des Lehr-Lernprozesses berücksichtigt. Sie ist theoriegeleitet und zugleich in der Handlungserfahrung verankert. Und diese zweifache Bezugnahme zeigt sich gerade in der Selbststeuerung von Praktikumssituationen sehr deutlich: Wissen ist eine Basis von Handeln. Es realisiert sich erst im Handeln, das aber ohne vorgelagertes Wissen nicht möglich wäre. Im Praktikum wird also aus Erfahrungswissen Handeln, aber dies immer auch, weil Wissen als Handeln erst generiert wird. Diese Wechselwirkung ist das didaktische Potenzial von Praktika – und gleichzeitig deren didaktische Herausforderung.

(4) Wo wird gesteuert und gestaltet, um die Lernprozesse und deren Verknüpfung zu begünstigen? Wo bedarf es der „Lehre", um das Lernen zu unterstützen?

Die Überlegungen zum Zusammenspiel von Praktikum und Studium deuten darauf hin, dass diese Wechselwirkung eine Art Bezugnahme über Kreuz ist: Die Momente der Selbststeuerung in Lernkonstellationen von Praktika kommen vermutlich nur zum Tragen, wenn sie über die Fremdsteuerung des Studiengangs initiiert und gerahmt sind. Parallel dazu werden die Steuerungsbemühungen in den Lehr-Lern-Arrangements am Bildungsort Hochschule genau dann besonders lernförderlich sein, wenn sie mit Erfahrungswissen kontrastiert werden können, das unter authentischen Praxisbedingungen generiert wurde. Fremd- und Selbststeuerung scheinen sich in der Vermittlung durch den jeweils anderen Pol fruchtbar zu ergänzen. Diese Vermittlungsleistung verschiedener Lernorte unterstreicht aber auch die unvermeidbaren Aufschübe eines derart konzipierten Curriculums. Die verschiedenen Bauteile des Studiengangs verweisen aufeinander und bedingen sehr verzögerte lehr-lern-technische Ursache-Wirkungs-Relationen. Was etwa in einer klassischen Lehrveranstaltung angelegt wird, kann sich womöglich erst Monate später in einer Praktikumssituation realisieren und muss dann – wiederum Monate danach – in die akademische Reflexion rückgebunden werden. Diese Lerndehnungen können Spannungsbögen von wertvollen Entwicklungsprozessen bilden, sie sind aber auch Quelle didaktischer Komplexitätssteigerungen.

Im Modell dargestellt lassen sich die vier Leitfragen wie folgt verorten:

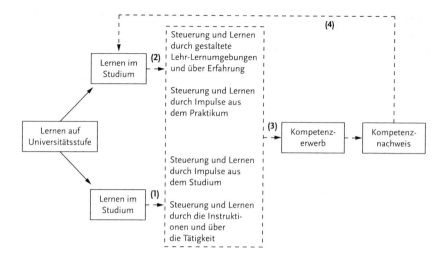

Abb. 3: Verortung von Lernprozessen im Studium und im Praktikum

6 Ausblick

Auf den ersten Blick erscheint das von der Universität als Lernort räumlich getrennte Praktikum als prädestinierter Ort für selbstgesteuertes und auch informelles Lernen sowie als optimale Möglichkeit zum Erleben der Berufswirklichkeit auf Zeit. Eine Reflexion bezüglich der Verzahnung der Lernprozesse in Studium und Praktikum fordert diesbezüglich eine für die Lernenden wie auch für die Curriculumsverantwortlichen des Studiums und die Betreuenden im Praktikum anspruchsvolle Kaskade von Handlungsschritten ein. Lernwirksames Lernen in der Praxis muss wohl bedacht choreographiert werden, um den „Lernort Praktikum" für das Studium wirklich nutzbar zu machen, ohne ihn zusätzlich zu formalisieren. Gleichzeitig muss berücksichtigt werden, wie informelle Lernprozesse aus dem Praktikum gewinnbringend in den formalisierten Lernstrang eines Studienverlaufs integriert werden können, auch wenn die Handlungslogiken der beiden Lernorte zuweilen sehr unterschiedlich sind. Hochschuldidaktische Forschung und daraus abgeleitete Dienstleistungen könnten sich künftig verstärkt solchen Aspekten und deren Zusammenwirken widmen.

MARKUS WEIL/BALTHASAR EUGSTER

Literatur

Arbeitsstelle für Hochschuldidaktik (2010). Praktikum. Orientierungshilfen für Programm- und Modulverantwortliche. Universität Zürich. Zürich.

Brunstein, Joachim C. & Spörer, Nadine (2001). Selbstgesteuertes Lernen. In Rost, Detlef H. (Hrsg.): Handwörterbuch Pädagogische Psychologie. Weinheim: Beltz, 2., überarbeitete und erweiterte Auflage 2001. S. 622–629.

Böhm, Winfried (1994). Praktikum. In Böhm, Winfried (Hrsg.).Wörterbuch der Pädagogik. Stuttgart: Kröner. S. 550–551.

Dehnbostel, Peter (2002). Modelle arbeitsbezogenen Lernens und Ansätze zur Integration formellen und informellen Lernens. In Rohs, Matthias (Hrsg.). Arbeitsprozessintegriertes Lernen. Neue Ansätze für die berufliche Bildung. Münster: Waxmann. S. 37–57.

Egloff, Birte (2002). Praktikum und Studium. Diplom-Pädagogik und Humanmedizin zwischen Studium, Beruf, Biographie und Lebenswelt. Wiesbaden: VS Verlag für Sozialwissenschaften.

Eugster, Balthasar (2004). Selbststeuerung und Selbsttechnologie: Soziologische Bemerkungen zur Subjektivität in Lehr-Lern-Arrangements. In Wosnitza, Marold, Frey, Andreas, Jäger, Reinhold S. (Hrsg.). Lernprozess, Lernumgebung und Lerndiagnostik. Wissenschaftliche Beiträge zum Lernen im 21. Jahrhundert. Landau: VEP. S. 14–25.

Gruber, Hans & Harteis, Christian (2008). Lernen und Lehren im Erwachsenenalter. In Renkl, Alexander (Hrsg.). Lehrbuch Pädagogische Psychologie. Bern: Huber. S. 205–261.

Molzberger, Gabriele (2007). Rahmungen informellen Lernens. Zur Erschließung neuer Lern- und Weiterbildungsperspektiven. Wiesbaden: VS Verlag für Sozialwissenschaften.

Pätzold, Günter (2009). Lernorte. In Kaiser, Franz-Josef & Pätzold, Günter (Hrsg.). Wörterbuch Berufs- und Wirtschaftspädagogik. Bad Heilbrunn: Klinkhardt. S. 285–286.

Pintrich, Paul R. (2004). A Conceptual Framework for Assessing Motivation and Self-Regulated Learning in College Students. In Educational Psychology Review, 16 (4), S. 385–407.

Rohs, Matthias (2010). Zur Neudimensionierung des Lernortes. In Report. Zeitschrift für Weiterbildung, 33 (2), S. 34–45.

Weil, Markus &Tremp, Peter (2010). Praktikum im Studium als Berufswirklichkeit auf Zeit. Zur Planung und Gestaltung obligatorischer Praktika im Studium. In Behrendt, Brigitte, Voss, Hans-Peter, Tremp, Peter & Wildt, Johannes (Hrsg.). Neues Handbuch Hochschullehre. Berlin: Raabe. 1–16.

Die kontinuierliche integrative Förderung von Schlüsselkompetenzen in Studiengängen

Tobina Brinker

Zusammenfassung

Schlüsselkompetenzen sollen in den Bachelor- und Master-Studiengängen gefördert werden, so fordern es die Berufsverbände, so empfiehlt es die Hochschulrektorenkonferenz und darauf achten die Akkreditierungsagenturen; doch wie sieht eine kontinuierliche Förderung aus? Welche Schlüsselkompetenzen sollen zu welchen Zeitpunkten im Studium entwickelt, wann wieder aufgegriffen und mit Fachinhalten sinnvoll verknüpft trainiert werden – und das ohne dass das Fachwissen darunter leidet? Mit hochschuldidaktischer Begleitung, fachbereichsinternen Klausurtagungen usw. werden Wege aufgezeigt, die kontinuierliche Förderung gleich zu Beginn der Studiengangplanung mit zu berücksichtigen und zu integrieren.

Gliederung

1 Schlüsselkompetenzen
2 Integration in die Studiengänge
   2.1 Forderungen der Akkreditierungsagenturen
   2.2 Kontinuierliche Förderung von Schlüsselkompetenzen
3 Unterstützung durch die hochschuldidaktische Weiterbildung
   3.1 Workshops zur Studienganggestaltung
   3.2 Moderation fachbereichsinterner Klausurtagungen
4 Ausblick

1   Schlüsselkompetenzen

Mit Mertens (1974) kam der Begriff der Schlüsselqualifikationen in die Diskussion – zunächst als reine Passung auf die Situation am Arbeitsplatz: „solche Kenntnisse, Fähigkeiten und Fertigkeiten, welche nicht unmittelbaren und begrenzten Bezug zu bestimmten, disparaten praktischen Tätigkeiten erbringen, sondern vielmehr

- die Eignung für eine große Zahl von Position und Funktion als alternative Option zum gleichen Zeitpunkt und
- die Eignung für die Bewältigung einer Sequenz von (meist unvorhergesehenen) Änderungen von Anforderungen im Laufe des Lebens" (Mertens 1977, S. 111 zit. n. Roth 1998, S. 5; vgl. auch Richter 1995, S. 15).

Dabei ging Mertens von vier Qualifikationsbereichen aus:

- die Basisqualifikation (allgemeine übergreifende Qualifikationen,
- die Horizontqualifikationen (ad hoc auftretende Problemstellungen zu meistern),
- die Breitenqualifikationen (spezielle Fertigkeiten, die an vielen Stellen der Arbeitswelt auftreten) und
- Vintage-Faktoren (Bildungselemente, die bei älteren Lernenden in der Schule noch nicht gelehrt wurden (Bürger & Teichler 2004, S. 33).

Spätestens um die Jahrtausendwende wurde zwischen Fachkompetenzen und Schlüsselkompetenzen oder Schlüsselqualifikationen unterschieden, wobei Schlüsselqualifikationen meistens als überfachliche oder Zusatzqualifikationen bezeichnet wurden. Sie umfassen die Kompetenzen, die zusätzlich zum Fachwissen erworben bzw. weiterentwickelt werden (Brinker & Schumacher 2002, S. 66):

- methodische Kompetenz,
- soziale bzw. sozial-kommunikative Kompetenz und
- personale Kompetenz bzw. Selbstkompetenz.

In Leitbildern von Unternehmen und Hochschulen ist von Schlüsselqualifikationen bzw. Schlüsselkompetenzen zu lesen, in Stellenausschreibungen und Anforderungsprofilen werden Teamfähigkeit, Flexibilität, Selbstständigkeit usw. gefordert. Neben den fachlichen Qualifikationen, die für den jeweiligen Beruf wichtig sind, werden zunehmend andere Fähigkeiten bedeutsam, die zumeist als „Schlüsselqualifikationen", „Schlüsselkompetenzen" oder „Zusatzqualifikationen" bezeichnet werden. Eine genaue Definition der Begriffe bzw. Festlegung dessen, was darunter verstanden wird, erfolgt nicht oder nur wage. Das, was mit den Begriffen gemeint ist, ist „meist sehr nebulös und schlecht greifbar" (Roth 1998, S. 4; vgl. auch Richter 1995, S. 17).

Im Gegensatz zur heute üblichen Verwendung des Begriffs Schlüsselkompeten-zen, in der es mehr um die Persönlichkeitsentwicklung und –entfaltung geht, be-zeichneten Schlüsselqualifikationen früher zunächst eher spezielle Tätigkeiten, die für den Beruf außer dem Fachwissen wichtig waren wie z. B. EDV-Kenntnisse (vgl. Knauf 2003). Die Begriffe Schlüsselkompetenzen und Schlüsselqualifikationen wurden um das Jahr 2000 noch synonym verwendet. Erst 2003 bis 2004 gab es die Unterscheidung zwischen Qualifikationen als (in einer Prüfungssituation) nachgewiesene Fähigkeiten und Kompetenzen als lebenslange Persönlichkeitsent-wicklung, die nicht in einer einmaligen Prüfungssituation nachgewiesen werden können. Ab 2004 nimmt der Gebrauch des Begriffes Schlüsselqualifikationen zu-gunsten des Begriffes Schlüsselkompetenzen ab; in der heutigen Zeit ist fast nur noch von Schlüsselkompetenzen die Rede.

Seit der Diskussion um Schlüsselkompetenzen ab 2000 sind viele verschiedene Definitionen und Listen relevanter Schlüsselkompetenzen formuliert und veröf-fentlicht worden. Stellvertretend dafür sollen hier die Schlüsselkompetenzemp-fehlungen für lebenslanges Lernen der EU (2005) und der OECD (2005) erwähnt werden.

Die Kommission der Europäischen Gemeinschaft formuliert 2005 in ihrem Refe-renzrahmen acht Schlüsselkompetenzen für lebenslanges Lernen:
1. Muttersprachliche Kompetenz
2. Fremdsprachliche Kompetenz
3. Mathematische Kompetenz und grundlegende naturwissenschaftlich-techni-sche Kompetenz
4. Computerkompetenz
5. Lernkompetenz
6. Interpersonelle, interkulturelle und soziale Kompetenz und Bürgerkompetenz
7. Unternehmerische Kompetenz
8. Kulturelle Kompetenz.

Kompetenzen sind hier definiert als eine Kombination aus Wissen, Fähigkeiten und kontextabhängigen Einstellungen. Schlüsselkompetenzen sind diejenigen Kompetenzen, die alle Menschen für ihre persönliche Entfaltung, soziale Integra-tion, aktive Bürgerschaft und Beschäftigung benötigen. Am Ende ihrer Grund(aus)bildung sollten junge Menschen ihre Schlüsselkompetenzen so weit entwickelt haben, dass sie für ihr Erwachsenenleben gerüstet sind, und die Schlüs-selkompetenzen sollten im Rahmen des lebenslangen Lernens weiterentwickelt, aufrechterhalten und aktualisiert werden (EU 2005).

Die OECD veröffftenlicht ebenfalls 2005 ein Papier über die Definition und Aus-wahl von Schlüsselkompetenzen. Dort werden drei Kompetenzkategorien für ein erfolgreiches Leben und eine gut funktionierende Gesellschaft mit den jeweiligen Kompetenzen formuliert:

Kompetenzkategorie 1: Interaktive Anwendung von Medien und Mitteln (Tools)
- Interaktive Anwendung von Sprache, Symbolen und Texten
- Interaktive Nutzung von Wissen und Informationen
- Interaktive Anwendung von Technologien

Kompetenzkategorie 2: Interagieren in heterogenen Gruppen
- Gute und tragfähige Beziehungen unterhalten
- Fähigkeit zur Zusammenarbeit
- Bewältigen und Lösen von Konflikten

Kompetenzkategorie 3: Eigenständiges Handeln
- Handeln im größeren Kontext
- Realisieren von Lebensplänen und persönlichen Projekten
- Verteidigung und Wahrnehmung von Rechten, Grenzen und Erfordernissen

Das Konzept des lebenslangen Lernens geht von der zentralen Annahme aus, dass nicht alle lebensrelevanten Kompetenzen einzig in der Grundbildung erworben werden können. Kompetenzen entwickeln sich im Laufe des Lebens weiter, sie können sich ändern und verändern. Weiterhin können sich die Anforderungen an die Menschen während ihres Erwachsenenlebens aufgrund des technologischen und strukturellen Wandels verändern. Drittens hat die Entwicklungspsychologie nachgewiesen, dass die Kompetenzentwicklung nicht mit dem Erwachsenenalter aufhört, sondern während des Erwachsenenlebens andauert. Insbesondere Reflexivität, die Fähigkeit, reflexiv zu denken und zu handeln, setzt eine gewisse Reife und Erfahrung voraus (OECD 2005).

Selbst für den Begriff Kompetenzen gibt es verschiedene Definitionen und Sichtweisen – je nach Disziplin und Perspektive. Im Qualifikationsrahmen für Deutsche Hochschulabschlüsse (HRK 2005, S. 5) werden Wissen und Verstehen als Kategorie für den fachspezifischen Wissenserwerb (Fachkompetenz) aufgeführt und Können mit dem Blick auf die Kompetenzen, die Absolventen dazu befähigen, Wissen anzuwenden (Methodenkompetenz), um den Wissenstransfer zu leisten, bezeichnet. Darüber hinaus sind soziale und kommunikative Kompetenzen zu finden.

Der Kompetenzbegriff aus der europäischen Perspektive auf der Grundlage des Tuningprojektes für den Europäischen Qualifikationsrahmen für lebenslanges Lernen (EQR 2008) wird definiert als Übernahme von Verantwortung und Selbstständigkeit. Im EQR werden acht verschiedene Niveaustufen mit den erforderlichen Lernergebnissen beschrieben:

Tab. 1: Der europäische Qualifikationsrahmen (Auszug, 2008)

Kenntnisse	Fertigkeiten	Kompetenzen
Theorie- und/oder Faktenwissen	Kognitive Fertigkeiten (Einsatz logischen, intuitiven Denkens)	Übernahme von Verantwortung und Selbstständigkeit, Lernkompetenz
	Praktische Fertigkeiten (Geschicklichkeit und Verwendung von Methoden, Materialien, Werkzeugen und Instrumenten)	Kommunikationskompetenz, soziale Kompetenz, berufliche/fachliche Kompetenz

Der Vorschlag für einen Deutschen Qualifikationsrahmen für lebenslanges Lernen sieht eine vier-Säulen-Struktur vor: Fachkompetenz unterteilt in Wissen und Fertigkeiten und Personale Kompetenz unterteilt in Sozialkompetenz und Selbstständigkeit. Methodenkompetenz wird als Querschnittskompetenz verstanden und findet deshalb in der DQR-Matrix keine eigene Erwähnung. Entscheidend ist, was jemand kann, und nicht, wo es gelernt wurde (Arbeitskreis Deutscher Qualifikationsrahmen, 2010, S. 4ff).

Für den Hochschulbereich stellte erstmalig Helen Orth (1999) ein Konzept für die Vermittlung von Schlüsselqualifikationen auf. Sie ging dabei von zwei Schwerpunkten aus: die Arbeitswelt, die bei jedem Menschen im Zentrum von Lebensplanung und Identitätsfindung steht und für die sich die Absolventinnen und Absolventen der Hochschule qualifizieren und die Veränderungen in der Phase des Studiums; denn die Studierenden sind die primäre Zielgruppe der Hochschulen und ihrer Bildungsbemühungen.

Zu Punkt 1 nennt Orth (1999) den radikalen Wandel der Arbeitswelt, das Leitbild eines straff organisierten, kostenbewussten Unternehmens mit Controlling als Leitdisziplin und die wachsende Dienstleistungsorientierung sowie der Ausweitung der Kommunikation und der Einführung neuer Kommunikationsmittel.

Schwerpunkt 2 der von Orth benannten Veränderungen ist die gegenwärtige Phase des Studiums, die stark geprägt ist von Individualisierung und Konfliktorientierung. Das Erlernen eines Berufs verbürgt keinesfalls eine materielle und ideelle Sicherheit und ist keine Garantie für eine lebenslange Beschäftigung. Selbst Studieren kann heute nicht mehr als fester Lebensabschnitt gesehen werden: Die Phase des Studiums hat sich von einer Übergangsphase hin zu einem längeren Lebensabschnitt erweitert. Auch die Funktion des Studiums ist anders geworden: vom traditionellen Vorratslernen hin zum lebenslangen Lernen.

Einer der Hauptanforderungen an Hochschulabsolventen ist das theoretische Wissen aus dem Studium mit dem Anwendungswissen zu verknüpfen. So entsteht eine zentrale Schlüsselqualifikation: Handlungskompetenz (Orth, 1999). In Anlehnung an die Bildungskommission NRW definiert Orth (1999, S.107) Schlüsselqualifikationen wie folgt: „Schlüsselqualifikationen sind erwerbbare allgemeine Fähigkeiten, Einstellungen, Strategien und Wissenselemente, die bei der Lösung von Problemen und beim Erwerb neuer Kompetenzen in möglichst vielen Inhaltsbereichen von Nutzen sind, so dass eine Handlungsfähigkeit entsteht, die es ermöglicht, sowohl individuellen Bedürfnissen als auch gesellschaftlichen Anforderungen gerecht zu werden."

Zur Förderung der Schlüsselqualifikationen an den Hochschulen sieht Orth als wichtigstes Ziel die Entstehung einer neuen Lehr- und Lernkultur, in der das aktive Lernen im Vordergrund steht. Die wachsende Bedeutung von Schlüsselqualifikationen für Hochschulen und Hochschulabsolventen sieht Knauf (2003) in

- der Verbesserung der Studierfähigkeit,
- des Übergangs Schule – Hochschule,
- der Vorbereitung auf das Berufsleben,
- dem beschleunigten Wandel von Anforderungen
- und der Orientierung in einer individualisierten Welt.

Für die Gestaltung der Lehre in der Hochschule bedeutet diese Forderung, ein Wechsel in der Rolle des Studierenden weg vom eher passiven Lernenden hin zum aktiven und selbstständigen Lerngestalter und für die Lehrenden weg vom Wissensvermittler hin zum Lernberater und Coach des Lernenden.

Schlüsselkompetenzen können nicht einfach vermittelt werden, sie können erfahren und erlebt werden und müssen unbedingt reflektiert werden – in einem entsprechend gestalteten Lernraum. Die Förderung von Schlüsselkompetenzen geschieht nicht in Vorlesungen, sondern kann nur durch vielfältige Lernumgebungen mit Reflexionselementen erfolgen (Brinker & Schumacher 2002).

Die Anforderungen an die Hochschulen von Seiten der HRK, der verschiedenen Verbände usw. zur Förderung der Beschäftigungsfähigkeit und zur Förderung von Schlüsselkompetenzen in den Studiengängen sind in der Einleitung zu diesem Kapitel zusammengestellt (s. Besondere Elemente der Studienganggestaltung in diesem Band).

Auf dem Fachbereichstag Maschinenbau 2009 in Bochum wurden folgende Anforderungen an die Absolventinnen und Absolventen von Fachhochschulen formuliert (Brinker & Willems 2009):

Forderungen der Verbände an Absolventinnen und Absolventen

Kenntnisse	Fähigkeiten – Initiative ergreifen	Fähigkeiten – Team führen
• Techniken • Technologien • Methoden • Fachkenntnisse • Geschäftsprozesse • Märkte	• Initiative • Ergebnisorientierung • Kreativität • Veränderungsfähigkeit • Entscheidungskraft	• Motivationsfähigkeit • Coaching und Mentoring • Teamfähigkeit • Einfühlungsvermögen • Konfliktfähigkeit

Fähigkeiten – Partner gewinnen	Fähigkeiten – Erfolgsstrategien entwickeln	Erfahrungen – Partner gewinnen
• Durchsetzungsfähigkeit • Kommunikationsfähigkeit • Networking Skills • Kundenorientierung	• Lernfähigkeit • Analysefähigkeit • Strategisches Denken • Planungs- und Organisationsfähigkeit	• Berufs-/Praxiserfahrung • Projekterfahrung • Führungserfahrung • Interkulturelle Erfahrung

Soviel zu „Komplexität" und „die eierlegende Wollmilchsau" ...
(... es gibt mehr als 650 gelistete SK, BIBB)

Abb. 1: Anforderungen der Berufsverbände an Absolventinnen und Absolventen

Aus den in Abbildung 1 aufgezeigten Anforderungen an die Absolventinnen und Absolventen von Hochschulen und den vorangegangenen Ausführungen zum Erwerb von Schlüsselkompetenzen wird deutlich, dass der Kompetenzerwerb eine lebensbegleitende Aufgabe einer Person ist, die weder mit dem Studium beginnt noch mit einem Studienabschluss beendet ist. Gerade bei einem sechs- bis siebensemestrigen Bachelor-Studium können Lernsituationen so angelegt und didaktisch inszeniert sein, dass Schlüsselkompetenzen und Berufsorientierung gefördert werden, aber alle Anforderungen in der Studienzeit zu berücksichtigen und so umfassend zu fördern, ist nur bedingt möglich. Ein Schritt in diese Richtung ist aber, die Förderung von Schlüsselkompetenzen gleich bei der Studiengangentwicklung mit zu betrachten und einzuplanen.

2 Integration in die Studiengänge

Im Hinblick auf die Vermittlung von überfachlichen Kompetenzen, wie sie auch in den Prüfungsordnungen für die Bachelor-Studiengänge an vielen Hochschulen festgeschrieben sind, wird in der Fachwelt zwischen additiver und integrativer Vermittlung unterschieden. Additive Vermittlung bedeutet, dass zusätzliche Angebote eingerichtet werden, bei denen allerdings der Bezug zum Fachinhalt fehlt, während bei der integrativen Vermittlung überfachliche Kompetenzen im Rahmen der Studienfachausbildung mitvermittelt werden (Brinker 2004, S. 213 ff.). Aus fachlicher und hochschuldidaktischer Sicht ist der integrative Ansatz vorzuziehen, allerdings sind nur wenige Lehrende ausreichend darauf vorbereitet, überfachliche Kompetenzen, wie z. B. Vortragen und Präsentieren, Arbeiten im Team und Moderation, direkt in ihren Lehrveranstaltungen zu vermitteln und zu beurteilen.

Bei der Studiengangentwicklung bietet sich die einmalige Chance, die Schlüsselkompetenzen gleich zu Beginn mit zu berücksichtigen und kontinuierlich in den Studienverlauf miteinzuplanen. Dieses Vorgehen mindert auch die Gefahr, alles, was mit Schlüsselkompetenzen zu tun hat, an externe Anbieter und/oder additive Lehrangebote bzw. außerfachliche Lehrveranstaltungen auszulagern, damit sie das eigentliche fachliche Studium nicht stören. Hochschuldidaktische Begleitung kann hier schon im Vorfeld beratend tätig werden.

2.1 Forderungen der Akkreditierungsagenturen

Bei der Akkreditierung der Studiengänge wird u. a. geprüft, wo und in welchem Ausmaß Schlüsselkompetenzen integriert und gefördert werden. Nachfolgend einige Auszüge aus den Leitfäden und Fragenkatalogen der Akkreditierungsagenturen:

Tab. 2: Fragen der Akkreditierungsagenturen zu Schlüsselkompetenzen

Agentur	Leitfragen zur Förderung von Berufsorientierung und Schlüsselkompetenzen
AQAS (2011): Leitfaden für Hochschulen	Inwiefern haben sich die fachlichen und überfachlichen Qualifikationsziele als sinnvoll erwiesen? Wird die Einschätzung durch Ergebnisse aus dem Prozess der Qualitätssicherung (z. B. durch Verbleibstudien, Evaluationen etc.) gestützt? Wurden in dieser Hinsicht gegebenenfalls Änderungen vorgenommen? Wie wird die Befähigung zur qualifizierten Erwerbstätigkeit sichergestellt?
Zewa (2011): Handbuch Evaluation	Durch Praxiskontakte in der Region (bis hin zur Kooperation mit regionalen Arbeitgebern im Rahmen von Abschluss- und Forschungsarbeiten) und durch kontinuierliche Zusammenarbeit mit Einrichtungen der Sitzkommune in kulturellen, sozialen und pädagogischen Projekten kann die Realisierung der Bildungsziele democratic citizenship, Förderung von Schlüsselqualifikationen und Employability (Erwerbsbefähigung) unterstützt und zugleich die Verankerung der Hochschule in der Region gestärkt werden.
FIBAA (2011).Fragen und Bewertungskatalog für Rechts-, Sozial- und	Bitte beschreiben Sie, wie überfachliche Qualifikationen, z. B. ethische Aspekte, führungsrelevante Kompetenzen und Managementkonzepte (u. a. Verhandlungsführung, Mediation, Streitschlichtung) sowie „Orientierungswissen" zusätzlich zum

Agentur	Leitfragen zur Förderung von Berufsorientierung und Schlüsselkompetenzen
Wirtschaftswissenschaften	„Verfügungswissen", der (nicht auf die Berufstätigkeit bezogenen) Bildung dient, im Studiengang vermittelt werden.
Evalag (2011): Leitfaden zur Erstellung der Selbstdokumentation	Sind verpflichtende oder freiwillige Praktika im Studiengang vorgesehen? Wenn ja, wie viele Leistungspunkte werden dafür vergeben? Werden die Kompetenzen, die im Rahmen der Praktika erworben werden, dokumentiert und überprüft? Bitte konkretisieren Sie, inwiefern der Studiengang a) das vorhandene fachliche und fachübergreifende Wissen der Studierenden verbreitert bzw. vertieft und b) instrumentale, systemische und kommunikative Kompetenzen vermittelt. Wie tragen die einzelnen Module des Studiengangs zur Gesamtkompetenz der Absolvent/inn/en bei? Wie gewährleisten Sie, dass in den Lehrveranstaltungen Schlüsselqualifikationen vermittelt werden?

Wie lassen sich diese Anforderungen angemessen umsetzen und wie erfolgt die Umsetzung in den Studiengängen?

2.2 Kontinuierliche Förderung in Studiengängen

Die integrative Förderung von Schlüsselkompetenzen wird direkt bei der Studiengangentwicklung parallel mit den Fachkompetenzen eingeplant und vernetzt. Das bietet den Vorteil, dass bestimmte Schlüsselkompetenzen nicht isoliert geübt, sondern – ähnlich eines Spiralcurriculums – später wieder aufgegriffen, ausdifferenziert und vertieft werden können. Dabei wird auch sichergestellt, dass nicht viele Kolleginnen und Kollgen gleichzeitig die gleiche Methode üben, z. B. alle lassen ein Lernposter entwickeln oder die Studierenden arbeiten in einem Semester an drei Projekten gleichzeitig. Tabelle 3 zeigt beispielhaft die Integration von Schlüsselkompetenzen und Fachkompetenzen. Vorausgegangen sein im Kollegenkreis muss die Diskussion, welche Kompetenzen für das spätere Berufsfeld wichtig sind und welche im Studiengang vermittelt werden können. Auf diese Weise bietet es sich ebenfalls an, aktivierende Methoden gleichmäßig und damit auch studierbar zu verteilen und auch Prüfungsmethoden angemessen einzusetzen. Wenn immer möglich, sollte eine neue Methode in einem Semester eingeführt und geübt werden und erst im folgenden Semester abgeprüft werden.

Tab. 3: Planung des Schlüsselkompetenzerwerbs innerhalb eines Studiengangs

Semester	Modul 1	Modul 2	Modul 3	Modul 4	Modul 5	Modul 6
1.	Fach 1	Fach 2	Fach 3	Fach 4	Fach 5	Fach 6
	Einf. Wiss. Arbeiten		Methoden wiss. Arbeiten		Zitieren	Kurzprojekt
2.	Fach 1	Fach 2	Fach 3	Fach 4	Fach 5	Fach 6
		Techn. Dokumentation		Laborbericht		
3.	Fach 1	Fach 2	Fach 3	Fach 4	Fach 5	Fach 6
	Präsentation		Lernposter			Projektmanagement
4.	Fach 1	Fach 2	Fach 3	Fach 4	Fach 5	Fach 6
		Hausarbeit	Moderation		Präsentation	
5.	Fach 1	Fach 2	Fach 3	Fach 4	Fach 5	Fach 6
	Interdisziplinäres Projekt mit Dokumentation und Präsentation					
6.	Fach 1	Fach 2				
	Praktikum, Abschlussarbeit					

Beispiele für die Intergration von Schlüsselkompetenzförderung in Studiengängen finden sich für die Germanistik bei Welbers (2005 bzw. hier in diesem Band). Für die Geschichtswissenschaften sei als Beispiel Salgado (2001) angeführt, für die Ingenieurwissenschaften Willems (2004 und in diesem Band) und für die Medizin zeigen Thumser-Dauth und Öchsner (2006, S. 12) den mehrstufigen Aufbau der Schlüsselkompetenzen im Studium auf.

„Bei der Kompetenzorientierten Curriculumgestaltung wird von Kompetenzen ausgegangen, welche am Ende der Ausbildung stehen müssen und welche Ziele der Lehrveranstaltungen und deren Modularisierung vorgeben. Kompetenzorientierte Curricula sind also ergebnisorientiert (outcome-oriented). Die Vorstellungen darüber, welche Kompetenzen die Lernenden am Ende des Studiums (bzw. Aus- und Weiterbildungsabschnitts) haben sollen, sind klar und gut kommuniziert. Kompetenzorientierte Curricula beziehen Fachwissen und Schlüsselqualifikationen mit ein." (Thumser-Dauth & Öchsner 2006, S. 12).

3 Unterstützung durch die hochschuldidaktische Weiterbildung

3.1 Workshops zur Studienganggestaltung

Die hochschuldidaktischen Weiterbildungseinrichtungen bieten vielfach Workshops zur Studienganggestaltung an. An Beispielen werden in den Workshops die didaktisch sinnvolle Gestaltung von Modulen, der Zusammenhang zwischen Lehre und Prüfungen, die Formulierung und Umsetzung der Learning Outcomes und der Kompetenzorientierung sowie die Integration von Schlüsselkompetenzen vorgestellt.

Zur Prüfung und zum Zusammenhang zwischen Modulen, Lehre und Prüfung im Sinne des Constructive Alignment sei hier auf Reis (2010), Brinker (2011) und Dany, Szczyrba, Wildt (Hrsg., 2008) und der Beitrag von Eugster in diesem Band verwiesen.

Da diese Workshops zur Studienganggestaltung ein übliches hochschuldidaktisches Angebot darstellen, soll an dieser Stelle nicht weiter darauf eingegangen werden.

Zusätzlich zu den Workshops zur Studienganggestaltung hat sich das Angebot der Begleitung und Moderation von fachbereichsinternen Klausurtagungen bewährt. Dabei bietet sich an, entsprechend der Auswahl und Anordnung der Fachinhalte in Modulen und über die Semester die gleiche Vorgehensweise bei der Planung und Verteilung der Schlüsselkompetenzen im Studiengang anzuwenden.

3.2 Fachbereichsinterne Workshops zur Studiengangplanung

Das Netzwerk hdw nrw Hochschuldidaktische Weiterbildung der 20 Fachhochschulen des Landes Nordrhein-Westfalen) hat zahlreiche interne Fachbereichs-Klausurtagungen in enger Zusammenarbeit mit der Dekanin bzw. dem Dekan des betreffenden Fachbereichs vorbereitet, moderiert und nachbereitet.

In der Vorbereitungsphase einer Klausurtagung zur Studiengangkonzeption werden die einzelnen Schritte zwischen der Fachbereichsleitung und der hochschuldidaktischen Beratung abgesprochen und die Aufgaben verteilt. Da in den einzelnen Fächern und bei Projekten schon immer bestimmte Schlüsselkompetenzen gefördert werden, auch wenn diese nicht explizit als solche bezeichnet und ausgewiesen werden, empfiehlt sich eine Abfrage im Kollegenkreis im Vorfeld.

Gemeinsam mit der Fachbereichsleitung wird für die Abfrage der bisher schon geförderten Schlüsselkompetenzen ein Formular entwickelt, damit der bereits vorhandene Kompetenzerwerb auch im neuen Studiengang berücksichtigt werden kann. Für jeden Studiengang muss das Formular angepasst werden, denn was in einem Studiengang im Bereich Sozialwesen als Kernkompetenz ausgewiesen ist (z. B. Kommunikation), wird in einem anderen Studiengang als Schlüsselkompetenz bezeichnet. Schon die Abfrage, ob als Formular schriftlich oder als Interview usw. löst im Kollegenkreis Diskussionen darüber aus, was in den Studiengängen als Schlüsselkompetenzen bezeichnet wird und was nicht.

Erfassung der bereits geförderten Schlüsselkompetenzen in einem Studiengang			
Studiengang:			
Modul:			
Lehrende/r:			
Schlüsselkompetenz:	Information Ja/Nein	Training Ja/Nein	Zeitanteil Workload /Stunden
Lern- und Arbeitstechniken			
– Zeit- und Selbstmanagement			
– Umgang mit Fachtexten			
– Literaturrecherche			
– aktives Zuhören/Mitschreiben			
– Mindmaps/Brainstorming			
– Fachtexte schreiben			
– Diagramme/Tabellen darstellen			
– Excel für technische Formeln und Zusammenhänge			
–			
–			
–			
Teamarbeit			
– Kommunikation			
– Moderation			
– Konfliktmanagement			
– Projektplanung /Zeitmanagement			
– Gruppendynamik			
–			

TOBINA BRINKER

Erfassung der bereits geförderten Schlüsselkompetenzen in einem Studiengang			
–			
–			
Wissenschaftliches Arbeiten			
– Zitieren			
– Recherche			
–			
–			
–			
Präsentation/Vortrag			
– Medieneinsatz			
– Rhetorik			
–			
–			
–			
Weitere Schlüsselkompetenzen:			
–			
–			
Kommentare:			
Erläuterungen: „Information" bedeutet, dass über bestimmte Schlüsselkompetenzen Informationen in der Lehrveranstaltung gegeben werden, z. B. was macht einen guten Vortrag aus? „Training" bedeutet, dass z. B. das Vortragen auch tatsächlich geübt wird (mit Feedback usw.) „Zeitanteil" bedeutet, wie viel Zeit eines Moduls mit dem Training von Schlüsselkompetenzen verwendet wird.			

Abb. 2: Beispiel für ein Formular zur Ermittlung der bereits geförderten Schlüsselkompetenzen im Studiengang (www.lehridee.de, 23.05.07)

Sind die Module, Lehrinhalte und die Schlüsselkompetenzen im Vorfeld erfasst, kann als Vorbereitung eine Übersicht in Tabellenform entwickelt werden, die als Einstieg in die Klausurtagung genutzt wird.

Ziel der Klausurtagung ist aus der dann bereits vorhandenen Übersicht der Module und der schon geförderten Schlüsselkompetenzen zunächst herauszuarbeiten,

- welche Schlüsselkompetenzen für den betreffenden Studiengang wichtig sind,
- welche Schlüsselkompetenzen an welchen Stellen, zu welchen Zeitpunkten und
- in welchen Lehrveranstaltungen schon gefördert werden.

Im nächsten Schritt wird gemeinsam herausgearbeitet, welche Schlüsselkompetenzen an welchen Zeitpunkten im Studium erwartet werden, um darauf aufzubauen und fachwissenschaftlich adäquat einzusetzen. Zum Beispiel können Präsentationsfähigkeiten und –fertigkeiten in Grundzügen in den ersten Semestern trainiert werden und in höheren Semestern mit unterschiedlichen Fachinhalten und vor verschiedenen Zielgruppen weiter verfeinert werden. Ebenso kann in Mini-Projekten im ersten Semester ein Einstieg in Projektmanagement angeboten werden, damit der „Werkzeug-Kasten" Projektmanagement für komplexe Projekte im 4. oder 5. Semester schon bekannt ist und angewendet werden kann.

In der anschließenden Diskussions- und Erarbeitungsphase werden dann die Schlüsselkompetenzen angemessen auf den Studiengang verteilt, d. h. es wird so vermieden, dass in einem Semester zu viele Projekte gleichzeitig angeboten werden. Es entstehen Synergieeffekte durch die Möglichkeit, durch interdisziplinäre Kooperationen und frühzeitige Abstimmung, bestimmte Kompetenzen kontinuierlich durch das ganze Studium schrittweise aufzubauen und zu vertiefen.

Ergebnis der Klausurtagung ist ein Übersichtsplan, aus dem klar hervorgeht, welche Schlüsselkompetenzen wann in welcher Tiefe gefördert und trainiert werden. Ein Beispiel dazu zeigt die folgende Abbildung 3.

Semester:	1			2			3			4			5			6		
Lehrform/Zeit	I	T	S	I	T	S	I	T	S	I	T	S	I	T	S	I	T	S
Lern- & Arbeitstechniken																		
Zeit- und Selbstmanagement																		
Umgang mit Fachtexten																		
Literaturrecherche																		
Aktives Zuhören /Mitschreiben																		
Mindmaps/Brainstorming																		
Schreiben von technischen Texten																		
Diagramme/Tabellen darstellen																		
Excel für Formeln/Zusammenhänge																		
...																		

TOBINA BRINKER

Semester:	1			2			3			4			5			6		
Lehrform/Zeit	I	T	S	I	T	S	I	T	S	I	T	S	I	T	S	I	T	S
Team- und Gruppenarbeit																		
Kommunikation/Gesprächsführung																		
Moderation (Technik/Methode)																		
Konfliktmanagement																		
Projekt- und Zeitplanung																		
Gruppendynamik																		
...																		
Wissenschaftliches Arbeiten																		
Präsentation/Vortrag																		
Praktikumsbericht																		
Problemlösen/Arbeitsmethodik																		
...																		
Fremdsprachen																		
...																		
Betriebswirtschaftliche Grundlagen																		
...																		

I: Information (Anzahl der Module)
T: Training (Anzahl der Module)
S: Stundenanzahl

Abb. 3: Schlüsselkompetenzen im Studiengang (www.lehridee.de – 23.05.07)

Je nach Dauer der Klausurtagung und Beteiligung des gesamten Kollegiums daran sind in der Nachbereitung weitere Schritte zur detaillierten Planung notwendig, um eine optimale Umsetzung zu gewährleisten.

4 Ausblick

Die hier aufgezeigte Vorgehensweise zur Entwicklung von Studiengängen mit Hilfe hochschuldidaktischer Moderation und Prozessbegleitung unter Beteiligung aller Kolleginnen und Kollegen im Fachbereich bzw. Studiengang oder Lehreinheit schafft die Akzeptanz für den neu zu entwickelten Studiengang und verringert das Misstrauen, durch die Förderung von Schlüsselkompetenzen und Berufsorientierung auf Fachinhalte verzichten zu müssen. Eine didaktisch sinnvolle Kombination der Methoden, die gleichzeitig Schlüsselkompetenzen und Fachkompetenzen fördern bietet die Chance, die vielen Anforderungen an die Absolventinnen und Absolventen der Hochschulen zu berücksichtigen und für die Zeit des Studiums die Kompetenzen zu entwickeln bzw. weiterzuentwickeln.

Zum Erwerb und zur Förderung von Schlüsselkompetenzen an Hochschulen hat die Gesellschaft für Schlüsselkompetenzen in Lehre, Forschung und Praxis e. V. Qualitätsstandards formuliert, die im April 2012 auf der Homepage veröffentlicht werden (www.gesellschaft-fuer-schluesselkompetenzen.de).

Literatur

Brinker, Tobina (2011). Kompetent prüfen – Performanz bewerten. In Dorfer, Alexandra, Lind, Gerald & Salmhofer, Gudrun. Prüfen auf dem Prüfstand. Graz: Universitätsverlag. S. 37–53.

Brinker, Tobina (2007a). Schlüsselkompetenzen als Chance zur Personal- und Organisationsentwicklung. Personal- und Organisationsentwicklung in Einrichtungen der Lehre und Forschung, 3, S. 66–71.

Brinker, Tobina (2007b). „Top down und Bottom up". Die Vermittlung von Management- und Schlüsselkompetenzen für Lehrende und Lernende. Sozialwissenschaften und Berufspraxis, 30, S. 153–160.

Brinker, Tobina & Schumacher, Eva-Maria. (2005). Ideen und Konzepte für das Lernen und Lehren an Hochschulen – www.lehridee.de. In Welbers, Ulrich & Gaus, Olaf (Hrsg.). The Shift from Teaching to Learning. Bielefeld: W.-Bertelsmann. S. 66–70.

Brinker, Tobina (2004). Angemessene Verfahren zur Vermittlung von Schlüsselqualifikationen. In Brinker, Tobina & Rössler, Uwe. Hochschuldidaktik an Fachhochschulen. Bielefeld: W.-Bertelsmann. S. 213–218.

TOBINA BRINKER

Bürger, Sandra & Teichler, Ulrich (2004). Besondere Komponenten der Studiengangsentwicklung. In Benz, Winfried, Kohler, Jürgen & Landfried, Klaus. Handbuch Qualität in Studium und Lehre. Berlin: Raabe. E 3.1.

Dany, Sigrid, Szczyrba, Birgit & Wildt, Johannes Hrsg., (2008). Prüfungen auf die Agenda! Blickpunkt-Reihe 118. Bielefeld: W.-Bertelsmann.

Neumann, Karl, Borchard, Christiane, Brinker, Tobina & Schumacher, Eva-Maria (2003). Förderung von Schlüsselqualifikationen im modernen Ingenieurstudium. In Knauf, Helen & Knauf, Markus: Schlüsselqualifikationen praktisch. Bielefeld: W.-Bertelsmann. S. 66–78.

Reis, Oliver (2010). Kompetenzorientierte Prüfungen. In Terbuyken, Gregor. In Modulen lehren, lernen und prüfen. Loccum: Evangelische Akademie. S 157–184.

Salgado, Luis M. Calvo (2001). Schreiben im Geschichtsstudium. In Behrendt, Brigitte, Voss, Hans-Peter & Wildt, Johannes. Neues Handbuch Hochschullehre. Bonn: Raabe. G 4.6.

Thumser-Dauth, Katrin & Öchsner, Wolfgang (2006). Schlüsselqualifikationen inclusive: Entwicklung kompetenzorientierter Curricula. In Behrendt, Brigitte, Voss, Hans-Peter & Wildt, Johannes. Neues Handbuch Hochschullehre. Berlin: Raabe. J 2.13.

Welbers, Ulrich (2005). Zur praktischen Gestaltung vermittlungswissenschaftlicher Konzepte. In Behrendt, Brigitte, Voss, Hans-Peter & Wildt, Johannes. Neues Handbuch Hochschullehre. Berlin: Raabe. J 2.2.

Willems, Christian (2004). Studienbegleitende Entwicklung von Schlüsselqualifikationen. In Brinker, Tobina & Rössler, Uwe: Hochschuldidaktik an Fachhochschulen. Bielefeld: W.-Bertelsmann. S. 33–40.

Interdisziplinäre Schlüsselkompetenztutorien als gestaltende Elemente in Studiengängen

Tobina Brinker/Astrid Hartel

Zusammenfassung

Eine Anforderung an die neu eingeführten bzw. auf Bachelor und Master umgestellten Studiengänge ist die Förderung von Schlüsselkompetenzen. Der Einsatz von Schlüsselkompetenztutorien kann helfen, die Lehrenden von der Grundlagenvermittlung der Schlüsselkompetenzen zu entlasten und gleichzeitig durch die hochschuldidaktische Begleitung der Studiengangentwicklung dazu anregen, die in den Tutorien trainierten Schlüsselkompetenzen angemessen mit Fachinhalten kombiniert fachspezifisch weiterzuentwickeln und auszubauen. Ein Modell dazu ist das Projekt IST (interdisziplinäre Schlüsselkompetenztutorien) der Fachhochschule Bielefeld.

Gliederung

1   Angebote für die Studiengangentwicklung

Die Förderung von Schlüsselkompetenzen an Hochschulen, die in den Studien- und Prüfungsordnungen der Bachelor- und Master-Studiengänge festgeschrieben ist, wird entweder durch additive, gesonderte Angebote sichergestellt oder geschieht integrativ in den normalen Lehrveranstaltungen. Bei der additiven Förderung fehlt oft der Bezug zum Fachinhalt. Im Gegensatz dazu werden bei der integrativen Förderung die Kompetenzen im Rahmen der Studienfächer mit berücksichtigt (Brinker 2004, S. 213ff). Die integrative Förderung von Schlüsselkompetenzen ist meistens schwieriger zu realisieren, bietet aber gleichzeitig – besonders bei hochschuldidaktischer Begleitung – gute Ansätze zur Personal- und Organisationsentwicklung in Hochschulen (Brinker 2007a, 2007b).

Die Idee hinter dem Konzept des Tutorenprojekts IST ist die, den Fachbereichen und Lehrenden bei der Umstellung auf die neuen Studiengänge nicht nur die übliche hochschuldidaktische Beratung und Moderation anzubieten, sondern aktiv die Schlüsselkompetenz-Module des Tutorenprojekts vorzustellen, zu diskutieren, an welchen Stellen diese in die Studiengänge integriert werden können und vor allem, an welchen Stellen und in welchen Modulen die im Tutorenprojekt trainierten Schlüsselkompetenzen wieder aufgegriffen werden, mit Fachinhalten kombiniert gefördert und in der jeweiligen Fachkultur spezifisch weiterentwickelt werden.

Entsprechend der Konzeption des IST-Projekts führt die Geschäftsstelle Bielefeld des Netzwerks hdw nrw (Hochschuldidaktische Weiterbildung der 20 Fachhochschulen des Landes Nordrhein-Westfalen) zunächst ein Gespräch mit der/dem Dekan/in des Fachbereichs, anschließend wird das Konzept in der Dienstbesprechung des Fachbereichs vorgestellt und ein Ansprechpartner für Schlüsselkompetenzen gewählt, der als Kontaktperson zwischen Kolleginnen und Kollegen und dem IST-Projekt fungiert.

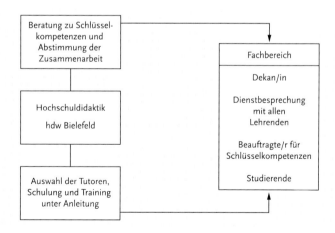

Abb. 1: Konzeption des IST-Projekts und der hochschuldidaktischen Begleitung

Tobina Brinker/Astrid Hartel

Das Zusammenspiel zwischen den Tutorien und der Förderung von Schlüsselkompetenzen mit hochschuldidaktischer Beratung in den beteiligten Fachbereichen macht die obige Skizze deutlich.

In Tutorien können die Grundlagen einzelner Kompetenzen entwickelt und trainiert werden. Das hat den Vorteil, dass die Lehrenden von der Grundlagen-Förderung der Schlüsselkompetenzen entlastet werden und sich schwerpunktmäßig mit der Integration in die Fachinhalte befassen können. Schlüsselkompetenz-Tutorien sind aber nur sinnvoll, wenn die Verankerung der geschulten Kompetenzen auf höherer Ebene, d. h. in den Fachlehrveranstaltungen gewährleistet ist. Ein Projekt, das beide Seiten berücksichtigt und an der Fachhochschule Bielefeld seit über fünf Jahren erfolgreich läuft, wird im Folgenden dargestellt.

2 Das Tutorenprogramm IST

Das Projekt IST „Interdisziplinäre Schlüsselkompetenz-Tutorien" fördert die Grundlagen von Schlüsselkompetenzen in Tutorien, die Tutorinnen und Tutoren für das IST-Projekt kommen aus verschiedenen Fachbereichen und Studiengängen der Fachhochschule Bielefeld.

Die Konzeption für dieses Projekt und die Finanzplanung wurde von der hochschuldidaktischen Weiterbildung Nordrhein-Westfalen (www.hdw-nrw.de), Geschäftsstelle Bielefeld, im ersten Schritt dem Rektorat der Fachhochschule Bielefeld vorgestellt und von ihm genehmigt. Im zweiten Schritt wird für jeden Fachbereich bzw. Studiengang individuell in enger Zusammenarbeit mit der/dem Dekan/in und der/dem jeweils Beauftragten des Fachbereichs bzw. Studiengangs ein Konzept zur Förderung von Schlüsselkompetenzen erarbeitet. Jeder Studiengang benötigt ein anderes Konzept, da für unterschiedliche Fachrichtungen andere überfachliche Kompetenzen wichtig sind: beispielsweise ist kommunikative Kompetenz für Studierende des Fachbereichs Sozialwesen und Pflege und Gesundheit eine fachliche Kompetenz, während es für Studierende der anderen Fachbereiche eher als überfachliche Kompetenz eingestuft werden kann.

Ziele des Projektes sind:
- Förderung von Grundlagen in Schlüsselkompetenzen (Vortragen, Präsentieren, Moderieren, Teamarbeit, Projektmanagement, usw.),
- Erfahrung in interdisziplinärer Zusammenarbeit, so wie sie später im Berufsalltag stattfindet,
- Entwicklung von individuellen Konzepten zur Vertiefung und Verknüpfung mit Fachkompetenzen für die beteiligten Studiengänge,

- Entlastung der Lehrenden bei der Entwicklung von Grundlagen von Schlüsselkompetenzen,
- Ausbildung der Tutorinnen und Tutoren im Bereich Didaktik und Methodik, Anleitung und Schulung,
- Anleitung und eigene Erfahrungen in Projektmanagement, Führen von Teams usw.

Zudem bieten die Tutorien den Vorteil, dass Studierende von Studierenden die Kompetenzen erfahrungsgemäß viel leichter annehmen und das Feedback leichter fällt. Voraussetzung für das Gelingen der Tutorien sind von der Hochschuldidaktik ausgewählte und zuvor geschulte Tutorinnen und Tutoren, die bei der Planung, Durchführung und Nachbereitung der Tutorien von der hdw-Geschäftsstelle Bielefeld weiterhin begleitet werden. Ein weiterer Anreiz für die Tutorinnen und Tutoren ist ein Zertifikat über eine einfache Trainertätigkeit und bei weiterer Mitwirkung im Projekt die Projekt- und Teamleitung – vorteilhaft bei späteren Bewerbungen.

2.1 Beginn und Aufbau des Projekts

Die erste Planung 2004 für den Aufbau des Projekts IST und die gleichzeitige hochschuldidaktische Qualifizierung und Beratung der Lehrenden und der Studierenden ist eine Projektlaufzeit von 3 Jahren vorgesehen, die mit einer Vortragsreihe aus der Industrie und Einwerbung von Sponsorenmitteln das Projekt vervollständigen sollte:

Der Fachbereich Wirtschaft der FH Bielefeld beteiligt sich als erster an dem Pilotversuch: im ersten Planungsgespräch mit dem Dekan, der Ansprechpartnerin für überfachliche und Managementkompetenzen und der hdw-Geschäftsstelle Bielefeld wird die zeitliche und inhaltliche Planung abgestimmt. Im nächsten Schritt wird das Vorhaben auf einer Dienstbesprechung des Fachbereichs Wirtschaft vorgestellt und ein spezielles Konzept zur Förderung von Schlüsselkompetenzen für diesen Fachbereich nach folgenden Fragen erarbeitet:
- welche überfachlichen Kompetenzen für die Studiengänge im Fachbereich Wirtschaft sind grundsätzlich notwendig und erforderlich,
- welche Kompetenzen zur Vermittlung der Grundlagen in Tutorentrainings sind geeignet,
- welche Kompetenzen sollen eher direkt in den fachlichen Lehrveranstaltungen vermittelt werden und

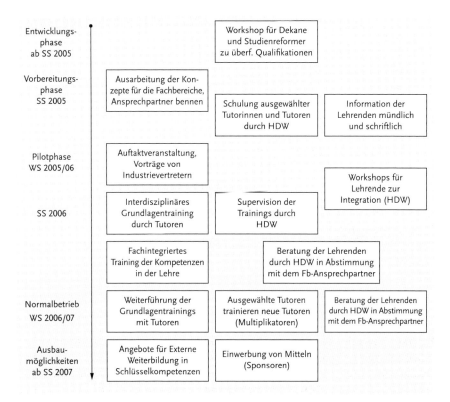

Abb. 2: Erste Planung des Projekts IST und der hochschuldidaktischen Qualifizierung der Lehrenden

- welche Kompetenzen, die in den Tutorentrainings vermittelt worden sind, werden in welchen Lehrveranstaltungen aufgegriffen und anhand von Fachinhalten vertieft.

Schlüsselkompetenzen	Grundlagen im Tutorentraining	Grundlagen in Lehrveranstaltungen	Vertiefung in Lehrveranstaltungen
Präsentationstechnik	x		x
Vortragstechnik	x		x
Kommunikationsmodelle	x		x
Gesprächsführung	x	x	x
Teamarbeit	x		x
Moderationstechniken	x	x	x

Schlüsselkompetenzen	Grundlagen im Tutorentraining	Grundlagen in Lehrveranstaltungen	Vertiefung in Lehrveranstaltungen
Verhandlungsführung		x	x
Konfliktmanagement		x	x
Projektmanagement		x	x
Kreativitätstechniken	x	x	x
Lern- und Arbeitstechniken	x		
Ziel-, Zeit- und Selbstmanagement	x		

Abb. 3: Welche Schlüsselkompetenzen werden an welchen Stellen gefördert?

Für den Vorlauf des Projekts wird im Fachbereich Wirtschaft eine zusätzliche Lehrveranstaltung zum Thema Präsentation und Selbstmanagement für 25 Studierende angeboten, aus diesem Teilnehmerkreis werden die ersten 9 Tutorinnen und Tutoren ausgewählt.

Zur Qualifikation dieser Tutorinnen und Tutoren für zukünftige Schlüsselkompetenz-Tutorien führt die hdw-Geschäftsstelle Bielefeld Ende 2005 für das Projekt „Interdisziplinäre Schlüsselkompetenz-Tutorien" eine Tutorenschulung mit folgenden Inhalten durch:

- Präsentationstechniken und –methoden
- Lern- und Arbeitstechniken
- Didaktik, Anfangssituationen, Lehr-/Lernziele, Aufbereitung des Inhalts
- Methodenüberblick und Planungsschritte für Tutorien
- Gutes Erklären und Vortragen, Kommunikation
- Teamarbeit und Umgang mit schwierigen Gesprächspartnern
- Moderationstechnik und –methode
- Teamteaching

Der Fachbereich Architektur und Bauingenieurwesen der FH Bielefeld in Minden beteiligt sich ebenfalls am Pilotversuch. In einem Planungsgespräch mit dem Dekan und dem Beauftragten für Schlüsselkompetenzen dieses Fachbereichs wird ein Konzept zur Vermittlung von Schlüsselkompetenzen für den Studiengang Projektmanagement Bau erarbeitet, damit sichergestellt wird, dass die in den Tutorien vermittelten Grundlagen in späteren Lehrveranstaltungen wieder aufgegriffen und mit Fachinhalten verknüpft werden. Dieses Konzept sowie das Gesamt-Projekt werden in einer Dienstbesprechung des Fachbereichs vorgestellt und erläutert, so dass auch hier nicht nur einzelne Lehrende, sondern der ganze Fachbereich in das Projekt von Anfang an mit einbezogen werden. Nach vorausgegangener Schulung und Beratung bei der Planung führen die Tutorinnen und Tutoren aus dem Fach-

TOBINA BRINKER/ASTRID HARTEL

bereich Wirtschaft aus Bielefeld die Schlüsselkompetenz-Tutorien im Fachbereich Architektur in Minden mit didaktischer Begleitung durch, d. h. alle drei Trainingsgruppen haben in den drei Tagen je eine Beraterin zur Verfügung für plötzlich auftretende Schwierigkeiten, Feedback usw. Aus den Teilnehmerinnen und Teilnehmern des Trainings im Fachbereich Architektur und nachfolgender Präsentationstrainings im Fachbereich Wirtschaft wurde eine Nachwuchs-Gruppe gebildet. Im November 2006 wurden diese „neuen" Tutorinnen und Tutoren von den erfahrenen Tutoren geschult, die inzwischen weitere kurze Trainings selbstständig durchführen.

Nach diesem Multiplikatorenmodell wird das Projekt stufenweise aufgebaut: Erfahrene Tutorinnen und Tutoren werden so schrittweise an das Führen von Teams herangeführt, sie übernehmen immer mehr Verantwortung und erhalten mehr Gestaltungsspielraum. In der höchsten Ebene leiten die Tutoren ihr eigenes kleines Projekt im Rahmen des Gesamtprojektes: Führen eines Teams (von Nachwuchstutoren) und selbstständige Leitung eines Trainings. Nach diesem wie nach jedem Training erfolgt eine Feedbackbesprechung unter Leitung der hdw-Geschäftsstelle Bielefeld.

Im zweiten Durchlauf des Projektes sind Tutorinnen und Tutoren aus mindestens zwei Fachbereichen beteiligt. Erste Ansätze der Zusammenarbeit mit dem Fachbereich Maschinenbau mit Schwerpunkt Team- und Projektarbeit laufen bereits an.

So werden aus den Tutorien in verschiedenen Fachbereichen stets Tutorinnen und Tutoren aus ganz unterschiedlichen Studiengängen zusammen geschult, die dann wieder selbst Studierende trainieren. Sie erfahren untereinander, sich auf verschiedene Zielgruppen einzustellen, im Team zusammenzuarbeiten, Präsentationen und Trainings für Fachgruppen und für interdisziplinäre Gruppen zu unterscheiden, angemessen zu planen und durchzuführen.

Bei der Vermittlung von Grundlagen verschiedener Schlüsselkompetenzen ergeben sich viele inhaltliche Synergien, z. B.:
- Vorbereitung, Durchführung und Nachbereitung einer Präsentation
- Phasen der Teamentwicklung
- Handhabung des Moderationswerkzeugs usw.

Lernziele für die Tutorinnen und Tutoren sind außerdem:
- die erlernten Kompetenzen in den verschiedenen Fachdisziplinen einzusetzen,
- kurze Trainings und Workshops didaktisch sinnvoll zu planen und zu leiten.

Die Schulung und Beratung der Tutorinnen und Tutoren aus den unterschiedlichen Fachbereichen erfolgt gemeinsam in der hdw-Geschäftsstelle Bielefeld. Die Auswahl und Ansprache von Nachwuchs-Tutoren geschieht durch die Beobachtung der Teilnehmerinnen und Teilnehmer in den Trainings. In den gemeinsamen Feedback-Runden und Planungsbesprechungen der Tutorinnen und Tutoren unter Leitung der hdw-Geschäftsstelle Bielefeld werden didaktische, inhaltliche und organisatorische Aspekte der einzelnen Projekte fachbereichsübergreifend geklärt.

Eine große Hilfe bei der Auswahl und Aufbereitung der Trainings-Unterlagen ist die hochschuldidaktische Website „Lehridee", die 2003 mit dem Synergiepreis der Fachhochschule Bielefeld ausgezeichnet wurde (s. www.lehridee.de – Tutorien, 23.01.2007 und Brinker & Schumacher 2005, S. 66ff). Hier können die Tutoren auf eine bewährte Auswahl an Unterlagen zu Tutorien und Schlüsselkompetenzen zurückgreifen, ihre eigenen Unterlagen daraus zusammenstellen und demnächst auch neue Beiträge aus dem Projekt „Interdisziplinäre Schlüsselkompetenz-Tutorien" für Lehridee liefern.

Wie aus dem folgenden Projektplan zu erkennen ist, ist das Projekt bereits in seiner Planung – durch die Multiplikatorenschulung und dem Nachwuchs aus den Teilnehmern der Trainings – auf Nachhaltigkeit angelegt. Die schwierige Anschubphase, in der die ersten Tutorinnen und Tutoren gewonnen und mit hochschuldidaktischen Trainerinnen qualifiziert werden mussten, ist längst überstanden.

Projektphase	Teilnehmer/in	Qualifizierung durch Schulung	Eigenes Training unter Anleitung erfahrener Tutoren/innen	Eigenverantwortliches Training	Schulung und Anleitung der neuen Tutoren/innen
Sept. 2005	A				
Nov. 2005		A			
März 2006	B (Fb 6)		A		
Sept. 2005	B (Fb 5)			A	
Nov. 2006		B			A
Febr. 2007	C (Fb 6)		B		
Sept. 2007	C (Fb 5)			B	
Nov. 2007		C			B
Febr. 2008			C		

Abb. 4: Das Multiplikatorensystem des Projekts IST

Inzwischen liegen auch erste Anfragen zu Präsentationstrainings außerhalb der Fachhochschule Bielefeld vor, d. h. es bestehen gute Aussichten, dass das zur Zeit

TOBINA BRINKER/ASTRID HARTEL

hochschulinterne Projekt auf externe Einrichtungen ausgedehnt werden kann wie beispielsweise das Kontaktstudium Schlüsselqualifikationen der TU Braunschweig für Mitarbeiterinnen und Mitarbeiter der Volkswagen AG (s. dazu Neumann, Borchard, Brinker & Schumacher 2003).

Entscheidend für die Fortführung und den Erfolg des Projekts ist neben einer guten Projektorganisation eine fortlaufende Multiplikatorenschulung, die Auswahl und Motivation geeigneter Tutorinnen und Tutoren und die Bereitschaft der beteiligten Fachbereiche.

Zusätzlich zu den bereits erwähnten Planungs- und Feedbackgesprächen vor und nach jedem Tutorium erfolgt zum Ende eines jeden Tutoriums eine Feedback-Runde, in der die Teilnehmer der Tutorien Positives und Negatives nennen können.

Außerdem haben die ersten 9 Tutorinnen und Tutoren dieses Projektes auf eigenen Wunsch gemeinsam einen Fragenkatalog entwickelt, mit dem der Beauftragte für Schlüsselkompetenzen in Minden die 48 Teilnehmerinnen und Teilnehmer des ersten Trainings ca. 5 Wochen nach dem Training befragt hat. Das Feedback auf die 3 Trainingstage fällt ausgesprochen positiv aus.

Dieses Projekt zeigt auf, wie wichtig die schrittweise Heranführung der Studierenden an die überfachlichen Qualifikationen ist, damit sie bereit und in der Lage sind, sich Management- und Schlüsselkompetenzen anzueignen, die im späteren Berufsleben von gleichgroßer Bedeutung sind wie das fachliche Wissen.

Der Weg, durch die Schulung als Tutorin bzw. Tutor zunächst selbst Wissen und Kenntnisse in diesem Bereich zu erwerben, um dann das Gelernte bei der Schulung anderer zu vertiefen und praktisch anzuwenden und zu erproben, bietet eine einmalige Chance für Lehrende und Lernende und entspricht nicht nur einmal dem modernen Prinzip des „learning by doing", sondern die jungen Trainerinnen und Trainer erhalten noch Anregungen, Verbesserungsvorschläge, Hilfestellung und Feedback durch die begleitenden Referentinnen der hochschuldidaktischen Weiterbildung hdw nrw und haben Gelegenheit, sich selbst in dieser Rolle zu erfahren.

Die Organisation des Projektes – in jedem Semester werden neue Tutoren gewonnen, die in diese Aufgaben langsam hineinwachsen – garantiert die Kontinuität und Nachhaltigkeit. Durch die Kombination der hochschuldidaktischen Beratung der Lehrenden, Studiengänge und Fachbereiche auf der einen Seite und der Multiplikatorenschulung der Tutoren auf der anderen Seite nutzt das Projekt die verschiedene Ansatzpunkte im Lehralltag zur angemessenen und gleichzeitigen Vermittlung und Förderung von Management- und Schlüsselkompetenzen für Lehrende und Lernende.

2.2 Entwicklung, Angebote und Module des Projekts

Das Projekt IST der FH Bielefeld ist inzwischen mit fast allen Fachbereichen vernetzt und bietet sowohl spezielle Veranstaltungen für einzelne Studiengänge als auch allgemeine Workshops an, die für alle Studierenden der FH Bielefeld offen sind. Von 2-stündigen „interaktiven Vorträgen" bis zu 5-tägigen Workshops kann mittlerweile maßgeschneidert auf die Wünsche der Studierenden und/oder Hochschul- und Fachbereichsvertreterinnen und -vertreter eingegangen werden.

Neben den maßgeschneiderten Angeboten werden jedes Semester Schulungen bzw. Workshops zu unterschiedlichen Themengebieten im offenen Bereich angeboten. Im Spannungsfeld der Bedingungsfaktoren Bedürfnisse der Studierenden, Ziele der Fachhochschule und gesellschaftlicher Bedarf (in Anlehnung an Siebert 2009, S. 77 ff.) ist es gelungen ein bedarfsgerechtes Angebot zu erstellen. Die folgende Aufstellung zeigt die Themengebiete mit entsprechenden Beispielinhalten, welche teilweise mehrfach im Semester angeboten werden. Studierende aus allen Fachbereichen der FH Bielefeld können sich über das Anmeldeportal auf der Homepage des Projekts anmelden.

Präsentation mit Videoanalyse:
Grundlagen zum Thema Präsentation, detaillierte Analyse der Phasen einer Präsentation, rhetorisches Fundament, Lampenfieber, Stimmanalyse, Präsentationsanalyse

Kommunikations- und Schlagfertigkeitstraining:
Grundlagen der Kommunikation (z. B. Sender-Empfänger-Modell, Axiome von Paul Watzlawick, Vier Seiten einer Nachricht), Analyse schwieriger Gesprächssituationen, praktische Schlagfertigkeitsübungen

Lern- und Arbeitstechniken, Prüfungsvorbereitungen:
Basisinformationen zum Lernen, Lesetechniken, Arbeitstechniken am Text, Kreative Lerntechniken, SQ4R-Methode, Mnemotechniken, Analyse der Prüfungsphase, Lernplan, Konzentrationsübungen

Teamarbeit und Projektmanagement:
Definition Teamarbeit, Phasen eines Teams, Rollen in einem Team inkl. Selbsttest, praktische Beispiele, Teamarbeit versus Projektarbeit, Definition Projektmanagement, Projektziele, Projektablauf, Übung zum Projektmanagement, Konflikte in (Projekt-)Teams, Kommunikation als Grundlage für gute Team- und Projektarbeit

Tobina Brinker/Astrid Hartel

Ziel-, Zeit- und Selbstmanagement:

Theoretische Grundlagenarbeit, Analyse eigener Ziele, Prioritätensetzung, Auffinden von eigenen Zeitfressern, Zeitmanagement-Systeme, Divergente/konvergente Zeittypen, Organisationsmöglichkeiten für „Chaoten", Maßnahmen gegen „Aufschieberitis"

Stressmanagement:

Theoretische Grundlagen zum Stress, Aufarbeitung des Themas innerhalb der „10 goldenen Regeln", Prüfungsangst als Form von Stress, Vermittlung und Durchführung verschiedener praktischer Methoden dem negativ empfundenen Stress entgegen zu wirken

Wissenschaftliches Arbeiten:

Literaturrecherche und -auswertung, Gliederung und Stichpunkte, Schreiben der Arbeit, Zitate und Quellen, Korrektur und Layout

Bewerbungstraining:

Stellenanalyse, Bewerbungsaufbau, Lebenslauf, Anschreiben, Dritte Seite, Foto, Print- versus Onlinebewerbung und noch viel mehr. Die Teilnehmer/-innen arbeiten im Workshop individuell an den eigenen Bewerbungsunterlagen

Vorstellungsgespräch:

Phasen eines Vorstellungsgesprächs, Stärken-Schwächen-Analyse, Selbstpräsentation, Gesprächsvorbereitung, einfache Antworten auf schwierige Fragen, Kleidung, Mimik und Gestik, Simulation von Vorstellungsgesprächen

Assessment Center-Training:

Was ist ein AC?, Beurteilungskriterien, Teamarbeit – Fremd- und Selbsteinschätzung, Fallen im AC, Selbstpräsentation, Gruppendiskussion, Rollenspiel Postkorbübung, Intelligenztest, Konzentrationstest

Die Weiterentwicklung des Themenspektrums sowie die Vertiefung der Schlüsselkompetenzbausteine sind zum Teil auf Ideen und Wünsche der Schlüsselkompetenz-Tutorinnen und Tutoren des IST-Projekts zurückzuführen. Die intrinsische Motivation der IST-Tutorinnen und Tutoren ist in jeder Hinsicht sehr hoch. IST-Tutorinnen und –Tutoren aus dem BWL-Bereich mit Schwerpunkt Personal oder aus dem Studiengang Wirtschaftspsychologie sind beispielsweise sehr interessiert an den Modulen Bewerbungstraining, Vorstellungsgespräch und Assessment Center. Die Durchführung von Workshops in den Themenbereichen Ziel-, Zeit- und Selbstmanagement sowie Stressmanagement sind bei Schlüsselkompetenztutorinnen und -tutoren aus dem Gesundheitsbereich sehr beliebt, um sich auf zukünftige Tätigkeiten im späteren Arbeitsleben vorzubereiten.

Die Vernetzung von Lernorten, Bildungsangeboten, Fächern, Deutungsmustern, Lernstilen und Verwendungssituationen sowohl für die Studierenden als Teilnehmerinnen und Teilnehmer als auch für die IST-Tutorinnen und -tutoren ist sehr wichtig, damit sie sich als Lernende Wissen aneignen oder Wissensbestände rekonstruieren können. Nachhaltiges Lernen erfordert, dass die Inhalte in den Workshops als plausibel, relevant und bereichernd empfunden werden. Voraussetzung dafür ist, dass anschlussfähiges Lernen ermöglicht wird (Siebert 2003, S. 59–61).

Ein aktuelles Projekt im Kooperation mit dem Fachbereich Wirtschaft und Gesundheit, Lehreinheit Gesundheit ist die Qualifizierung der Fachtutoren. Ziel ist, dass die Fachtutoren teilnehmerorientierte Lehr-Lerneinheiten gestalten.

Im ersten Schritt wird den Tutorinnen und Tutoren vor Aufnahme der Tätigkeit als Fachtutorin und Fachtutor ein Workshop angeboten, in dem u. a. eine Auseinandersetzung mit der Rolle als Fachtutor, mit lernzielorientierten und studierendenzentrierten Lernprozessen, mit Aktivierungsmethoden, mit der Planung der Tutorien, mit Lernwiderständen und Konflikten umzugehen, angeboten wird. Daraufhin erfolgt die individuelle didaktische Planung einer Tutoriumssitzung in Einzelarbeit. Diese Lehreinheit wird von einer/einem Schlüsselkompetenz-Tutoren bzw. -Tutorin besucht. Direkt im Anschluss erfolgt ein Feedbackgespräch, in der der Lehr-Lernprozesses reflektiert wird. Nach ca. sechs bis acht Wochen wird ein Follow-up-Workshop durchgeführt, in dem bis dahin aufgetretene Fragen und Probleme bearbeitet werden.

Das stetige Wachstum des Projekts hat zur Folge, dass auch der Umfang der Führungsaufgaben für die IST-Leitung beständig zunimmt. Besprechungs- und Beratungstermine, Aufgaben im Marketingbereich, IST-Tutorenmeetings, Mitarbeiter(=IST-Tutoren)gespräche, Konfliktmanagement, Weiterbildungsmanagement sowie die Auswahl neuer Schlüsselkompetenztutorinnen und -tutoren (Auswahl erfolgt aufgrund der großen Nachfrage mittlerweile über ein Mini-Assessment Center) beanspruchen mindestens genauso viel Zeit wie die Definition von Zielen, die Entwicklung neuer Konzepte und Angebote, die Qualitätskontrolle, die Organisation der Ausbildung neuer IST-Tutorinnen und -tutoren und die Erstellung von Einsatzplänen.

3 Verzahnung mit den Angeboten der Studiengänge

Die Verzahnung der Angebote des IST-Projekts mit denen aus Fachbereichen, Studiengängen und Institutionen (z. B. Career Center des Fachbereichs Wirtschaft und Gesundheit, Lehreinheit Wirtschaft oder dem Akademischen Auslandsamt) nimmt stetig zu.

Die Vorteile für die Lehrenden bzw. Studiengänge können darin gesehen werden, dass

- auf die Wünsche der Lehrenden eingegangen wird und eine Schulung/ein Workshop nach Maß geplant und durchgeführt wird,
- die Inhalte in den gewünschten Themenfeldern durch permanente Überarbeitung immer auf dem aktuellen Stand sind,
- die Schulungen/die Workshops von hochschuldidaktisch ausgebildeten Tutorinnen und Tutoren aus der eigenen Fachhochschule (wenn gewünscht und möglich aus dem eigenen Fachbereich) geleitet werden, so dass Erfahrungen weitergeben werden können.

Im Folgenden werden Beispiele der Zusammenarbeit vorgestellt:

Beispiel 1 – Interaktiver Vortrag „Erfolgreich studieren"
z. B. in der Orientierungswoche des FB Wirtschaft und Gesundheit, Lehreinheit Wirtschaft

Die erste Veranstaltungswoche im Fachbereich Wirtschaft und Gesundheit, Lehreinheit Wirtschaft dient u. a. dazu, den Erstsemesterstudierenden einen sanften Einstieg ins Studium zu ermöglichen und ihnen einen „Werkzeugkoffer" an die Hand zu geben, um das Studium erfolgreich zu absolvieren. Durchgeführt wird die Orientierungswoche von Orientierungstutorinnen und -tutoren, die zuvor durch IST-Tutorinnen und -Tutoren auf die Aufgabe in der Art vorbereitet werden, in dem beispielsweise die Rolle des/der Orientierungstutors/in beleuchtet wird, Ziele der Orientierungswoche thematisiert werden, Grundlagen in den Themenbereichen Präsentation, Moderation und Kommunikation vermittelt werden und Lösungen für Konfliktsituationen an die Hand gegeben werden.

In der Einführungswoche ist ein interaktiver Vortrag „Erfolgreich studieren" angesiedelt, der parallel für alle Studiengänge des Fachbereichs stattfindet und von IST-Tutorinnen und -tutoren gehalten wird. Den Erstsemesterstudierenden werden Grundlagen in den Schlüsselkompetenzgebieten Ziel-, Zeit- und Selbstmanagement sowie Lerntechniken angeboten.

Zu Beginn der Zusammenarbeit vor fünf Jahren wurden die Inhalte zum Vortrag „Erfolgreich studieren" den Orientierungstutorinnen und -tutoren des Fachbereichs vermittelt, damit diese sich mit den Themen auseinandersetzen und an die Erstsemesterstudierenden wiederum weitergeben. Die Weitergabe hat in kaum einem Fall funktioniert. Es kam zu einem hohen Verlust von Informationen, da Zusammenhänge nicht filtriert wurden. Erkenntnis war, dass die Vorbereitung der Orientierungstutorinnen und -tutoren noch besser hätte sein müssen bzw. dass sie sich selbst noch mehr mit den Inhalten hätten beschäftigen müssen. Das hätte jedoch wiederum noch mehr Zeit und Geld gekostet. Das Fazit ist, dass ab dato jedes Semester die IST-Tutorinnen und -tutoren fester Bestandteil der Einführungswoche sind, da sie hochschuldidaktisch ausgebildet sind und sich stetig mit den Themengebieten auseinandersetzen.

Da die IST-Tutorinnen und –Tutoren zudem selbst von den Inhalten überzeugt sind und Zusammenhänge verinnerlicht haben, können sie die Aspekte zum Ziel-, Zeit- und Selbstmanagement und zu den Lerntechniken motivierter und nachvollziehbarer darstellen. Diese Aussage wird unterstützt von den guten bis sehr guten Evaluationsergebnissen dieser Veranstaltungen, in denen die IST-Tutorinnen und -Tutoren selbst häufig in den Freitextfeldern als gut, kompetent, strukturiert, motiviert und gut vorbereitet bezeichnet werden. Erkenntnistheoretische Ansätze (Arnold 2007, S. 33–36) zeigen weiterhin, wie wichtig es ist, die neuen Informationen an das Vorwissen und an die bestehenden Erfahrungen der Erstsemesterstudierenden anzuknüpfen und den Lernprozess dementsprechend anzuregen.

Beispiel 2 – Workshop Wissenschaftliches Arbeiten
FB Ingenieurwissenschaften und Mathematik, Studiengang Wirtschaftsingenieurwesen
im Vergleich mit FB Wirtschaft und Gesundheit, Masterstudiengang Technische Betriebswirtschaft

Gerne greifen Lehrende auf das IST-Projekt zurück, wenn es um die Qualifizierung in Bezug auf das Schreiben von Haus-, Bachelor- und/oder Masterarbeiten geht, beispielsweise der Bachelorstudiengang Wirtschaftsingenieurwesen und der berufsbegleitende Masterstudiengang Technische Betriebswirtschaft.

Ziel beider Studiengänge in Bezug auf den Workshop ist, dass ihre Studierenden auf das Schreiben einer wissenschaftlichen Arbeit vorbereitet werden, Probleme und Fragen gelöst und beantwortet werden, die Studierenden sich dadurch sicherer fühlen und abschließend bessere wissenschaftliche Arbeiten anfertigen.

Das grobe Konzept beider Workshops, die sich über einen Tag erstrecken, ist nahezu identisch. Im Detail werden jedoch unterschiedliche Aussagen getroffen, da beispielsweise der Studiengang Wirtschaftsingenieurwesen eine andere Zitierweise fordert als der Studiengang Technische Betriebswirtschaft oder an das Literaturverzeichnis unterschiedliche Anforderungen gestellt werden. Die Anforderungen an die wissenschaftliche Qualität der Masterarbeit sind sehr viel höher als die in der Bachelorarbeit.

Beim Aufstellen eines Zeitplans stoßen Welten aufeinander: Während die Masterstudierenden der Technischen Betriebswirtschaft das Studium und damit auch die Wissenschaftliche Arbeit berufsbegleitend absolvieren und die Lebenszeit auf Studium und Beruf, meistens auch auf die Familie, aufteilen müssen, ist eine rege Diskussion über Zeitmanagement untereinander zwangsläufig immer die Folge. Die Bachelorstudierenden haben weniger Probleme mit der Zeit, die im Prinzip für das Schreiben zur Verfügung steht. In diesen Workshops wird eher über Prokrastination diskutiert und wie man das Problem in den Griff bekommen kann.

Um zu gewährleisten, dass in den Workshops genau die Inhalte vermittelt werden, die von den Studiengängen gewünscht sind, wurden zuvor intensive Gespräche geführt. Zielvorgaben und (Wissens-)Bausteine des Workshops wurden definiert und teilweise mit klar vorgegebenen Inhalten bestückt. Die gründlichen Gespräche bilden die Basis, damit die IST-Tutorinnen und –Tutoren in den Workshops sowie die Lehrenden in den Studiengängen dieselben Antworten auf dieselben Fragen geben bzw. die Erwartungshaltung an die Wissenschaftliche Arbeit von allen Seiten erfüllt werden kann.

Beispiel 3 – Workshops zum Thema Wissenschaftliches Arbeiten und Präsentation
Studiengang Wirtschaftsinformatik, FB Wirtschaft und Gesundheit

Im Studiengang Wirtschaftsinformatik sollen Studierende im Verlauf des 4. Semesters ein vorgegebenes Thema innerhalb von ca. acht Wochen bearbeiten. Die Prüfungsleistung erstreckt sich einerseits auf das Abfassen einer Hausarbeit zum Thema und andererseits auf die Präsentation der Hausarbeit mittels Powerpoint am Ende des Semesters.

Ein Professor aus der Wirtschaftsinformatik sah sich in Folge in der Sprechstunde mit einer Vielzahl von immer wiederkehrenden Fragen zum Thema Wissenschaftliches Arbeiten konfrontiert und stellte nach der Durchführung der Präsentationen fest, dass vielen Studierenden das Basiswissen zum Halten einer Präsentation fehlte – sowohl von der Struktur als auch in Hinblick auf die Rhetorik und letztlich auch dem Umgang mit Powerpoint als Visualisierungsmedium.

Nach einem intensiven Gespräch zwischen dem Professor und der IST-Leitung wurde ein Konzept für dieses Problem maßgeschneidert. Die Studierenden erhalten bereits mit dem Termin zur Themenvergabe den Hinweis auf einen Workshop zur Hausarbeit, der wiederum nach der Themenvergabe und zu Beginn der Schreibphase stattfindet. Der Schwerpunkt liegt beim Wissenschaftlichen Arbeiten. Alle Teilnehmerinnen und Teilnehmer haben die Möglichkeit individuell am eigenen Thema – soweit möglich – zu arbeiten. Thematisiert werden während des ersten Termins ebenfalls die Visualisierung mit Powerpoint und die Struktur einer Präsentation. Während der gesamten Schreibphase dient ein/e IST-Tutor/in als Berater/in für formale Fragen in Bezug auf die Arbeit. Ca. ein bis zwei Wochen vor dem Präsentationstermin der Hausarbeit können die Studierenden an einem Workshop zum Thema Präsentation teilnehmen und einen Auszug aus der individuellen Präsentation vorführen und/oder Fragen stellen. Die teilnehmenden Studierenden erhalten kompetentes Feedback, können Schwächen in der Visualisierung der Präsentation verbessern und die eigenen rhetorischen Fertigkeiten weiter ausbauen.

Die jeweiligen Angebote sind nicht verpflichtend; ungefähr 60 Prozent der Studierenden des Semesters nutzen die Möglichkeiten der Vorbereitung. Erfahrungen zeigen, dass Studierende, die sich in den Workshops mit den Themengebieten Wissenschaftliches Arbeiten und Präsentation auseinander gesetzt haben, in der Tendenz sehr viel bessere Ergebnisse erzielen.

4   Weiterentwicklung des Projekts

Ein intensiver und fruchtbarer Austausch über Tutorienarbeit findet in den regelmäßigen Treffen des deutschlandweiten Netzwerks Tutorienarbeit an Hochschulen (http://www.tutorienarbeit.de/) statt, welches rotierend an unterschiedlichen Standorten stattfindet. Das nächste Netzwerktreffen wird im Juni 2012 zusammen mit der Universität Bielefeld in Bielefeld ausgerichtet.

Das IST-Projekt ist ständig bestrebt, die Qualität der Workshops zu verbessern und an die Bedürfnisse und Wünsche der Studierenden und/oder Fachbereichsvertreterinnen und -vertreter anzupassen. Weiterbildungen der IST-Tutorinnen und -Tutoren und der IST-Leitung sowie regelmäßige Reflexionsgespräche und Teamtreffen ermöglichen eine kontinuierliche Verbesserung. Viele neue Erkenntnisse und Ideen wurden in einer im Herbst 2011 durchgeführten Zukunftswerkstatt erarbeitet. Der daraus entstandene Maßnahmenplan wird derzeit schrittweise umgesetzt.

Inhaltlich wird derzeit an einem Konzept zur Bewerbungsberatung gearbeitet. Die Möglichkeit zur Beratung soll allen Studierenden offen stehen. Vielfältige Erfahrungen in diesem Bereich wurden bereits gesammelt, da das IST-Projekt seit einigen Jahren regelmäßig vom Praktikumsbüro des Bereichs Wirtschaft beauftragt wird. Die umfangreichen Einzelcoachings werden vom Praktikumsbüro meistens benötigt, wenn ausländische Studierende oder Studierende mit Migrationshintergrund einen Praktikumsplatz suchen und alleine nicht in der Lage sind, eine qualitativ hochwertige und zielführende Bewerbung zu verfassen.

Zurzeit werden in Gesprächen mit dem Career Center des FB Ingenieurwissenschaften und Mathematik Möglichkeiten einer Zusammenarbeit eruiert. Wünschenswert und qualitätsfördernd wäre zudem ein Ausbau der Fachtutoren- und Orientierungstutorenqualifizierung auf die gesamte Fachhochschule sowie maßgeschneiderte Schulungen in Zusammenarbeit mit Professor/-innen und/oder Studiengangsleiter/-innen aus den verschiedenen Fachbereichen.

Abschließend kann festgestellt werden, dass nach über sechs Jahren das Projekt „Interdisziplinäre Schlüsselkompetenztutorien" die Projektphase längst verlassen hat und zu einer etablierten Institution innerhalb der Fachhochschule herangewachsen ist. Ein Austausch des Wortes Projekt ist daher ebenfalls mittelfristiges Ziel, um den Status auch in der Außendarstellung zu verdeutlichen.

Literatur

Arnold, Rolf (2007). Ich lerne, also bin ich. Eine systemisch-konstruktivistische Didaktik. Heidelberg: Auer.

Brinker, Tobina (2007a). Schlüsselkompetenzen als Chance zur Personal- und Organisationsentwicklung. Personal- und Organisationsentwicklung in Einrichtungen der Lehre und Forschung, 3, S. 66–71.

Brinker, Tobina (2007b). „Top down und Bottom up". Die Vermittlung von Management- und Schlüsselkompetenzen für Lehrende und Lernende. Sozialwissenschaften und Berufspraxis, 30, S. 153–160.

Brinker, Tobina & Schumacher, Eva-Maria (2005). Ideen und Konzepte für das Lernen und Lehren an Hochschulen – www.lehridee.de. In Welbers, Ulrich & Gaus, Olaf. The Shift from Teaching to Learning. Bielefeld: W.-Bertelsmann. S. 66–70.

Brinker, Tobina (2004). Angemessene Verfahren zur Vermittlung von Schlüsselqualifikationen. In Brinker, Tobina & Rössler, Uwe: Hochschuldidaktik an Fachhochschulen. Bielefeld: W.-Bertelsmann. S. 213–218.

Neumann, Karl, Borchard, Christiane, Brinker, Tobina & Schumacher, Eva-Maria (2003). Förderung von Schlüsselqualifikationen im modernen Ingenieurstudium. In Knauf, Helen & Knauf, Markus. Schlüsselqualifikationen praktisch. Bielefeld: W.-Bertelsmann. S. 66–78.

Siebert, Horst (2003). Vernetztes Lernen. Systemisch-konstruktivistische Methoden der Bildungsarbeit. München, Unterschleißheim: Wolters Kluwer.

Siebert, Horst (2009). Didaktisches Handeln in der Erwachsenenbildung. Didaktik aus konstruktivistischer Sicht. Augsburg: Ziel.

Willems, Christian (2004). Studienbegleitende Entwicklung von Schlüsselqualifikationen. In Brinker, Tobina & Rössler, Uwe. Hochschuldidaktik an Fachhochschulen. Bielefeld: W.-Bertelsmann. S. 33–40.

Aktuelle Informationen über das Angebot des IST-Projekts sind abrufbar unter http://www.fh-bielefeld.de/ist/

Den Shift from Teaching to Learning selbst vollziehen! – Gedanken zur Selbstverortung einer neuen Kaste an den Hochschulen

STEFANIE HAACKE/ANDREA FRANK

Zusammenfassung

Wir wenden uns mit diesem Bericht an die mittlerweile zahlreichen Kolleginnen und Kollegen, die seit der Einführung von Bachelor und Master an deutschen Universitäten und Hochschulen in Studienreform-Stabsstellen, Zentren für Schlüsselkompetenzen und fachübergreifend arbeitenden Arbeitsstellen für die Unterstützung der Lehre zuständig sind. Mit der Einrichtung solcher Organisationseinheiten ist eine neue Kaste von Universitätsangehörigen im Entstehen begriffen, der auch wir angehören: Verantwortlich für die Unterstützung von Hochschullehre, jedoch nicht Wissenschaftler, nicht Verwaltung, nicht Servicepersonal. In diesem Artikel möchten wir das Verständnis unserer Funktion und Tätigkeit beschreiben, das wir beim Aufbau unseres Arbeitsbereichs Lehren & Lernen an der Universität Bielefeld entwickelt haben.[1]

Gliederung

---

1 Wir danken unseren Teamkolleginnen Swantje Lahm, Melanie Fröhlich, Christiane Henkel, Svenja Kaduk, Janina Lenger und Petra Weiß für ihre Anregungen und Rückmeldung. Außerdem danken wir Holger Leidig, der uns – als Angehöriger einer gänzlich anderen Berufsgruppe – seinen Blick von außen zur Verfügung gestellt hat.

1   Fragen, Spannungen, Chancen und ein Stückchen Vorgeschichte

Zunächst zu den Aufgaben und zur institutionellen Einbindung der Einrichtung Lehren & Lernen an der Universität Bielefeld: Unter einem gemeinsamen Dach mit zentralen Einrichtungen zur Beratung von Studierenden und Studieninteressierten (ZSB, Schülerbüro und Career Service) bieten wir den Lehrenden der Universität seit 2004 Unterstützung bei der Weiterentwicklung der Lehre in den Studiengängen an. Wir beraten bei der Konzeption und Planung von Lehrveranstaltungen, wir konzipieren und organisieren Workshops zu Lehrthemen und bieten fachgruppenspezifische Weiterbildungen zu unterschiedlichen Aspekten von Hochschullehre an. Damit übernehmen wir auch einige der Aufgaben des früheren Interdisziplinären Zentrums für Hochschuldidaktik[2].

Unsere Wurzeln liegen in einer Einrichtung zur Unterstützung von Studierenden bei der Bewältigung von Schreibaufgaben im Studium, im Bielefelder Schreiblabor. Gegründet wurde das Schreiblabor im Jahr 1993 als erstes universitäres Schreibzentrum in der Bundesrepublik Deutschland. Aus der Beratung von Studierenden heraus wurde dort ein Repertoire prozess- und handlungsbezogener Übungen und Materialien entwickelt[3], die Studierende nutzen können, wenn sie wissenschaftliche Arbeiten verfassen. Wie wir im Folgenden zeigen werden, ist der so entstandene Blick auf die Praxis der Wissenschaften zu einem roten Faden für die Entwicklung des Konzepts von Lehren & Lernen geworden.

Unsere Tätigkeit als Unterstützer/innen der Entwicklung von Studium und Lehre an der Universität Bielefeld ist zwischen allen bisher an der Universität etablierten

---

2   Das im Jahr 1973 gegründete Interdisziplinäre Zentrum für Hochschuldidaktik (IZHD) an der Universität Bielefeld wurde im Mai 2005 geschlossen.

3   Der originäre Bielefelder Ansatz der Schreibunterstützung, der mittlerweile von zahlreichen Schreibzentren im deutschsprachigen Raum adaptiert wurde, verdankt der ersten Auflage des mittlerweile berühmten Schreibratgebers viel, den der damalige Berliner Studienberater Otto Kruse verfasst hat (vgl. Kruse, Otto: Keine Angst vor dem leeren Blatt. Ohne Schreibblockaden durchs Studium. Frankfurt/New York 1993), und wurde u. a. von Gabriela Ruhmann entwickelt, die mittlerweile das Schreibzentrum an der Universität Bochum leitet. Im Jahr 2007 haben wir diesen Ansatz in einem eigenen Ratgeber breit zugänglich gemacht (Frank et al. 2007).

Stühlen angesiedelt: Das Ansehen unserer Einrichtung wird weder durch die Beglaubigungsmechanismen des wissenschaftlichen Qualifikationssystems, durch Nachweis von Forschung und den Erwerb akademischer Titel gewährleistet (wir rezipieren zwar einschlägige Forschungsergebnisse, produzieren aber selbst keine), noch gehören wir zur Verwaltung, die Regelungen und Verfahren umsetzt. Schließlich sind wir auch kein Servicepersonal wie die Mitarbeiter/innen des Hochschulrechenzentrums und der Bibliothek, die den Universitätsangehörigen klar umrissene Dienstleistungen bieten.[4]

Weil es unmöglich scheint, uns in ein bekanntes Berufsbild einzuordnen[5], haben viele der Hochschullehrerinnen und Hochschullehrer, die wir durch unsere Arbeit unterstützen sollen, zunächst keinerlei Kompetenzvermutung gegenüber unserer Arbeit.[6] Anerkennung gewinnen wir nur durch unser Handeln in der tatsächlichen Zusammenarbeit mit Lehrenden. Deshalb steht jede Kooperation mit Lehrenden, jede Beratung, jedes Seminar und jede Konzeptentwicklung unter einem hohen Erfolgsdruck: Am Misslingen oder Gelingen unserer Kooperationen hängt nicht nur die Anerkennung unserer Nützlichkeit für die Universität, sondern auch die Sache, die wir vertreten: dass es faszinierend, herausfordernd und schön sein kann, seine Lehre im Austausch zu reflektieren und sie bewusst und methodisch auf das Lernen der Studierenden zu beziehen.

4   In der Gründungsphase unseres Arbeitsbereichs, der – angelehnt an die Bologna-Nomenklatur – zunächst den Namen „Berufsorientierung und Schlüsselkompetenzen" trug, starteten wir mit dem Selbstverständnis einer Serviceeinrichtung. Diese Selbstbeschreibung führte jedoch bei unseren vermeintlichen Kunden, den Fakultäten, zu Missverständnissen. Es entstand der Eindruck, wir hätten die Aufgabe, additive Kurse für die Studierenden anzubieten oder kompetenzorientierte Lehreinheiten in den Fächern zu übernehmen. Die aus unserer Sicht zu überwindende Trennung von „Kompetenz" und „Fachwissen" drohte auf diese Weise zementiert zu werden und es wurde deutlich, dass wir uns auf keinen Fall als Lieferanten eines zusätzlichen Elements in der Lehre inszenieren durften, sondern deutlich machen mussten, dass es unsere Aufgabe ist, Veränderungsprozesse anzustoßen und zu unterstützen.

5   Der US-amerikanische Schreibexperte Keith Hjortshoj hat in den 90er Jahren einen Aufsatz verfasst, der aus anthropologischer Sicht die Statusposition von Universitätsmitarbeiter/innen reflektiert, die sich mit der Unterstützung von vitalen Prozessen des Forschens, Schreibens und Lehrens an der Universität befassen. Er arbeitet heraus, dass sich diese *Kaste*, die er mit der Handwerker-Kaste der Kammalans in der traditionellen hinduistischen Gesellschaft vergleicht, außerhalb der Statushierarchien der Fächer bewegt und damit einen „marginalen" Status hat. Wie die Kammalans in der indischen frühen Neuzeit sind die Angehörigen dieser Kaste jedoch kompetent für zentrale Prozesse, von denen in der Universität vieles abhängt. Wenn diese Gruppe sich dieser Position bewusst ist und sie dialogisch begreift, bereichert sie diese Prozesse. Der Versuch jedoch, sich wie die Angehörigen der Fachdisziplinen über akademischen Status zu positionieren, würde dem ‚Handwerk' des Bewusstmachens und Unterstützens von Prozessen im Weg stehen (vgl. Hjortshoj 1995).

6   Der Bielefelder Organisationssoziologe Stefan Kühl spricht im Hinblick auf etablierte Professionen von der „Verselbständigung der Kompetenzvermutung", die die Vertreter dieser Professionen der Notwendigkeit enthebt, sich darum zu bemühen, dass sich die mit ihnen kooperierenden Adressat/innen ihrer Arbeit auf ein Arbeitsbündnis einlassen (vgl. Kühl 2008, S. 43).

Diese Ausgangslage birgt eine große Spannung, aber auch ein hohes Potential für unsere Art von Arbeit. Wir sehen darin die Chance, ein prozessorientiertes Kompetenzprofil zu entwickeln, das selbst verkörpert, was den Shift from Teaching to Learning auszeichnen soll: die Kunst, sich fachliche Arbeits- und Denkweisen bewusst zu machen, sie zu erklären und als Modell für Studienaktivitäten zu nutzen, und dadurch Zugänge zu den sich ständig wandelnden Formen und Handlungsweisen zu ersinnen, durch die wissenschaftliches Wissen produziert, genutzt und weiterentwickelt wird.

Im Folgenden beschreiben wir den ‚rote Faden' unserer Arbeitsweise und berichten über die auf dieser Grundlage entstandenen Arbeitsmotti und Prinzipien, die sich als tragfähig erwiesen haben. Danach geben wir einen Einblick in die Konsequenzen, das heißt in die Formen, in denen wir diese Prinzipien umsetzen.

2 Erkenntnisse und Prinzipien

2.1 Arbeitsprozesse sind Denkprozesse – im Fach

Eine Grunderkenntnis aus der Arbeit des Schreiblabors wurde prägend für die Weiterentwicklung unserer Arbeit: Wenn man das Schreiben in den Blick nimmt, kommt immer das fachliche Tun mit in den Blick, das hinter dem Schreiben steht. Wer schreibt, tut zugleich vieles andere mehr: Er rechnet, konstruiert und reflektiert Experimente, sortiert Materialien und wendet dabei Maßstäbe an, wählt und verwirft bestimmte fachspezifische Denkwege, kurz, er oder sie wendet Methoden an, tut Dinge, die ein/e Wissenschaftler/in tun muss, um zu Ergebnissen zu kommen. Für ein fachliches Publikum schreiben zu lernen bedeutet zugleich zu lernen, was in der jeweiligen Fachcommunity offen gesagt werden darf, was zwar getan aber nicht gesagt wird, und schließlich auch, was man dem Publikum an Stelle dessen mitteilt, was im Forschungsprozess wirklich getan wurde. Wer wissenschaftlich Schreiben lernt, lernt sich im Spannungsverhältnis zwischen Ideal und Realität fachlichen Handelns zu bewegen. Er lernt, sich im Fach zu behaupten.

Vor diesem Hintergrund wuchs aus der intensiven Beschäftigung mit den verschiedenen Aspekten des Schreibenlernens im Studium neben der prozessorientierten Schreibberatung ein neuer Hauptzweig schreibdidaktischen Arbeitens: Die

Zusammenarbeit mit Lehrenden, die Konzepte entwickeln, um Studierende in das Schreiben als fachliches Handeln einzuführen. [7]

An verschiedenen Stellen in den fachlichen Curricula entstanden auf diese Weise schreibintensive Inseln, auf denen Studierende in ihren Fächern lernten, fachspezifische Arbeitsprozesse, Genreanforderungen, Zitierkonventionen, Denk- und Schreibstile zu verstehen und zu meistern, und zwar nicht nur implizit, durch Nachahmung, Versuch und Irrtum, sondern explizit. Nach und nach nutzen Lehrende auch immer häufiger das enorme Potential, das in Schreibaktivitäten steckt, um Studierende in die Auseinandersetzung mit fachlichen Fragen und Problemen einzuführen. So lernen immer mehr Studierende nicht nur, fachlich schreiben zu lernen, sondern das Schreiben wird auch immer häufiger eingesetzt, um Studierende dabei zu unterstützen, fachliches Denken und Handeln besser zu verstehen und sich tiefer und aktiver mit fachlichen Fragen zu befassen.[8]

Mit dem Schreiben im Fach rückte die fachliche Praxis insgesamt in den Fokus unserer Aufmerksamkeit. Wir begannen intensiver darüber nachzudenken, was es eigentlich bedeutet, ein Studium zu absolvieren. Wenn das Ergebnis eines Fachstudiums an einer Hochschule nicht einfach nur ein Sack voller Fachwissen sein soll, sondern auch fachliche Handlungsfähigkeit dabei herauskommen soll, müssen die Studierenden vor allem Gelegenheit haben, die anderen Praxisformen und Vorgehensweisen zu üben, zu reflektieren und zu begreifen, die in der betreffenden Disziplin zur Arbeit eines Experten gehören. Die vielfältigen Denk- und Handlungsformen, durch die wissenschaftliche Praktiker in ihren Fächern zu Ergebnissen kommen, sollten in der Lehre nicht als etwas verhandelt werden, was sich von selbst versteht. Anstatt nur Ergebnisse von Forschung zu vermitteln, sollten Lehrende über die Praktiken sprechen, die zu solchen Ergebnissen führen. Wenn die konkrete Praxis Thema wird, kommt die Ratio der Fächer und damit auch ihre Geschichte in den Blick. Fachdisziplinen werden so als das erkennbar, was sie sind: historisch bedingt, Sprachen, Instrumente, Methoden und Blickweisen entwickelnd und prägend, sich in der Weiterentwicklung stets verändernd, ihre Grenzen verteidigend, öffnend, verschiebend, kurz als dynamisch, kritisierbar und für Neueinsteiger zugänglich.[9]

---

7   Das Bielefelder Schreilabor hat mittlerweile zwei Zweige: das Programm „Schreiblabor/Skript.um", das Studierenden Schreibberatung anbietet, und das voll in die Einrichtung Lehren & Lernen integrierte Programm „Schreiben in den Fächern", das Lehrende dabei unterstützt, schreibintensive Lehrveranstaltungen in den Fachstudiengängen zu entwickeln.

8   Eindrucksvoll werden die Möglichkeiten, Schreibaktivitäten zu nutzen, um Studierende disziplinäre Denkweisen erschließen zu lassen, in einem Sammelband des Cornell University beschrieben (Monroe 2003).

9   Die Plastizität und Kontextabhängigkeit von wissenschaftlicher Arbeit und wissenschaftlichen Denkweisen hat Karin Knorr Cetina anhand des Labors untersucht (vgl. Knorr 1984).

2.2 Die forschende Praxis von Lehrenden zum Ausgangspunkt nehmen

Disziplinäre Praxis zum Ausgangspunkt für die Konzeption von Lehre zu nehmen ist ein angemessener Ansatz für Praxisorientierung im Studium an einer Forschungsuniversität wie der Universität Bielefeld. Was liegt näher, als die Forschungspraxis der Lehrenden selbst zum Modell für fachlichen Kompetenzerwerb zu machen? Über forschendes Lernen ist schon viel geschrieben worden[10], die Einheit von Forschung und Lehre wird ohnehin immer wieder überhöhend beschworen und gegenwärtig wird vor dem Hintergrund der Einrichtung reiner Lehrprofessuren darüber diskutiert, ob Lehre ohne eigene Forschung sinnvoll möglich ist. Wünschenswert wäre eine eigene Untersuchung zu den verschiedenen Formen, in denen ein Zusammenhang zwischen Forschung und Lehre hergestellt werden kann. Vielfach wird jedenfalls unter Lehre mit Forschungsbezug einfach verstanden, Ergebnisse aktueller Forschung in der Lehre zu präsentieren.[11]

Unser Interesse an fachspezifischen Denk- und Praxisformen hat uns dazu geführt, ein anderes, für manche Lehrende zunächst sehr ungewohntes Prinzip forschungsnaher Lehre zu verfolgen. Die Idee ist, dass Lehrende „aus der Schule plaudern" und den Studierenden nach dem Modell von Handwerksmeistern zeigen, worin die Schwierigkeiten und Erfolgsbedingungen bei der Bearbeitung fachlicher Probleme und Fragen liegen: Welche Vorannahmen sind produktiv und warum? Welche Fehler sind unumgehbar? Welche Mythen sind korrekturbedürftig und welche Spannungen sind auszuhalten?

Hierzu kann man sich vergegenwärtigen, wie man bestimmte schwierige Konzepte seinerzeit selbst im Studium verstanden hat. Ein anderer möglicher Ausgangspunkt ist, die Schwellen und Hindernisse in den Blick zu nehmen, die den Studierenden in eigenen Lehrveranstaltungen besondere Probleme bereiten: Warum fällt Erkenntnis X oder Aktivität Y den Studierenden so schwer? Welche Schritte müssten sie machen, um erfolgreich zu sein? Was würde ich als Fachwissenschaftler/in angesichts dieser Schwelle oder dieses Hindernisses tun?[12]

Als Expert/innen für ihre Fachdisziplin und für ihr spezifisches Arbeitsfeld sind die Lehrenden am besten in der Lage, Arbeitssituationen und –sequenzen zu modellieren, die Studierenden fachliches Handlungswissen erschließen. Das Wichtigste ist, ihnen eigene Erfahrungen mit disziplinären Arbeitsweisen zu ermögli-

---

10 Vgl. Huber et al. 2009.

11 So versteht es z. B. Jürgen Schwabe, Emeritus der Universität Hamburg (vgl. Schwabe 2010, S. 410).

12 Dieser Ansatz findet sich methodisch ausbuchstabiert in einer Publikation von Kolleg/innen an der Indiana University (Pace & Middendorf 2004).

STEFANIE HAACKE/ANDREA FRANK

chen, und dabei möglichst explizit und diskutierbar zu machen, auf welche Weise welche Schritte aus welchen Gründen und mit welchen Zielsetzungen üblicherweise vollzogen werden. Forschungsnahe Lehre bedeutet für uns, Aufgabenstellungen und einen Reflexionsrahmen zu schaffen, der diese Art von Erfahrungen und Zugänge möglich macht. Forschungsnahe Lehre ist der Rahmen für die ganze Bandbreite von Lernen, die Studierenden eigene Erfahrungen mit einzelnen Aspekten von Forschungspraxis oder gar mit der Bewältigung ganzer Forschungsprojekte ermöglicht. [13]

In Beratungssituationen und Weiterbildungen, die wir für die Lehrenden der Uni Bielefeld konzipieren und durchführen, beobachteten wir, dass die insgesamt fruchtbarsten Sequenzen immer diejenigen sind, in denen Lehrende sich darauf besinnen, wie sie selbst gelernt hatten, als fachwissenschaftliche Experten zu agieren und wie sie beim wissenschaftlichen Arbeiten denken, Entscheidungen treffen und handeln. Wir versuchen, solche Sequenzen bewusst herbeizuführen und zu planen und haben gelernt, sie fruchtbar zu machen für die Konzeption von Aktivitäten für Studierende.

2.3 Implizites explizit machen

Diese Bewusstmachungsprozesse und Modellierungen von wissenschaftlicher Praxis haben einen wichtigen Effekt: Sie schaffen dort Sprache, wo es bisher noch keine gibt und gab. Wir liefern in diesen Prozessen die Außenperspektive: Als Fachfremde sind wir den Lehrenden gegenüber in einer ähnlichen Position wie Studierende, die angewiesen sind auf Einführung in die Logiken des Fachs und in domänenspezifische Anforderungen, Konventionen und Vorgehensweisen. So ist es nützlich, wenn wir in unserer Beratung Fragen stellen und reformulieren, was wir als Fachfremde von den Zielvorstellungen der Lehrenden für ihre Veranstaltungen und von den geplanten Lehr-, Lern- und Prüfungsaktivitäten verstanden haben. Dies gibt den Lehrenden einen Eindruck davon, was alles verdeutlicht werden muss, damit Studierende begreifen, worauf es jeweils ankommt. Es entsteht eine Basis dafür, Studienaktivitäten zu ersinnen, die helfen, die für die Lehrveranstaltung gesetzten Ziele zu erreichen, und es entsteht Sprache, um diese Aktivitäten angemessen anzuleiten und auszuwerten.

---

13   In der englischen Literatur wird entsprechend unterschieden zwischen Curricula, die „research-tutored", „research-based", „research-led" und „research-oriented" sind. Was wir mit „forschungsnaher Lehre" meinen, entspricht am meisten dem, was Jenkins, Healey und Zetter „research-oriented" nennen. Ihnen zufolge betont dieser Ansatz der Verknüpfung von Forschung und Lehre „...teaching processes of knowledge construction in the subject" (Vgl. Jenkins et al. 2007, S. 28ff).

Ausgehend von den Lehrzielen der Lehrenden und den Lernaktivitäten, die sie für Studierende planen, ist es möglich, detailliert auszubuchstabieren, was die Studierenden wissen und verstehen müssen, um an einer Lehr-Lern-Aktivität mit Gewinn teilzunehmen. Mögliche Erkenntnishindernisse[14] werden antizipiert, voraussehbare Verständnisblockaden aufgespürt. Dabei entsteht Material: Sprach- und Textmaterial zum einen, in Form von Anleitungstexten und Erläuterungen, also Material für Kommunikation mit Studierenden, Übungsmaterial zum anderen, Konzepte für Aktivitäten, deren Schritte, Begrenzungen und Freiräume so gebaut sind, dass die Studierenden handlungsfähig werden, dass sie lernen, Wissen, Theorien und Methoden des jeweiligen Fachs bewusst und für je spezifische eigene Formen der Weiterentwicklung zu nutzen und zu übertragen.

3 Schwerpunkte und Formen unserer Arbeit

Aus den Prinzipien unserer Arbeit ergeben sich zwei Konsequenzen: Die erste besteht darin, unsere Arbeit auf die Sache, auf die Konzeption von Lehrveranstaltungen zu konzentrieren, und nicht auf die Lehrenden als zu verändernde Subjekte. Die zweite Konsequenz ist, uns – wie oben schon angedeutet – bewusst selbst dem Shift from Teaching to Learning auszusetzen, der die Hochschullehre und das gesamte Bildungssystem derzeit ausgesetzt sind.

3.1 Lehrveranstaltungentwicklung im Fokus

Unsere Arbeit zielt nicht darauf, die Lehrenden aus einer Art Methodenkoffer mit Tipps, Tricks und Kniffen zur individuellen Performanzsteigerung zu bedienen, sie zu schulen oder mit Ratschlägen zu versehen. Wie jede Art von Wissen, das zum Handeln befähigen soll, gewinnt auch didaktisches Methodenwissen seinen Sinn erst im konkreten Anwendungskontext. Deshalb liegt der Schwerpunkt unserer Arbeit auf der Entwicklung von Konzepten für konkrete, aktuell anstehende Lehrveranstaltungen oder im weitesten Sinne für Lehr-Lern-Arrangements.

In der Lehrberatung, in der Moderation von Planungstreffen von Lehrenden und Tutor/innen, im Team-Teaching mit Lehrenden im Fach und nicht zuletzt in unseren Weiterbildungen geht es um Fragen wie: Was sollen die Studierenden in dieser Veranstaltung lernen? Welche Kompetenzen sollen sie erwerben? Wie kann man überprüfen, ob sie das gelernt haben? Was sollen sie im Verlauf einer Lehr-

---

14 Gaston Bachelard hat den Begriff „Erkenntnishindernis" geprägt: „Tatsächlich erkennt man *gegen* eine frühere Erkenntnis, indem man falsche Erkenntnisse zerstört und das überwindet, was im Geist selbst der Vergeistigung zum Hindernis wird." (Bachelard 1993, S. 175).

veranstaltung, in der Bibliothek, am Schreibtisch, im Archiv allein oder zusammen mit anderen tun, um das zu lernen? Ausgehend von diesen und ähnlichen Fragen entwickeln und erproben die Lehrenden Sitzungsmoderationen, Arbeitssequenzen und –aufträge und ganze Lehrveranstaltungen.

Ein hochschuldidaktisches Zertifikatsprogramm, in dem insbesondere junge Lehrende Gelegenheit haben, bestimmte Aspekte ihrs Lehrhandelns systematisch zu reflektieren und im Austausch mit anderen neue Ideen zu entwickeln, kommt flankierend hinzu und wird permanent an die aktuellen und konkreten Bedürfnisse der Lehrentwicklung an der Universität Bielefeld angepasst. Externe Referentinnen und Referenten sollen zukünftig auch in die konzeptionelle Arbeit einbezogen und über aktuelle Entwicklungen an der Universität informiert werden. Auch für sie soll ein Rahmen für den Austausch konzeptioneller Ideen geschaffen werden. Ziel ist es, alle Workshops so zu gestalten, dass jede/r Teilnehmer/in mindestens mit einem konkreten Vorhaben herausgeht, das er/sie gleich in die Praxis umsetzen kann.

Eine weitere Komponente dieser auf die spezifischen Formen der Lehre in den Fächern bezogenen Herangehensweisen ist die Ermöglichung von Austausch: In Formaten wie der LehrBar, eines Brown Bag Lunchs über Mittag, bei dem Lehrende aus den Fächern eigene Ideen, Herangehensweisen und Fragen im Rahmen kurzer Inputs zur Diskussion stellen, durch Round-Tables mit Professorinnen und Professoren aus den Fächern zu aktuellen Fragen der Lehre, im Rahmen von Workshops, Vortrags- und Diskussionsveranstaltungen von Gästen aus anderen, auch internationalen Hochschulkontexten stellen wir Konzepte und Ansätze vor, die dazu geeignet sind, aktives und forschungsnahes Studieren zu ermöglichen. Häufig ist es der fachinterne und fachübergreifende Austausch über Erfahrungen und Herangehensweisen, den engagierte Lehrende besonders schätzen.

3.2 Den Shift from Teaching to Learning am eigenen Leib erfahren

Deutlich geworden ist, dass wir uns nicht als Expertinnen und Experten im klassischen Sinne – wir wissen was, was Ihr nicht wisst – verstehen, sondern unsere Aufgabe darin sehen, einen Rahmen für die Weiterentwicklung der Lehre zu organisieren. Dabei erfahren wir am eigenen Leib, was es bedeutet, das klassische akademische Verständnis von Expertise aufzugeben, das darauf beruht, den „unwissenden Abnehmerinnen und Abnehmern" unserer Leistungen als „Wissende" gegenüberzutreten: Zunächst ging es uns dabei wie dem Lehrenden, den Keith Hjortshoj zitiert: „Was mache eigentlich ich noch und was genau ist meine Rolle, wenn die Studierenden in meinen Lehrveranstaltungen (bei uns natürlich die Lehrenden in unseren Beratungen und in der Weiterbildung) primär selbst arbeiten? Ich vermittle ja gar nichts mehr."[15]

Der paradigmensprengende Gehalt der Formel vom Shift from Teaching to Learning[16] wird hier spürbar. Denn das erste Gefühl, das eintritt, wenn man die Zitadelle des Besitzes von abgesicherten und päckchenweise transferierbaren Wissens verlässt und sich ins Handgemenge der Exploration von Neuem begibt, ist Verunsicherung, ja mitunter sogar Furcht. Wichtige Elemente der sonst so berechenbaren Interaktion zwischen Anleitenden und Angeleiteten werden unkontrollierbar. Man weiß buchstäblich manchmal nicht, was als nächstes passieren wird. Rückmeldung lautet nicht mehr: „Vielen Dank für die tollen Methoden und die überzeugende Erläuterung", sondern nun hört man Sätze wie „Ich hätte etwas mehr Raum gebraucht, um X zu Ende zu denken." Plötzlich wird sichtbar: Wenn die Erkenntnisproduktion der Adressatinnen und Adressaten von Beratung oder Lehre im Zentrum steht, steht nicht mehr unser Wissen auf der Bühne, sondern es wird zum flexiblen Rahmen dessen, was auf der Bühne stattfindet. Die Lehrenden interessieren sich – zu recht – viel mehr für ihre eigene Arbeit als für die Perlen hochschuldidaktischer Gelehrsamkeit, die wir vor ihnen ausbreiten könnten. Mit diesen zunächst ungewohnten und ein wenig kränkenden Erfahrungen wurde uns erst nach und nach eine Expertise anderer Ordnung bewusst, die wir kultivieren und zur Grundlage unseres Berufsstolzes machen konnten: Gute Fragen und Anstöße zu ersinnen, die Zeit und die Formen einzuschätzen, die die Adressaten brauchen, um produktiv werden zu können, im richtigen Moment nicht zu sprechen, sondern zu warten, sauber zu kommunizieren auf der Ebene des Wie, Situationen zu rahmen und zu kontextualisieren, eigenes Interventionshandeln immer wieder zu re-

---

15 Die Expert/innen für das Schreiben in den Fächern an der Cornell Universität referieren einen solchen Fall: Ein Lehrender hatte die Diskussionsleitung in seinem Kurs für mehrere Wochen den Studierenden überlassen und wandte sich, obwohl er an der Effektivität dieser Entscheidung für das Lernen der Gruppe keine Zweifel hatte, besorgt an die Lehrberater/innen. Er habe Schwierigkeiten, seine Zurückhaltung in diesen Lehrsituationen mit seiner hohen Arbeitsethik zu verbinden. Vgl. Gottschalk et al. 2004.

16 Vgl. Wildt 2003.

Stefanie Haacke/Andrea Frank

flektieren, die Grenzen des Wissens ebenso genau in den Blick zu nehmen wie die Macht der Erfahrung.[17]

Mit dem Schwenk von der Nutzung und Weitergabe fertigen Konzeptwissens zur Reflexion und Entwicklung spezifischer Formen von Praxis hat die Forschung zum Lehren und Lernen an Hochschulen ebenfalls eine neue Bedeutung für unsere Arbeit gewonnen: Forschungsfragen entstehen aus den Bedürfnissen der Praxis der Curriculum- und Lehrentwicklung, und als Praktiker an der Schnittstelle zwischen Studierendenberatung und individueller sowie institutioneller Konzeptionsarbeit mit Lehrenden sind wir sowohl an der Generierung von Forschungsfragen als auch an der Iteration von neuen Konzepten beteiligt. Entsprechend kommunizieren wir zunehmend mit Forschenden aus Disziplinen wie der Pädagogischen Psychologie, der Angewandten Linguistik oder der soziologischen Hochschulforschung.[18] Die Rollen sind dabei klar verteilt: Lehr-, Lern- und Hochschulforschung ist Sache der Forschenden in den Fächern, die als Lehrende mitunter in die Erprobung und Reflexion eigener Hypothesen selbst involviert sind. Als Unterstützerinnen und Unterstützer von Lehrentwicklungsprozessen kommentieren wir zuweilen nur, bei Projekten, in denen auch neue Formen von Praxis entwickelt werden sollen, steuern wir Ideen bei, z. B. für neue Arten von Lehrveranstaltungen und beteiligen uns an ihrer Erprobung. So können – in Forschungsprojekten – Prototypen guter Lehre entstehen. Da wir auf unseren Arbeitsfeldern von Beratung, Moderation und Weiterbildung für Lehre beständig mit der Reflexion der Praxis beschäftigt sind, wird unser Beitrag zu lehrbezogenen Forschungsprojekten geschätzt. Wir selbst profitieren durch die Möglichkeit, eigene Fragen zu verfolgen und Erfahrungen mit zu vollziehen, die unsere Zusammenarbeit mit Lehrenden auch aus anderen Fächern bereichert.[19]

---

17 Donald Schön hat diese Arbeitsweise als „reflection in action" bezeichnet und mit dem Modell des „reflective practitioners" schon in den 80er Jahren des letzten Jahrhunderts Konzepte für eine nicht an der Autorität des Wissensbesitzes orientierte Kooperation ausgelotet. Einer seiner Kerngedanken für Beratungssituationen lautet: „Use your own ignorance!" Vgl. Schön, 1983, S. 301.

18 Die BMBF-Ausschreibung „Hochschulforschung als Beitrag zur Professionalisierung der Hochschullehre" im Jahr 2007 war ein Signal für die politische Induzierung eines neuen Forschungsinteresses an praktischen Aspekten von Hochschullehre. Mit der geplanten Gründung einer zentralen Akademie für Lehre durch die Bundesregierung wird dies fortgesetzt.

19 In dieser Art arbeiten wir seit 2008 mit dem an der Universität Bielefeld angesiedelten BMBF-geförderten Projekt zur Erforschung und Weiterentwicklung literaler Kompetenzen von B.A.-Studierenden (LiKoM) zusammen.

4   Ausblick

Die Einrichtung Lehren & Lernen und ihr Ansatz konnte günstige Entstehensbedingungen nutzen: Die Bologna-Forderung nach Kompetenzorientierung wurde von der Universität Bielefeld anders aufgegriffen als an vielen anderen Hochschulen: Die Universitätsleitung entschied, dass nicht additiv Schlüsselkompetenzen vermittelt werden sollten, sondern dass Anstrengungen gemacht werden sollten, die Lehre in den Studiengängen zu reformieren. Unser Arbeitsbereich wurde an einer Schnittstelle eingerichtet, so dass es uns möglich ist, gleichermaßen mit Lehrenden, Studierenden, Angehörigen des wissenschaftlichen Nachwuchses aber auch mit Gremien und Verwaltung zu arbeiten. Unser Ansatz, die Arbeit der Studierenden an disziplinären Praxisformen zu modellieren wird von forschenden Lehrenden aufgenommen, die ihn auch dazu nutzen, sich ihre eigene Arbeit als Forschende zu vergegenwärtigen und – häufig im interdisziplinären Austausch – über Strategien, Denkstile und Herausforderung ihrer fachlichen Arbeit nachzudenken.

Wir möchten dazu ermuntern, bei der Etablierung unserer Profession ein vermeintliches Paradox zu realisieren: Die Prozessorientierung und den Umgang mit Wandel in das eigene Professionsverständnis zu integrieren und es auszuhalten, außerhalb der traditionellen Hierarchien der Universität zu arbeiten. Wir sind sicher: Die Tatsache, dass wir noch auf keine Rolle festgelegt sind, ist eine Chance für uns, die faszinierenden Prozesse wissenschaftlichen Fragens, Denkens und Erkundens bewusst und für die Lehre fruchtbar zu machen, auf die es an Universitäten und Hochschulen ankommt.

Literatur

Bachelard, Gaston (1993). Epistemologie. Frankfurt am Main: Fischer.
Frank, Andrea, Haacke, Stefanie & Lahm, Swantje (2007). Schreiben in Studium und Beruf. Stuttgart, Weimar: J.B. Metzler.
Gottschalk, Katherine & Hjortshoj, Keith (2004). The Elements of Teaching Writing. A Resource for Instructors in all Disciplines. Boston, New York: Bedford, St. Martins.
Hjortshoj, Keith (1995). The Marginality of the Left-Hand Castes (A Parable for Writing Teachers). In College Composition and Communication, Vol. 46, Nr. 4, pp. 491–505.

Huber, Ludwig, Hellmer, Julia & Schneider, Friederike (Hrsg., 2009). Forschendes Lernen im Studium. Aktuelle Konzepte und Erfahrungen. Bielefeld: UVW.

Jenkins, Alan; Healey, Mick; Zetter, Roger (2007). Linking teaching and research in disciplines and departments. The Higher Education Academy. New York: Routledge.

Knorr Cetina, Karin (1984). Die Fabrikation von Erkenntnis. Zur Anthropologie der Naturwissenschaft. Frankfurt am Main: Suhrkamp.

Kühl, Stefan (2008). Die verflixte Sache mit der Kompetenzdarstellung. In: Schimank, Uwe, Schöneck, Nadine: Gesellschaft begreifen: Einladung zur Soziologie, Frankfurt am Main: Campus. S. 37–47.

Monroe, Jonathan (Hrsg., 2003): Local Knowledges, Local Practices. Writing in the Disciplines at Cornell. Pittsburgh: University of Pittsburgh Press.

Pace, David; Middendorf, Joan (Hrsg., 2004): Decoding the Disciplines: Helping Students Learn Disciplinary Ways of Thinking. New Directions for Teaching and Learning, no. 98. San Francisco: Jossey-Bass.

Schön, Donald (1983). The Reflective Practitioner. How Professionals Think in Action. New York: Basic Books.

Schwabe, Jürgen (2010): „Ist eine wissenschaftliche Lehre ohne eigene Forschung möglich?" In: Forschung & Lehre, 6.

Wildt, Johannes (2003). "The Shift from Teaching to Learning"- Thesen zum Wandel der Lernkultur in modularisierten Studienstrukturen. In: Fraktion Bündnis 90/ Die Grünen im Landtag NRW (Hrsg.): Unterwegs zu einem europäischen Bildungssystem. Reform von Studium und Lehre an den nordrhein-westfälischen Hochschulen im internationalen Kontext. Düsseldorf .

Autorinnen- und Autorenverzeichnis

ADELHOFER, Helmut, Dr.phil.Dipl.-Ing. ING-PAED IGIP, in verschiedenen Management Positionen in der Industrie im In- und Ausland, u. a. Klöckner-Humboldt-Deutz AG, IBM Deutschland und USA, Schott-Glas Mainz, ab 2004 Lehrbeauftragter und später wissenschaftlicher Mitarbeiter an der Hochschule Karlsruhe – Technik und Wirtschaft im Bereich Hochschuldidaktik, seit 2009 wissenschaftlicher Berater für Ingenieurpädagogik im Fachbereich Didaktik der Technik, Abteilung Maschinenbau der Bergischen Universität Wuppertal

BECK, Karin, Dr., geschäftsführende Leitung des Leuphana College, Lehre und Forschung in New York und an der Leuphana Universität Lüneburg

BLOHM, María Cristina, Dr., Koordinatorin des Moduls „Wissenschaft nutzt Methoden" und verantwortlich für den Modulbereich „Forschungsmethoden für alle" an der Leuphana Universität Lüneburg, Lehre und Forschung an der Universität Lüneburg (Rechte indigener Völker, Bioethik und Wissenschaftsethik und Erhebungsmethoden). Wissenschaftliche Beratertätigkeit im Bereich „Sanfter Tourismus", Rechte indigener Völker

BRINKER, Tobina, Prof. Dr., Leiterin der hochschuldidaktischen Weiterbildung der 20 Fachhochschulen des Landes Nordrhein-Westfalen, Vorstandsmitglied der Deutschen Gesellschaft für Hochschuldidaktik (dghd), Vorsitzende der Gesellschaft für Schlüsselkompetenzen in Lehre, Forschung und Praxis. Arbeitsschwerpunkte: Hochschuldidaktik und Schlüsselkompetenzen

EUGSTER, Balthasar, lic. phil., wissenschaftlicher Mitarbeiter der Hochschuldidaktik der Universität Zürich, Mitglied der Arbeitsgruppe Bologna-Koordination der Rektorenkonferenz der Schweizer Universitäten. Arbeitsschwerpunkte: Deskription und Reflexion der Hochschullehre, Analyse und Entwicklung universitärer Bildungsprozesse

FRANK, Andrea, Dr. phil.,1989–1993 wissenschaftliche Assistentin an der Fakultät für Pädagogik, Gründerin des Schreiblabors,1993 – 2005 Referentin für Studium und Lehre, seit 2005 Leiterin des Servicebereichs Beratung für Studium, Lehre und Karriere der Universität Bielefeld. Arbeitsschwerpunkt: Weiterentwicklung der Lehre

FUTTER Kathrin, lic. phil., seit 2011 Dozentin Erziehungswissenschaften an der Pädagogischen Hochschule Zentralschweiz, 2009–2011 Projektmitarbeiterin Forschungsprojekt „Fachspezifisches Coaching in Lehrpraktika" an der Universität Fribourg, 2006–2011 wissenschaftliche Mitarbeiterin in der Hochschuldidaktik der Universität Zürich. Arbeits- und Forschungsschwerpunkte: Lehrcoaching, Hochschuldidaktik, Videoanalysen

HAACKE, Stefanie, Magistra in Philosophie und Religionswissenschaft, seit 1998 wissenschaftliche Mitarbeiterin im Schreiblabor der Universität Bielefeld im Arbeitsbereich Lehren & Lernen. Arbeitsschwerpunkt: Schreiben in Studium, wissenschaftlicher Qualifikation und Lehre

HARTEL, Astrid, Dipl.-Kffr., Koordinatorin des Projekts Interdisziplinäre Schlüsselkompetenztutorien der Fachhochschule Bielefeld, Qualitäts- und Programmbeauftragte im Netzwerk Hochschuldidaktische Weiterbildung der Fachhochschulen des Landes Nordrhein-Westfalen. Arbeitsschwerpunkte: Schlüsselkompetenzen und Hochschuldidaktik

HILDBRAND, Thomas, Dr., seit 2003 Leiter Bereich Lehre an der Universität Zürich, Schweizer Bologna Experte und Mitglied der Delegation Lehre der Rektorenkonferenz der Schweizer Universitäten CRUS. Arbeitsschwerpunkte: Curriculumentwicklung, Lehrentwicklung, Change Management in Hochschulen von der Strategieentwicklung bis zur Arbeitsplanung

JENERT, Tobias, Dr., Projektleiter am Institut für Wirtschaftspädagogik der Universität St. Gallen, Mitarbeit im Team Hochschulentwicklung sowie an Projekten in den Bereichen betriebliche und Berufsbildung. Arbeitsschwerpunkte: Hochschulentwicklung, Gestaltung von Bildungsprogrammen, technologieunterstütztes Lernen

JÜRGENS, Andreas, Dr. phil., Koordinator des Studienmoduls „Wissenschaft macht Geschichte" am College der Leuphana Universität Lüneburg, Tätigkeiten in universitärer Verwaltung, Forschung und Lehre, Mitglied des Scientific Board der „Revista Internazionale di Filosofia e Psicologia" (Milano)

PRIEN-RIBCKE, Sven, M.A., Koordinator „Wissenschaft trägt Verantwortung" an der Leuphana Universität Lüneburg. Arbeitsschwerpunkt: Transformative Bildung

REINMANN, Gabi, Dr., Univ.-Prof., Dipl.-Psych., 2001 bis 2010 Professorin für Medienpädagogik an der Universität Augsburg, 2007 Gründung des Instituts für Medien und Bildungstechnologie an der Universität Augsburg, seit April 2010 Professorin für Lehren und Lernen an der Universität der Bundeswehr München. Arbeits- und Forschungsschwerpunkte: Didaktisches Design, E-Learning/Blended Learning und Wissensmanagement in Schule, Hochschule, Non-Profit-Bereich und Wirtschaft

SCHUMACHER, Eva-Maria, Diplom-Pädagogin, 1996 – 2002 wissenschaftliche Mitarbeiterin bei der Arbeitsstelle für Hochschuldidaktik der TU Braunschweig und im Netzwerk hdw nrw in Hagen, 2002 Gründung von constructif: Personalentwicklung und Hochschuldidaktik. Arbeitsschwerpunkte: Lerncoaching, Lernwiderstand und Coaching für Lehrende

SEIDLER, Miriam, Dr. phil., Akademische Rätin a.z. am Institut für Germanistik der Heinrich-Heine-Univeristät Düsseldorf, Mitglied des Netzwerks Lehre an der HHUD und Leitung der Bachelor-Reform-Kommission am Institut für Germanistik der HHU. Forschungsschwerpunkte: Literatur des 17. und 20. Jahrhunderts, Geschichte weiblichen Schreibens und literaturwissenschaftliche Gerontologie

TREMP, Peter, Dr., Leiter Forschung und Entwicklung der Pädagogischen Hochschule Zürich, 2004–2011 Leiter der Hochschuldidaktik der Universität Zürich. Arbeitsschwerpunkte: Akademische Bildung, Universitäre Didaktik, Kultivierung des Lehrens und Lernens, Lehrerinnen- und Lehrerbildung

WEIL, Markus, Dr., Co-Leiter Ressort berufsbegleitende Weiterbildung und Dozent Erziehungswissenschaften an der Pädagogischen Hochschule der Fachhochschule Nordwestschweiz, Dozent an der Universität Zürich zum Thema Berufsbildung. Arbeitsschwerpunkte: Weiterbildung von Lehrpersonen, Internationalisierung der Hochschullehre, Einstieg in die Hochschullehre

WELBERS, Ulrich, PD Dr., Heinrich-Heine-Universität Düsseldorf, Germanistische Sprachwissenschaft, Hochschuldidaktischer Moderator, Leiter des Programms „Studieren lernen" des Germanistischen Instituts

WILLEMS, Christian, Prof. Dr.-Ing., M.A., seit 1999 Professor für Werkstofftechnik an der Fachhochschule Gelsenkirchen, Abteilung Recklinghausen, Ausbildung zum Psychologischen Berater/Lebens-, Ehe- und Familienberater, Studium der Erwachsenenbildung und des systemischen Managements, Vorstandsmitglied der Gesellschaft für Schlüsselkompetenzen in Lehre, Forschung und Praxis, Hochschuldidaktischer Workshopleiter im Netzwerk hdw nrw. Arbeitsschwerpunkte: Hochschuldidaktik und Schlüsselkompetenzen